中国经济高质量发展

U0602082

技术进步型开放

刘 青 / 著

中国人民大学出版社
· 北京 ·

总　序

我国经济社会的发展与进步离不开我国哲学社会科学的繁荣与发展。新中国走过的伟大历程，不仅给当代学人带来了从事哲学社会科学研究的丰沃土壤与最好原材料，也给我们提供了观察和分析这一伟大"试验田"的难得机会，更为进一步繁荣我国哲学社会科学创造了绝佳的历史机遇。

当前，坚持和发展中国特色社会主义理论和实践提出了大量亟待解决的新问题，世界百年未有之大变局加速演进，世界进入新的动荡变革期，迫切需要回答好"世界怎么了""人类向何处去"的时代之题。坚持和发展中国特色社会主义必须重视和发展构建中国特色、中国风格、中国气派的新时代哲学社会科学学科体系、学术体系、话语体系及评价体系。加快构建中国特色哲学社会科学，归根结底是建构中国自主的知识体系，必须以中国为观照、以时代为观照，立足中国实际，解决中国问题，不断推进知识创新、理论创新、方法创新，使中国特色哲学社会科学真正屹立于世界学术之林。在实现中华民族伟大复兴的伟大征程中，中国将为人类文明提供中国智慧和中国方案。书写中国故事、归纳中国经验、总结中国智慧正是在这个大背景下获得了特别的意义。

我们策划出版"中国经济高质量发展丛书"的主要目的是鼓励经济学者把文章写在祖国大地上，继续推动中国经济学研究的进步和繁荣，在中国经济学学术著作的出版园林中，创建一个适宜新思想生长的园地，为中国的经济理论界和实际部门的探索者提供一个发表高水平研究成果的场所，使这套丛书成为国内外读者了解中国经济学和经济现实发展态势的必不可少的重要读物。

　　丛书以学术为生命，以促进中国经济与中国经济学的双重发展为己任，选题论证采用"双向匿名评审制度"与专家约稿相结合，以期在经济学界培育出一批具有理性与探索精神的中国学术先锋。中国是研究经济学的最好土壤，在这块土地上只要勤于耕耘，善于耕耘，就一定能结出丰硕的果实。

序言：技术进步型开放

经济发展的根源在于技术进步。从促进经济持续发展的角度而言，不能带来技术进步的经济开放不是"好的开放"。"好的开放"是"技术进步型开放"，以促进一国生产技术的进步、生产效率的提升、资源组织与配置效率的提高、产品的升级或新产品的开发为关键导向，从而促进新质生产力并带来持续的经济增长、动态的福利改进，而非仅传统贸易理论所强调的由开放引致资源重新配置所带来的一次性静态福利改进。对任何国家而言，通过开放获得这种动态的福利改进显然比获得一次性静态福利改进更重要。

经济开放与技术进步的关系非常复杂，需要进行科学、客观的研究。一方面，一国技术进步的来源是多方面的，既包括自主创新，也包括国际技术扩散、技术转移和学习效应。另一方面，开放可能对技术进步产生正面的或负面的不同性质影响。经济开放带来的商品流动、资本流动，可能促进国际技术扩散、技术转移，增加国内企业向国外企业学习先进技术与理念的机会，国际市场上的竞争也可能促使国内企业加强技术创新，从而促进技术进步。但经济开放也可能导致国内企业以国外技术、设备和中间产品替代自身的自主创新，国际市场竞争加剧也可能削弱企业的盈利能力从而降低企业的创新投入能力、投入意愿，进而阻碍技术进步。因此，在现实中，经济开放到底如何影响一国的技术进步？这归根到底是一个实证问题，需要进行科学严谨的研究探索，让数据说话。截至目前的国际国内学术文献也发现，经济开放对技术进步的影响，在各国、各个维度有不同结果。这意味着，每个国家都需要立足自己的现实情况、基于科学的研究，从不同维度来识别本国的现实经济基础、厘清经济机制、判断总体利害得失，进而才能做出恰当的政策判断与进行恰当的政策设计，避免完全脱离现实实践与科学考证的臆想式"思维实验"。只有基于科学的研究、认识真实的世界，才可能使政策真正趋利避害。

利用经济开放促进（或影响）技术进步的渠道机制有很多，可简要总结为如下几个主要方面。其一，国际贸易为技术本身提供了市场，使得技术可以在国际上流动，同时，国际贸易也为隐含技术的产品提供了市场，使技术创新得以实现收益，从而促进技术创新。其二，产品（尤其是高科技产品）当中必然隐含着相应的技术，产品贸易不仅是产品的跨国流动，同时也是所隐含技术的跨国流动，因此产品贸易会带来技术的跨国溢出，特别是产品的跨产业使用极为频繁，会导致技术的跨产业溢出、沿产业链溢出以及产业间的交叉协作创新，从而有利于促进贸易各方的技术进步。其三，跨国公司通过在东道国投资生产或构建供应链、设立研发中心等，将技术带到东道国，对东道国本土企业产生溢出效应，或促进供应链合作企业、研发合作伙伴的技术进步。其四，经济开放会加强竞争，竞争可能迫使企业加强创新，推动技术进步。其五，资本和人才等要素的国际流动，可能缓解一国企业面临的融资约束、人力资本约束，加强知识和经验的传播，从而影响创新。当然，上述影响也可能是负面的。比如，市场竞争的加剧可能挤压本土企业的市场份额，从而由于规模经济效应削弱企业进行创新投资的动力；外国先进技术或中间产品可得性的提高，可能引发企业对自主创新的替代。

纵然现实复杂，但大道至简，终归有一些基本的因循。施行"技术进步型开放"，一国（以及企业）需要认识、把握以下基本原则与理念。

第一，"技术进步型开放"的要义在于通过经济开放获得动态的、持续的增长收益。这一点区别于传统理论所强调的国际贸易所带来的一次性的静态福利改进。

第二，技术进步是多维度的。一国的技术进步并不局限于单一维度，可以体现在多个维度或通过多个渠道实现，包括生产效率的提升、新产品的开发、既有产品的质量提升、组织结构的变革及组织效率的提升、向产业链高附加值环节的攀升、产业结构的升级。开放政策的设计、企业参与开放的策略可以相应地多元化和有的放矢。

第三，一国技术进步的来源有外部、内部两个方面。外部来源主要包括国际技术扩散、技术转移和学习效应，内部来源主要是自主创新，每个来源都会受到开放的影响，"技术进步型开放"需要有系统观、综合分析，不能顾此失彼。

第四，处于不同发展阶段的国家，"技术进步型开放"的侧重点有所不同。一国在处于不同的技术水平、经济发展阶段时，从开放中获得技术进步收益的最优方式是不同的，要实现最优的技术进步需要在不同的阶段辅以不同的条件或政策工具、有所侧重。当一国经济发展水平、技术水平较低时，从效率、效益、可行性的角度考虑，需要更多地通过扩大开放以国际技术扩散、技术转移的方式取得技术进步。当一国达到一定的经济发展水平、技术水平时，将更加需要通过自主研发、技术创新来取得技术进步；在此阶段，知识产权保护变得更加重要，如果知识产权保护制度的质量不能相应提升，以开放促进技术进步的结果可能适得其反。

第五，人力资本投资、研发投资始终重要。无论是在哪个阶段，都要从开放中获取技术进步的动态收益，一国自身的持续人力资本投资、研发投资都不可或缺。这是因为，在主要依赖外部来源的阶段，这些投资是保障和提升一国技术吸收能力的根本，也是通过"干中学"实现学习效应并为未来的自主创新积累知识基础、能力基础、技术储备的根本，没有这些积累，永远不会有自主创新的到来；在主要依赖内部来源的阶段，这些投资更是技术进步的直接源泉。

第六，技术进步要有制度提供激励机制。无论处于哪个阶段，都需要有不断进行技术升级、产业升级的政策目标追求及相应的激励政策设计，要在开放过程中保持技术进步的动力。否则，在开放的静态收益获取完毕之后，经济会陷入长期低端锁定、低技术水平陷阱的状态，最终无法跨越"中等收入陷阱"。

第七，扩大开放与以开放促进技术进步之间有时会相互冲突，需充分利用市场原则，把握好动态平衡。在有些场景下，国际贸易、外商投资本身可能与本国的技术进步相互补充、相互促进，例如国内上下游的技术进步带来的产业链增强效应，国内产业规模扩大带来的规模经济效应、市场培育效应、相互学习效应等。在这种情形下，就要更好地促进开放并通过开放促进本国技术进步。但有些促进本国技术进步的开放政策可能会对国际贸易、外商投资产生负向激励，此时则需要综合权衡优化开放本身与通过开放促进本国技术进步，充分利用市场，在动态演进中不断改进政策工具的具体设计、把握好开放与本国技术进步之间的平衡。

第八，技术进步的目的是产业升级及进一步创新，而不是为了自给自足、减少专业化分工与国际市场交易。产业链分工与合作仍是利用国内国际两个市场、两种资源的有效率的方式，是持续创新的源泉之一。

自 1978 年改革开放以来，中国的经济发展取得了巨大的成就，原因之一便在于始终正确坚持了扩大开放、在扩大开放中牢牢盯住技术进步、以开放促进技术进步，同时逐步克服、弱化开放对技术进步的潜在负面影响。这是中国开放与发展实践、中国式现代化的一条重要经验。从这一角度来说，中国创造了人类经济增长奇迹的开放实践的成功要义之一可以总结为"技术进步型开放"。

当前，中国经济发展进入了新的关键阶段，技术越来越接近世界前沿，世界的开放环境也发生了巨变，新一轮科技革命如火如荼。在建设更高水平开放型经济的过程中，中国必须聚精会神，抓住当前科技革命的历史机遇，在此背景下，历史上以开放促进技术进步的经验、教训需要牢记，更重要的是世易时移，在新环境、新条件下，需要有新研究、新洞见。党的二十大报告指出，从现在起，中国共产党的中心任务就是团结带领全国各族人民全面建成社会主义现代化强国、实现第二个百年奋斗目标，以中国式现代化全面推进中华民族伟大复兴。习近平总书记的一系列重要讲话、党的二十大报告以及 2023 年的政府工作报告强调，高质量发展是新时代的硬道理，而发展新质生产力是推动高质量发展的内在要求和重要着力点。新质生产力是创新起主导作用，摆脱传统经济增长方式、生产力发展路径，具有高科技、高效能、高质量特征，符合新发展理念的先进生产力质态。它由技术革命性突破、生产要素创新性配置、产业深度转型升级催生，以劳动者、劳动资料、劳动对象及其优化组合的跃升为基本内涵，以全要素生产率大幅提升为核心标志，特点是创新，关键在质优，本质是先进生产力。科技创新是发展新质生产力的核心要素。

扩大开放与科技创新、发展新质生产力是促进高质量发展、推进中国式现代化的两个关键动力。现有著述多将两者割裂、分别研究论述。我们认为，与我国改革开放同步发生的是我国经济逐步全球化的进程，当前我国经济已经深度融入全球化，我国也在致力于建设更高水平的开放型经济，这意味着要理解中国经济的过去与现在、理解新质生产力的形成与发展，必须置于全球化的背景下来思考、必须要有开放型经济的思维，也只有以系统观念、系统思维研究经济开放与技术进步之间的相互关系及有机结合，才能更好地抓住创新这个第一动力、真正做到坚持创新在我国现代化建设全局中的核心地位。因此，探讨、理解开放型经济下新质生产力的发展，具有重要的时代意义和战略意义。

本书收录了作者基于中国式现代化进程中"技术进步型开放"这一伟大实践的一系列学术研究，分别从理论上梳理了国际贸易、跨国投资等开放的各个维度及其如何影响我国技术进步、新质生产力的形成与发展，进而通过挖掘中国改革开放进程中的历次重大开放政策冲击，利用量化的分析方法，从多个维度定义并量化开放，系统严谨地考察在中国式现代化进程中经济开放与技术进步的关系。其中，第一编对疫情之前中国 40 年的国际贸易情况进行了一个宏观纵览。第二编从贸易政策不确定性、贸易诱导的企业人力资本投资、进口竞争、中间投入品进口等角度，讨论了经济开放对我国企业创新和技术进步的影响。第三编聚焦跨国投资，讨论了"市场换技术"争论中的合资企业技术扩散问题、外资在华并购问题以及外商投资与民营企业创业问题。第四编关注贸易开放背景下的企业固定投资与企业边界重构，这也是决定企业生产率与资源配置效率的重要方面。这些研究力图以科学严谨的学术考证，客观认识我国经济开放与技术进步实践的成功经验和缺陷不足，启迪未来实践，创造学术新知，而不求大与全。

作者感谢这一系列研究的合作者吕若思、陆毅、Tuan Luong、马弘、丘东晓、杨超、余淼杰、占超群、张超，同时感谢陈政宇、胡冠华、黄荣荣、刘璐、马文豪、吴祯、夏紫莹、肖柏高、周圣杰等同学的细致校对。作者也感谢国家社科基金重大项目"超大规模市场优势与现代化产业体系建设研究"（23&ZD041）的资助。

目　录

第一编　宏观纵览

第二编　贸易开放

第三编 跨国投资

第四编　企业投资

第一编

宏观纵览

第一章　中国贸易40年：现状、前瞻及建议①

内容提要：40年来我国在国际贸易上取得无与伦比的成绩，对此毋庸赘言。但我国需要警惕可能的后劲不足问题，尤其是在国际竞争激烈的中高科技产品领域。在当前阶段我国没有"出口过度"，反而是"出口不足"，我国贸易模式事实上已经演变为"小进中出"型，需要提防日益"体内循环"或"内卷化"的趋势，建设更加开放的国内国际双循环新发展格局。未来我国对全球经济的影响会进一步凸显，我国的发展需要有更强的国际包容性。扩大进口有诸多益处，但若不能同时完善我国市场制度，进口竞争效应与进口替代效应很可能会削弱我国企业的创新活动，进而从长远来看可能会损害我国经济的竞争力。动态来看，我国未来的贸易前景，关键取决于传统产业与高端产业之间一退一进的速度竞赛。在高端产业上，最重要的比较优势来源是市场制度质量，我国贸易强国之路的根本在于提升涉及市场活动的关键制度质量，打造"新时代的新改革红利"。在传统产业的转移上切忌人为、过快打乱产业链，需要循序渐进，国内转移为主、国际转移为辅，人口流动为主、产业流动为辅。

在我国经济近40年的成功发展中，国际贸易被公认为有着举足轻重的作用。当前，一方面，我国经济发展已经达到一个新的关键阶段，维持经济的高质量发展是一个紧迫议题；另一方面，我国出口取得了历

---

① 本章基于2018年5月作者发表于《人民法治》的文章及2018年中国人民大学国家发展与战略研究院第47期的《政策简报》。

史性成绩，出口占比达到半个世纪以来单个国家的最高纪录，同时围绕我国的贸易争议不曾停止反而愈演愈烈，这些争议必然会对我国未来的出口增长及相关政策导向产生影响。在未来实现我国经济持续高质量发展目标的过程中，国际贸易的作用依然至关重要，正如习近平总书记在首届中国国际进口博览会演讲中所言，"开放已经成为当代中国的鲜明标识"。我国需要正确认识新发展阶段国内循环与国际循环的辩证关系，建设以国内大循环为主体、国内国际双循环相互促进的新发展格局。

本章首先对我国国际贸易经过 40 年大发展之后的现状进行分析，厘清几个基本事实，在此基础上对我国国际贸易的未来发展进行前瞻性分析，为其他进一步的判断提供参考，并对我国高端制造业的发展与传统产业的转移提出建议。我国经济与贸易取得的举世瞩目的成就毋庸赘言，本章不追求面面俱到，而是尽量聚焦于相关问题以探讨实现进一步发展、改善的对策。在分析我国国际贸易时，我们同时对比分析了欧美发达国家的代表美国和德国以及亚洲发达国家的代表日本和韩国，以资借鉴。在国际贸易视角下，美国、日本代表了一种模式，而德国、韩国则代表了另一种模式。

总结而言，本章提出以下关于我国贸易的十点见解。

（1）40 年来我国出口取得了无与伦比的成绩，但要警惕可能的后劲不足问题，尤其是在中高科技产品领域，我国的出口占比相对于我国的GDP 占比自 2006 年以来已持续下滑。

（2）在当前阶段我国没有"出口过度"，反而是"出口不足"，仍需努力发展出口；我国贸易模式事实上已经演变为"小进中出"型，需要提防日益"体内循环"或"内卷化"的趋势，建设更加开放的国内国际双循环新发展格局；相反，德韩等国的贸易模式是"大进大出"型。

（3）我国出口引发贸易争议的直接原因之一，在于我国进口相对不足，而非出口过度，中美之间的贸易尤其存在进口相对不足现象。

（4）金融危机之后，从贸易角度而言，全球贸易与经济发展模式可能已经发生系统性变化，未来我国面临的国际市场竞争将更加激烈。

（5）随着我国经济持续增长，未来我国的出口占比很可能进一步攀升，我国贸易对全球经济的影响将进一步凸显。为缓解可能进一步加剧或者扩散的国际摩擦，我国的发展需要有更强的国际包容性。

（6）动态来看，我国未来的贸易前景，关键取决于传统产业与高端产业之间一退一进的速度竞赛。

（7）扩大进口可增强我国经济发展的国际包容性，在短期内缓解贸易不平衡，但若不能同时完善我国市场制度，进口竞争效应与进口替代效应很可能会削弱我国企业的创新活动，进而从长远来看可能会损害我国经济竞争力以及未来出口。

（8）高端产业最重要的比较优势来源是市场制度质量，我国贸易强国之路的根本在于提升涉及市场活动的关键制度质量。简言之，在于"强制度、扩开放、促竞争"，尤其是克服科技创新活动中的行政主导问题。

（9）法治建设不可能一蹴而就，我们建议实施专项的经济法治行动，全面大幅提升涉及市场活动的几项关键制度水平，形成"新时代的新改革红利"。

（10）在传统产业的转移上切忌人为、过快打乱产业链，需要循序渐进，以国内转移为主、国际转移为辅，以人口流动为主、产业流动为辅。

第一节　我国出口取得了无与伦比的成绩，但要警惕可能的后劲不足问题

自1978年改革开放、1992年社会主义市场经济体制确立以来，尤其是自2001年加入WTO以来，我国出口占世界市场的份额（出口占比）持续增长，几乎从未出现过下滑（见图1-1）。2009年我国出口占比达到9.57%，超越德国的8.92%与美国的8.41%，成为世界第一出口大国。2015年，我国出口占比达到顶峰的13.79%，这是1968年以后单个国家出口占比的最高纪录。我国出口取得了辉煌的成绩，在此过程中也为我国经济发展做出了重要贡献。

但值得注意的是，2016年我国出口占比出现下滑，达到13.15%，2017年进一步下滑到12.78%。虽然只是轻微下滑，但特别值得警惕的是，2012年以后，美国、德国、日本等工业化国家的出口占比一改此前持续下滑态势，呈现出趋势性的增长，韩国的出口占比也基本保持了持续增长的态势。这些发达国家的出口增长不可能来自传统制造业，必然来自高端制造业或者价值链的高端环节，这可能意味着这些发达国家在高端制造业

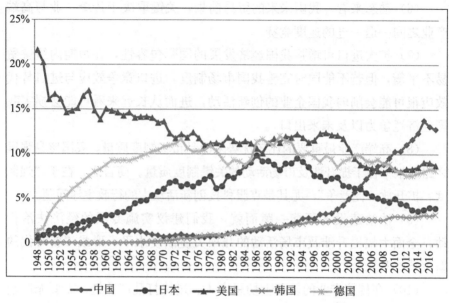

图 1-1　各国出口占世界市场的份额（出口占比）

方面的各种政策已经取得进展（比如，美国 2010 年启动的"再工业化"战略、德国 2013 年正式推出的"工业 4.0"战略等；数据亦表明美国近十年在资源型产品及初级产品市场上出口有所增长）。两相对比，意味着不能对我国出口占比的下滑掉以轻心，对我国未来高端制造业所面临的竞争态势需要保持警惕，而高端制造业正是我国未来出口增长的关键所在。

第二节　我国没有"出口过度"，反而是"出口不足"，未来出口占比很可能进一步提升

由于我国出口取得的巨大成绩以及巨大的出口量对其他国家造成的种种冲击，各界逐渐形成了我国"出口过多""出口过度"的印象。这对我国的出口政策决策导向与国际交往产生了一定影响。

但是，深入的数据分析表明，我国没有"出口过度"，相反，我国当前"出口不足"。

第一，从出口占 GDP 的比重（出口依存度）来分析，我们发现2011 年以后，我国的出口依存度连年低于世界平均水平（见图 1-2）。

事实上，自从 2006 年我国出口依存度达到峰值 34.93%，便持续下降，直至达到 2017 年的 18.84%，远远低于同年德国的 39.39%、韩国的 37.30%，甚至低于世界平均水平 22.01%。这表明，2006 年之后我国经济逐步转向依赖内需。另外，在出口依存度上，在整个 1980—2017 年期间的几乎所有年份（只有 1994 年除外），德国、韩国都高于我国；相反，美国、日本的出口依存度则一直相对较低。

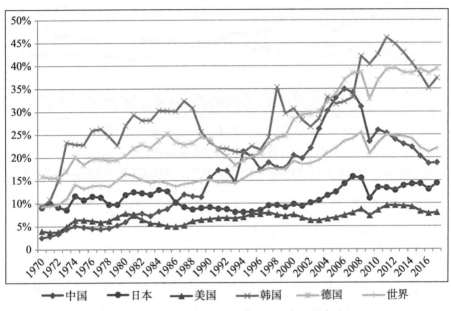

图 1-2 各国出口占 GDP 的比重（出口依存度）

第二，相对于我国的 GDP 规模，我国的出口占比不足。衡量我国出口占比的高低，需要考虑我国的经济规模，即我国 GDP 占世界总产值的份额（GDP 占比）。我们发现，自 2011 年以来，我国的出口占比持续低于我国的 GDP 占比（见图 1-3），这表明，相对于我国的经济规模，我国出口不足。与出口依存度的模式类似，我国的出口占比/GDP 占比自 2005 年以来持续下降。再看德国、韩国，相对于其经济规模而言，其出口则不成比例地过多（出口占比/GDP 占比大于 1）；美国、日本则是不成比例地过少（出口占比/GDP 占比小于 1）。

特别地，如果我们进一步检视对我国现阶段发展具有特别意义的中高科技产品领域的出口，我们会发现（见图 1-4），相对于我国的 GDP 规

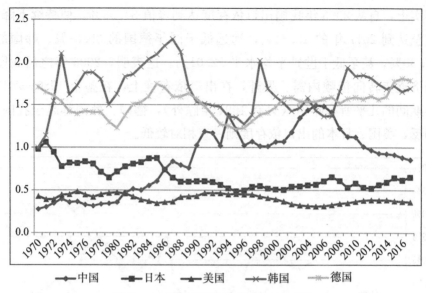

图 1 - 3 各国出口占比/各国 GDP 占比

注：出口占比指各国出口占世界总出口的份额；GDP 占比指各国 GDP 占世界总产值的份额。

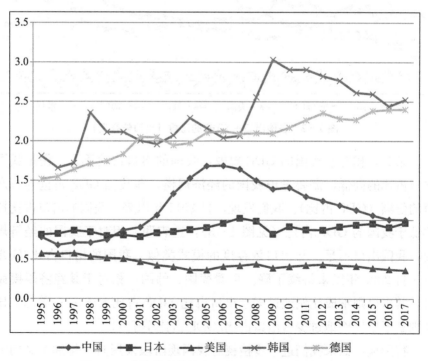

图 1 - 4 各国中高科技产品出口占比/各国 GDP 占比

注：出口占比指各国出口占世界总出口的份额；GDP 占比指各国 GDP 占世界总产值的份额。

模，我国在中高科技产品领域的出口占比自 2006 年以来持续下降，直至 2016 年、2017 年大致与我国的 GDP 占比持平。如果我们分别检视我国的高科技产品出口和中等科技产品出口，亦可发现类似的模式。而近年来，德国、日本的中高科技产品出口占比相对于其 GDP 占比持续增长，韩国也在 2017 年实现增长并始终保持很高的比值，美国则基本维持稳定。这充分揭示了我国在中高科技产品领域面临的国际竞争压力。

总结而言，数据表明，我国出口有过一定的繁荣时期（尤其是加入WTO 之后的 2001—2011 年期间），但我国出口的现状表明，在当前阶段我国没有"出口过度"，与世界平均水平相比，我国出口不足；与未来可资参照的德国、韩国相比，我国更是出口过少。这意味着，一方面，我国在出口政策决策的导向上仍需努力促进出口，加强国际经济交往，而非自我设限、逐步封闭；另一方面，我国未来的出口占比仍有增长空间，随着我国经济发展，我国未来的出口占比很可能继续攀升，对世界经济的影响会进一步凸显，随之而来的国际摩擦很可能进一步加剧、扩散，我国对此需有所预判。为缓解可能进一步加剧或者扩散的国际摩擦，我国的发展需要有更强的国际包容性。

第三节　我国出口引发贸易争议的直接原因之一，在于我国进口相对不足，而非出口过度；中美之间的贸易尤其存在进口相对不足现象

既然我国没有出口过度，那么为何围绕着我国的出口会产生这么多贸易争议？背后的症结在于，相对于我国的出口而言，我国的进口"太少"。

第一，相对于我国的 GDP 规模，我国进口占世界市场的份额（进口占比）很低。我们发现，自 2008 年以来，我国的进口占比持续低于我国的 GDP 占比（见图 1-5），这表明，相对于我国的经济规模，我国的进口不足，且我国的进口占比/GDP 占比自 2004 年以来持续下降，到 2016 年，我国进口占比只相当于我国 GDP 占比的 66%。相对于其经济规模，自1980 年以来，德国、韩国的进口则不成比例地过多（进口占比/GDP 占比大于 1），美国、日本则是不成比例地过少（进口占比/GDP 占比小于 1）。

第二，对比我国的出口占比与进口占比（见图 1-6），我们发现，我

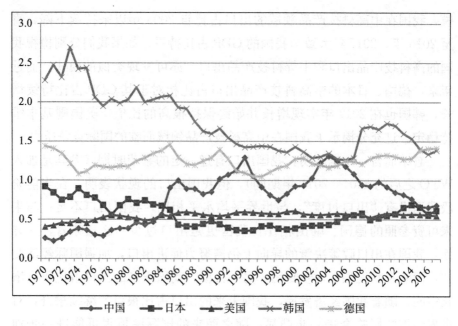

图 1-5　各国进口占比/各国 GDP 占比

注：进口占比指各国进口占世界总进口的份额；GDP 占比指各国 GDP 占世界总产值的份额。

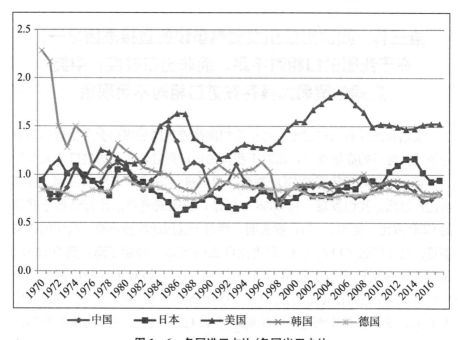

图 1-6　各国进口占比/各国出口占比

国的确进口"太少"。2015 年，我国的进口占比/出口占比是最低的，进口占比约为出口占比的 73%，即我国贡献的世界市场份额为我国占据的世界市场份额的 73%。这一比率与德国、韩国较为接近。对比鲜明的是美国，自 1970 年以来，美国贡献的世界市场份额几乎在所有年份均高于美国占据的世界市场份额，近年来美国贡献的世界市场份额约为其占据的世界市场份额的 1.5 倍。

第三，中美贸易争议的直接来源之一是我国从美国的进口份额远小于我国对美国的出口份额。图 1-7 表明，在我国的总出口中美国的贡献远远高于在我国的总进口中美国所得到的$\left(即\frac{我国对美国的出口/我国的总出口}{我国从美国的进口/我国的总进口}>1\right)$。这一模式与中德、中日、中韩之间的双边贸易形成鲜明的对比$\left(即\frac{我国对其他各国的出口/我国的总出口}{我国从其他各国的进口/我国的总进口}<1\right)$。

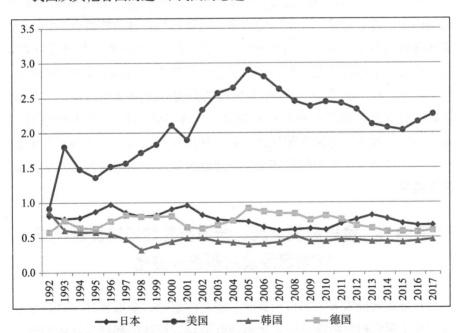

图 1-7　$\frac{我国对各国的出口/我国的总出口}{我国从各国的进口/我国的总进口}$：中美贸易争议的直接原因之一

由于贸易争议日益影响我国的出口环境，我们的分析表明，在促进出口的过程中，我国要注意进口的平衡，中美之间的贸易更是如此。我国进口不足，尤其是我国从美国的进口不足的原因，除全球生产结构的固有分布这一原因外，需要进一步深入研究，其中美国在我国进口量最大的集成电路与石油领域的出口管制可能是重要原因之一（例如，美国在 2016 年解除原油出口管制，我国在 2017 年便成为美国第二大原油出口目的地）。

另外，综合对各国出口与进口的分析（见图 1-3、图 1-5），我们可以发现，相对于各国经济规模占世界经济的比重，各国进口、出口占世界贸易的比重存在以下模式：德国、韩国为"大进大出"型；美国、日本为"小进小出"型；我国则可称为"小进中出"型，我国与外部的经济交往有待加强。需特别警惕的是，从 2005 年开始，以相对 GDP 规模的指标来度量，我国的出口、进口均表现出迅速缩减的趋势，这有可能是我国整体经济过早地向美国、日本模式演变的信号，值得高度关注。这种演变背后的原因值得进一步研究，一种可能性是我国经济发展转向内需、建立完整产业链的努力取得进展；另一种可能性是我国经济脱实向虚的结果，2005 年这个时间节点与房地产热潮的兴起高度吻合，逐步蔓延到全国的房地产热潮推高了企业的成本、削弱了企业的国际竞争力；又一种可能性是 2005 年人民币的升值（但同期我国进口亦持续下降，所以这种原因的可能性相对较小，至少不是唯一的主要原因）。总而言之，我国需特别提防经济日益"体内循环"或者"内卷化"的趋势，进一步加强与外部的经济交往，建设更加开放的国内国际双循环新发展格局。

第四节　金融危机之后，全球贸易与经济发展模式可能已经发生系统性变化

在分析我国未来的出口前景时，需要注意到，全球贸易与经济发展模式在金融危机后可能已经发生系统性变化，即各国都更少地依赖国际市场、更多地依赖内需来发展经济。从图 1-2 可以发现，2011 年之后，各国（包括我国）的出口依存度都在下降，世界平均的出口依存度也是如此。如果这一转变的确已经系统性地发生，那么可以预见，在未来国际市场竞争将更加激烈，我国未来的出口增长除面临中美贸易摩擦的挑

战之外，还将面临全球经济发展模式大环境变迁的挑战。我国对此需有所研判与准备。

第五节　随着我国经济持续增长，我国贸易对全球经济的影响将进一步凸显

虽然中美贸易冲突对我国贸易环境造成了巨大的影响，但随着我国经济持续增长，我国出口占比很可能继续保持长期上升趋势。由于我国当前出口的比较优势来源于传统制造业，而我国经济正在努力向高端制造业转型升级，因此，我们预测我国未来的出口占比需要考虑我国未来的经济结构（即传统制造业与高端制造业之比），我国出口的表现最终将取决于传统制造业退出速度与高端制造业崛起速度之间的竞赛，以及我国贸易政策与国际贸易环境的变化。

产业赛跑的结果存在两种可能。（1）如果未来几年我国传统制造业的竞争力得以保持或者产业转移以适当的速度渐进实现，且高端制造业取得进展，那么我国未来若干年的出口占比会进一步提高。但我国高端制造业迅速取得实质性进展面临着两个相关问题：一是内部问题。我国市场经济尚不够完善。二是外部问题。美、德、日、韩等工业化国家在高端制造业上已经取得进展（见图 1-1），我国面临的竞争压力会逐步加剧。如下所述，我国需要在完善市场经济制度方面做出更大的努力。（2）如果未来几年我国传统制造业的竞争力迅速丧失或者政策原因导致传统产业过快转移到国外，且高端制造业发展缓慢，那么我国未来的出口占比会低于基准趋势。随着我国经济的进一步发展，给定资源、环境等各方面的约束，传统产业的退出是不可避免的，但如下所述，我国在传统产业的发展上需要把握好梯次衔接、渐进转移的原则。

我国贸易政策与国际贸易环境的变化也将影响我国未来的出口占比。如果我国的出口政策发生大幅度的保守性变化，我国的出口必定受到负面影响，在我国目前"小进中出"型贸易局面下这一点需要竭力避免。我国在国际贸易环境方面面临的最大变数是中美贸易冲突。冲突带来的不仅仅是关税本身，还有贸易环境的不确定性，二者均会影响我国的出口，而后者的影响将更加深远。多种测算表明，在短期内，就关税

而言，我国出口受到的直接影响应该可控。我们更应该密切关注我国自身的产业链以及我国在全球产业链中的地位是否会受到贸易冲突的明显冲击，这种冲击可能对我国未来的出口造成更实质性的影响。新冠疫情冲击下我国贸易的快速修复反弹不只反映了世界市场的短期现状，也反映了我国经济的韧性、巨大国内市场的拉动作用以及国内产业链的完整性，这些优势是对冲外部环境不确定性的一种有利因素，有助于我国贸易稳定与增长。

当然，我国未来的出口占比也会受到我国及世界经济增长前景变化的影响。如果我国的经济增长进一步放缓，我国的出口占比会下降。

考虑到我国未来的贸易从根本上取决于高端制造业与传统制造业的发展，我们分别对这两类产业的发展提出一些建议。

第六节　高端制造业的发展，需要高质量的市场制度来支撑

我国贸易被普遍认为大而不强，最核心的共识有两点：其一，表现在我国主要出口中低端产品，在高端产品方面缺乏竞争力；其二，原因在于我国企业创新不足，创新不足是由于市场竞争不足、开放不够，而市场竞争与开放与我国进口政策直接相关。我们认为，我国高端制造业的发展，需要高质量的市场制度来支撑，尤其是在当前扩大进口的情况下，更需要加速提升我国的市场制度质量，否则可能从长远损害我国的出口竞争力。

第一，高质量的市场制度是高端产业比较优势的最重要来源。

过去40年，我国贸易大国地位的建立，主要依靠的是传统要素、资源禀赋所带来的比较优势。要发展高科技产业、高端制造业，就必须超越传统比较优势，建立基于市场制度质量的新比较优势，尤其是要注重契约执行与产权、知识产权的保护。世界各国的发展经历已充分证实这一新比较优势对高端产业的重要性。事实上，市场制度质量是现代国际贸易中高端产业比较优势的最重要来源，其重要性已经超过劳动力等传统要素重要性的总和。这是因为，高端产业的基本属性决定了它比传统产业更依赖于市场制度质量。一方面，越是高端，涉及的产业内、产

业间分工越细密、复杂，产业链越长，从而越需要企业之间的相互协作。公平、公正、有力的契约执行，是促进企业之间相互协作的根本保障。另一方面，越是高端，知识和研发越密集，企业之间进行知识交流的要求越高、中间产品的专用性越强且定价越模糊（无明确的市场参考价），从而越容易产生市场争议，这也要求有高质量的产权与知识产权保护制度。

第二，高质量的市场制度是实现"以竞争促创新"的前提条件，否则可能适得其反。

在市场竞争激烈的环境下，创新反而更可能意味着死亡，因为在竞争激烈的市场中企业的财务状况必然相对脆弱，而创新需要高额投入、承担巨大风险，稍有闪失便意味着在激烈的竞争中被淘汰；在这种情况下，如果缺乏知识产权保护，企业就不能充分享受创新带来的潜在知识产权收益，更不会冒险创新。因此，当我们推出各种竞争机制、意图以竞争促创新时，必须结合知识产权保护的加强，这样才能取得预期效果，否则将适得其反。这一点在我国当前扩大进口的背景下尤其值得我们注意。

第三，高质量的市场制度是实现"以开放促创新"的前提条件，否则可能适得其反。

通过进一步扩大开放、降低中间产品进口关税以促进外国技术转移与本土企业自主创新，需要高质量的市场制度来保驾护航。一方面，降低进口关税，企业会增加中间产品（包括仪器设备等资本品、技术产品）的进口或者提高进口部件的质量。通过吸收进口的中间产品所隐含的外国先进技术，我国企业可降低创新的成本从而增加自主创新。然而，另一方面，由于扩大开放导致获取中间产品的成本降低，企业也可能采取"拿来主义"，放弃自主创新，更多地依赖外国产品、技术。在知识产权保护力度不足时，企业自主创新的收益无法得到保证，企业会更多地倾向于"拿来主义"，以进口来替代自主创新。因此，以开放促创新，也必须结合知识产权保护的加强，这样才可能取得预期效果，否则可能适得其反。

"以竞争促创新"和"以开放促创新"这两点在我国当前扩大进口的背景下尤其值得我们注意。扩大进口可以提升我国消费者福利，降低企业成本，缓解贸易不平衡问题，增强我国发展的国际包容性，具有众多益处。但是，在扩大进口的同时，需要注意辅以迅速提升我国产权与知识产权的保护水平，否则可能由于扩大进口所带来的竞争加剧、以进口替代自主创新等效应而削弱企业创新活动，从而从长远来看可能会损害我国经济竞争力与未来出口。

第四，经济政策、经营环境的不确定性是创新的重要阻碍。

相较于政府的经济政策，完善的经济制度、经济法治可以使企业形成较为稳定的经济预期，经济政策则通常较为易变和不可预期。经济政策、经营环境的不确定性会显著阻碍企业创新。由于创新通常需要较大投入，而这类投入一般是不可逆的，即创新过程中的各种投资不可变现，因此当企业认为未来的市场环境存在较大不确定性时会推迟甚至放弃创新。这就意味着，就促进创新而言，我国在治理经济时需要尽可能以完善的经济制度、经济法治来代替各种临时性的经济政策，从而降低企业面临的不确定性，激励企业创新。

基于上述原因，我们认为，我国需要以市场制度质量建设为重点创造"新时代的新改革红利"，迅速、旗帜鲜明地加强市场制度质量建设、经济领域法治建设，这是培育我国在国际贸易中的新比较优势、抓住新工业革命机遇、促进高端制造业发展的牛鼻子与最重要前提。同时，高质量的市场制度也是各种技术性措施实现预期目标的根本保障，没有高质量的市场制度，各种技术性措施很可能无功而返甚至适得其反。为此，我们提出如下具体建议：

第一，以实际行动稳妥推进经济领域制度与法治建设。制度与法治的完善是系统而艰巨的工程，不可能一蹴而就。我们可以以经济领域相关的制度建设、法治建设为抓手、突破口，旗帜鲜明地提出并实施专项的经济法治行动，以重点突破的方式，通过加强经济契约的公平公正执行、正当产权保护、知识产权保护这几项关键市场制度，以实际行动大幅提升我国涉及市场活动与经济活动的制度质量、法治水平。在具体实施上，举例而言，独立的知识产权法院（法庭）是加强知识产权保护的一种方式，但全面、完善的方案需要经过法学界系统、严谨的研究。

第二，增强政策和制度的确定性和可预期性，克服科技创新活动中的行政主导问题。我国在治理经济时，需要尽可能以完善的经济制度、经济法治来代替各种临时性的经济政策，尽量减少以随意性较大、可预期性较低的经济政策来进行经济干预，从而降低企业面临的政策不确定性，激励企业创新。另外，科研决策需要绝对尊重科学规律，否则将是差之毫厘谬以千里，而行政决策是一项高度复杂的任务，需要综合考虑各种因素，不可能只考虑科学规律，通常无法预期，二者存在固有的矛盾。当科研决策与行政决策相互矛盾时，决策效率与正确性、可预期性必然受到影响。建议试点实行行政事务与科研事务分离，打破科学研究中的行政主导痼疾，坚持在科研决策中科学至上。试点工作可以从被美国"卡脖子"的技术行业领域开始。

第三，加大宣传，改善预期。市场预期对经济走向具有至关重要的影响。经济法治行动需要以旗帜鲜明的行动，同时配合以有力的宣传来迅速提升市场制度质量预期、提振民间投资、引导经济发展的"自我实现"趋势，以有效抓住新一轮科技革命的机会。在我国的现实背景下，政府的大力宣传往往被视为具有表达"承诺"、传递"信号"的作用，宣传的缺失往往会让实际行动事倍功半。

总之，高科技产业、高端制造业的发展，是我国经济持续高质量发展的根本要求。我们建议在迅速提升关键市场制度质量的前提下，努力扩大开放、促进竞争。简言之，就在于"强制度、扩开放、促竞争"。这也符合党的十九大报告明确提出的要加强全面依法治国并成立全面依法治国领导小组的决策，坚定落实这些改革将会创造我国"新时代的新改革红利"，我们有理由对我国在国际竞争新形势下取得新的突破保持乐观。另外，新一轮科技革命的战略机遇期稍纵即逝，我国绝不能错失。

第七节 传统制造业的转移，需要注意梯次衔接，切忌人为打乱产业链

我国完整、高效的产业链和产业结构，是我国制造业竞争力最重要的来源之一。无论是高端制造业的发展，还是传统制造业的发展，都需要从高附加值环节到低附加值环节的全产业链相互协作。任何一个企业或者一个行业，远离了产业链，其竞争力都会受到大幅影响。因此，在

制定传统产业转移的相关政策时，要遵循市场规律，循序渐进，切忌轻易人为、过快打乱我国完整的产业链，保证传统产业在区域、行业上的梯次衔接、渐进转移，保证产业链上的企业有足够的时间来做出调整、适应变化。具体地，第一，在传统产业的跨国转移问题上，由于我国存在显著的区域发展不平衡，国内存在足够的区域间高低搭配、相互协作空间，要坚持国内转移为主、国际转移为辅。第二，在传统产业的国内转移问题上，要坚持人口流动为主、产业流动为辅，一是因为人口流动成本相对较低、流动性相对较高，二是有利于产业从中心区域到外围区域的渐进、梯次转移，降低产业链演化过程中的波动幅度。

第八节 总 结

在我国建设以国内大循环为主体、国内国际双循环相互促进的新发展格局之际，本章对我国贸易经过 40 年发展之后的现状进行了分析和总结，对我国未来的贸易发展趋势进行了前瞻性预判，并相应地对决定我国未来经济与贸易发展的传统产业与高端产业的发展给出了建议。我们认为，40 年来我国出口取得了无与伦比的成绩，但想要百尺竿头更进一步，就要警惕可能已经显现的后劲不足问题。在当前阶段我国没有"出口过度"，反而是"出口不足"，仍需努力发展出口；我国贸易模式已经演变为"小进中出"型，需要建设更加开放的国内国际双循环新发展格局，相反，德、韩等国的贸易模式是"大进大出"型。我国出口引发贸易争议的直接原因之一在于我国进口相对不足，而非出口过度，中美之间的贸易尤其存在进口相对不足问题（虽然背后涉及特定的全球生产结构及美国国内贸易政策问题）。金融危机之后，全球贸易与经济发展模式可能已经发生系统性变化，未来国际市场竞争将更加激烈。随着我国经济持续增长，未来我国的出口占比很可能进一步攀升，对全球经济的影响会进一步凸显，为缓解可能进一步加剧或者扩散的国际摩擦，我国的发展需要有更强的国际包容性。动态来看，我国未来的贸易前景，关键取决于我国传统产业与高端产业之间一退一进的速度竞赛。扩大进口可增强我国经济发展的国际包容性、在短期内缓解贸易不平衡问题，但若不能同时完善我国市场制度，进口竞争效应与进口替代效应很可能会削弱我国企业的创新活动，进而从长远来看可能会损害我国经济竞争力以及未来出口。高端产业最重要的比较优势来源是市场制度质量，我国贸易强国之路的根本在于提升市场制度质量。我们建议实施专项的经济法治行动，全面大幅提升涉及市场活动的几项关键制度水平，形成"新时代的新改革红利"。在传统产业的转移上切忌人为、过快打乱产业链，需要循序渐进，以国内转移为主、国际转移为辅，以人口流动为主、产业流动为辅。

第二编

贸易开放

第二章　贸易政策不确定性和企业创新

内容提要：本章提出了一个全新的渠道，即贸易自由化可以通过目的地市场贸易政策不确定性（TPU）的减弱来诱导创新。为了验证这一关系，我们利用 2001 年中国加入世界贸易组织（WTO）所带来的 TPU 的大幅削减作为准自然实验。研究发现，TPU 的减弱显著促进了企业的专利申请：中国加入 WTO 后，不确定性下降幅度更大的行业中的企业提出了更多的发明专利申请。我们还发现，TPU 的下降对企业创新的影响因生产率、所有权、出口状况和固定投资不可逆性的不同而有所变化。

第一节　引　言

研究表明，创新热潮的兴起往往伴随着贸易自由化的重大事件。相关研究强调，国际贸易可以通过竞争（Bloom et al.，2016）、扩大外国市场准入（Bustos，2011）或进口中间产品与研发投资的互补性（Bøler et al.，2015）来增强创新。在本章，我们提出了一个贸易自由化通过消除出口目的地市场的贸易政策不确定性（TPU）来鼓励创新活动的新渠道。

创新实现商业化之前需要巨额且不可逆转的投资，并且在这一过程中会受到不确定性的阻碍。由于贸易协定可以削弱 TPU 并使市场条件变得更加透明、可预测，因此贸易协定可以诱发创新。我们利用中国入世所带来的准自然实验对这一点加以证明。具体而言，美国在 2002 年

1月1日授予中国永久正常贸易关系（PNTR）地位，而在此之前中国的出口商面临被征收惩罚性"非NTR"关税的风险。[①] 美国贸易代表罗伯特-莱特希泽在向国会作证时表示，高额非NTR关税的威胁是真实存在的。在20世纪90年代，美国国会每年都在就延长中国的临时NTR地位进行激烈的辩论以推翻这一总统豁免权。[②] 因此，授予中国PNTR地位结束了与美国国会的年度审查相关的不确定性，对中国出口商而言意味着更高的预期回报。

我们研究了TPU的减弱在多大程度上能够解释中国企业创新活动的激增。2002年，中国申请了大约5万项发明专利（排名世界第七），而在2012年，申请量增加了10倍以上，超过了美国、欧盟和日本这些被认为是世界上最具创新性的经济体。[③] 我们的结果表明，TPU的减弱大幅促进了中国企业的专利申请行为。

具体而言，我们建立了一个关于中国企业的庞大面板，其中包含企业在中国入世前后的生产、贸易和专利申请信息。由于发明专利是衡量创新质量的一个更为可靠的标准，本研究只关注发明专利。参照Handley and Limão（2017）的做法，我们将中国入世之前的非正常关税和观察到的最惠国关税之间的差异作为每个行业所面临TPU的衡量标准。鉴于这一不确定性的度量在各行业中具有较大差异，我们采用双重差分（DID）的方法进行识别。我们比较了2001年中国入世前后，不确定性降低较多的行业中的企业（即处理组）与不确定性降低较少的行业中的企业（即控制组）的专利申请行为。结果表明，不确定性的降低显著促进了专利申请：中国入世后，不确定性降低较多的行业的创新增长更快。有趣的是，不确定性的降低不仅通过扩大出口市场来诱导创新，而且对创新产生了直接影响。不确定性降低的总体效果是相当大的：基于基准模型的逆推计算发现，对一个入世前处于平均TPU水平的行业中

---

① "非NTR"关税即通常所说的关税2，最初是根据针对少数社会主义国家的1930年《斯穆特-霍利关税法案》制定的。若中国失去临时NTR地位，则所面临的平均关税税率可能会从4%增加到31%（Handley and Limão，2017）。

② 莱特希泽（2010）继续解释道："尽管没有一项年度豁免权被推翻，但持续的争议肯定会导致中美贸易的长期前景面临不确定性。"

③ 1995年，中国研发支出仅占GDP的0.7%左右，到2014年时，中国研发支出达到了GDP的2.05%。关于中国创新增长的深入讨论，见Wei et al.（2017）。

的企业而言，消除相关的不确定性将使其发明专利申请量增加 0.006 4，这大约是每个企业从入世前到入世后平均专利申请实际增量的三分之一。

我们的研究表明，贸易自由化可以通过一个重要的渠道刺激创新，并最终促进经济增长。与现有研究不同的是，我们将企业的创新动机与它们对市场环境的预期直接联系起来。现有文献强调，效率损失可能是由市场的不确定性造成的。例如，Bloom et al.（2007）证明了股票市场的波动导致企业推迟固定投资。我们将 TPU 看作市场不确定性的一个重要来源，并提供了严格的实证证据来表明 TPU 的存在不仅阻碍了出口增长（如文献所证实的），而且抑制了企业的创新投资。当控制创新的其他决定因素，如国内和进口竞争、投入品贸易自由化和国内改革，结果仍然是稳健的。此外，我们发现，企业对 TPU 减弱的反应受到企业生产率、所有权、出口状况和固定投资不可逆性的影响而存在显著的异质性。

我们检验了 TPU 的降低影响创新的可能渠道。首先，对特定行业的研究表明，预期市场规模会对创新有积极影响，如 Dubois et al.（2015）对制药业的研究。那么 TPU 的效应是否完全由市场规模效应所捕捉？如果是的话，一旦控制企业的出口总量，我们预期 TPU 降低对具有不同风险敞口的企业的差异化影响将会消失。然而，结果表明，在控制市场规模后，TPU 的差异化影响仍然存在。其次，专利权可以被看作创新的结果变量，研发支出、机器设备的固定资本投资和进口投入品则被认为是创新的投入变量。TPU 的降低会如何刺激创新的投入？结果表明，TPU 的降低显著增加了处理组企业的资本投资和进口投入，这一效应在研发密集型部门更加明显。

据我们所知，我们确定了 TPU 对企业创新活动的因果效应。本研究对有关不确定性对投资影响的大量文献做出了贡献。特别是，Dixit and Pindyck（1994）等理论工作强调了当固定投资不可逆转时，企业面对不确定性的“观望”策略。Rob and Vettas（2003）揭示了需求的不确定性是如何诱导跨国公司同时出口和进行 FDI 的。实证研究包括 Guiso and Parigi（1999）和 Bloom et al.（2007），证实了投资和不确定性之间的负向关系。与此密切相关，Pierce and Schott（2018）研究了 TPU 下降对美国行业和厂商投资行为的影响。他们发现，受 TPU 下降影响较大的行业经历了投资的下降，但这种影响在行业内是异质的。本研究的不同之处在于我们关注 TPU 减弱对企业创新的影响。在这个意义上，我们对两类文献做出了新的贡献。

首先，本研究有助于理解贸易对企业创新动机的影响。利用企业层面的数据，研究表明，国际贸易可以通过加强竞争或扩大进入外国市场的机会来促进创新。Bloom et al.（2016）发现，来自中国的进口竞争促使欧洲企业在专利申请、信息技术使用和生产率方面进行技术升级。Bustos（2011）基于包含技术选择的 Melitz 异质性模型，表明增加出口销售可以诱导阿根廷出口商进行技术升级。Aghion et al.（2019）表明，正向的出口冲击会刺激企业创新，因为相较于负向的竞争效应，正向的市场规模效应占据主导地位。Coelli et al.（2016）利用企业接触不同市场的事前变化，提供了贸易自由化促进企业申请专利的证据。关于中间产品贸易的普遍性，Bøler et al.（2015）指出，进口中间产品可以补充研发投资，通过改善进口投入的获取可以促进创新和技术变革，而 Liu and Qiu（2016）发现中间产品关税的降低可能阻碍中国企业自主创新。与我们的研究最接近的是 Coelli（2018）。该文探讨了跨国行业层面的专利申请变动，表明美国授予的 PNTR 地位降低了各行业的 TPU，并促进了中国的创新。相比之下，本章采用了中国制造业企业的数据，因此我们能够研究企业对 TPU 降低的异质性反应。

其次，我们的工作有助于提高对 TPU 的影响的关注。以前的大多数研究都集中在 TPU 对贸易的直接影响上。Baldwin and Krugman（1989）的开创性工作采用了实物期权方法来解释汇率大幅波动期间的贸易滞后现象。在一系列的研究中，Handley（2014）以及 Handley and Limão（2015，2017）强调了贸易政策所引起的不确定性，并研究了其对贸易和福利的影响。Feng et al.（2017）参照他们的方法，研究了 TPU 降低对中国向美国出口的广延边际（即企业的进入）的影响。Taglioni and Zavacka（2013）发现，进口商的不确定性对外国供应商产生了显著的负向的非线性影响。Beestermöller et al.（2018）研究了中国农业食品出口可能遭到边境拒绝导致的不确定性。除了贸易效应之外，TPU 降低对就业和区域经济发展也有很大的影响。Pierce and Schott（2016）将美国制造业就业人数的急剧下降与消除了中国进口产品关税不确定性的美国贸易政策的变化联系起来。Cheng and Potlogea（2015）表明，如果中国城市受到 TPU 减弱的影响，对美国的出口会有更大的增长，从而导致人口、产出和就业的快速增长。

　　本章的其余部分组织如下：第二节介绍了政策背景和数据并阐述了实证策略；第三节展示了估计结果；第四节介绍了机制并进行了进一步的讨论。第五节是结论。

第二节　政策背景、数据和实证策略

一、中国入世后的巨大出口增长

　　中国融入全球贸易体系被认为是过去 20 年中最重要的经济发展之一（Branstetter and Lardy，2008）。图 2 - 1 显示了 1995—2013 年中国对美国和世界其他地区出口的快速增长情况，以相对于 1995 年的指数表示。1995—2008 年，中国出口的名义值增长了 10 倍，远远超过了同期全球贸易的增长。重要的是，在中国入世的 2001 年前后，出口增长明显加速。入世前的 1995—2001 年，中国对美国出口的年度名义增长率约为14%；入世后的 2002—2008 年，中国对美国出口的年度名义增长率达到惊人的 25%。对世界其他地区的出口增长也呈现出类似的模式。

中国的出口(1995年=1)

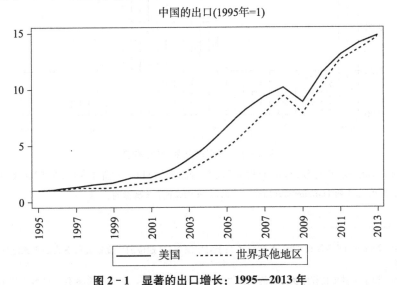

图 2 - 1　显著的出口增长：1995—2013 年

资料来源：中国海关总署。中国的出口以相对于 1995 年的指数表示。

中国出口的大幅增长很大一部分可以归功于中国入世后高关税威胁的消除。在中国于 2001 年 12 月 11 日加入 WTO 之前，中国被授予临时 NTR 地位，同时要接受美国国会的年度审查。事实上，美国国会曾三次通过法案撤销中国的临时 NTR 地位。如果临时 NTR 地位被撤销，中国出口商将面临惩罚性的非 NTR 关税。非 NTR 关税也被称为关税 2，最初是根据 1930 年的《斯穆特-霍利关税法案》制定的，税率远远高于在 NTR 地位下适用的最惠国关税税率。如果中国失去了最惠国待遇，平均关税税率将从 4% 增加到 31%（Handley and Limão，2017）。[1] 因此，在 2001 年之前中国出口商面临着巨大的不确定性。这一不确定性也让美国商界领袖感到不安，因为"在重新授予最惠国待遇时施加条件几乎等同于完全撤销。条件性意味着不确定性"[2]。如图 2-2 所示，政策不确定性在 HS 六位码的产品中差异很大。

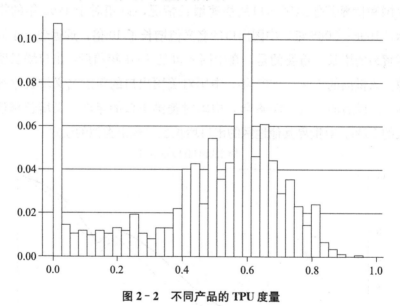

图 2-2　不同产品的 TPU 度量

注：本图展示了中国加入 WTO 前贸易政策不确定性（TPU）在所有 HS 六位码产品类别中的分布。TPU 是按照 Handley and Limão（2017）使用关税 2 来衡量的。

---

① Pierce and Schott（2016）提供了关于对中国 NTR 地位的年度审查所造成的不确定性的充分证据。

② 源于泰科玩具首席执行官的发言"中国的最惠国待遇"，见 1996 年 6 月 6 日美国参议院财政委员会听证会第 97 页。

中国于 2001 年 12 月 11 日加入 WTO 后，美国于 2002 年 1 月 1 日正式授予中国 PNTR 地位，彻底缓解了中国出口商对关税突然上升的担忧（Pierce and Schott，2016）。由于美国国会于 2000 年 10 月通过了授予中国 PNTR 地位的法案，在基准回归中，我们将 2001 年之后的年份定义为冲击发生后的时期。由于关税 2 的历史根源，不确定性可以被合理地视为外生的。此外，入世前的不确定性程度在各行业之间存在较大的差异，从而导致各行业之间产生了巨大的差异以供我们进行识别。图 2-3 显示，2001 年后，在获得 PNTR 地位前关税 2 高于中位数的行业出口增长速度远远高于在获得 PNTR 地位前关税 2 低于中位数的行业。中国对美国和世界其他地区的出口具有同样的模式。

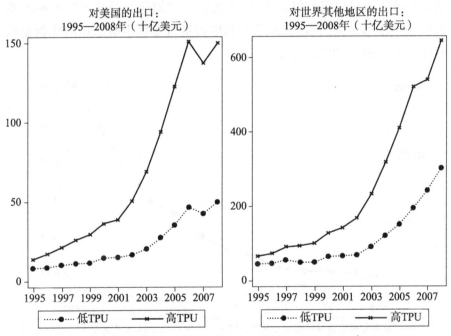

图 2-3　按 TPU 敞口划分的出口增长：1995—2008 年

注：本图显示了入世前高 TPU 产品类别相对于低 TPU 产品类别的出口增长。

二、中国专利申请的激增

中国于 1985 年建立了专利制度，此时第一部专利法正式生效，国家知识产权局开始接受专利申请。在实践中，专利被分为三类：发明专利、实用新型专利和外观设计专利。根据中国的专利法，发明是指对产品、方法或者其改进所提出的新的技术方案；实用新型是指对产品的形状、构造或者其结合所提出的适于实用的新的技术方案；外观设计是指对产品的整体或者局部的形状、图案或者其结合以及色彩与形状、图案的结合所做出的富有美感并适于工业应用的新设计。这三种类型的专利在申请程序和官方要求上有所不同。发明专利要根据实用性、新颖性和非显而易见性进行更严格的审查。① 因此，在此我们仅关注发明专利的申请情况。

图 2-4 描述了自 1995 年以来提交给国家知识产权局的发明专利申请的总体趋势。在 2000 年之前，提交给国家知识产权局的发明专利申请量的增长相对稳定，但在 2000 年之后开始加速，2001—2008 年的年增长率约为 30%。② 同时，发明专利申请量占专利申请总量的比例也从不足 12% 上升到 22% 以上。

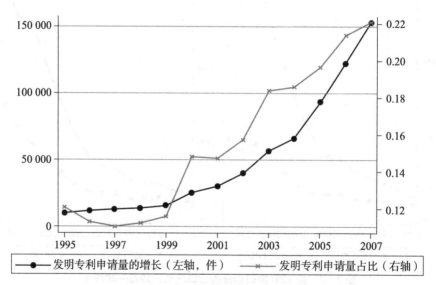

图 2-4 中国专利申请的增长

注：本图显示了发明专利申请量的增长以及发明专利申请量占专利申请总量的比例。

---

① 一项发明与已有的技术相比必须具备"突出的实质性特征和显著的进步"。相比之下，实用新型和外观设计是渐进式的创新，二者均在注册时授予，且不受新颖性和非显而易见性审查的限制。

② 1995 年发明专利申请量约为 1 万件，2001 年增长到 3 万件，2008 年进一步跃升到约 20 万件。

为了说明发明专利申请增长情况在不同行业中有所区别，图 2-5 比较了 TPU 最高三分位的行业和最低三分位的行业，结果显示出了在高 TPU 行业与低 TPU 行业中每个企业平均专利申请量的不同趋势。为了便于比较，我们将两组企业在 2001 年的专利数标准化为 1。显然，高 TPU 组和低 TPU 组在入世前的趋势是相当的，在入世后则出现了差异。高 TPU 组经历了更大的不确定性的降低，在专利申请方面有更显著的增长。这种差异表明 TPU 的减弱对激励企业创新产生了积极影响。

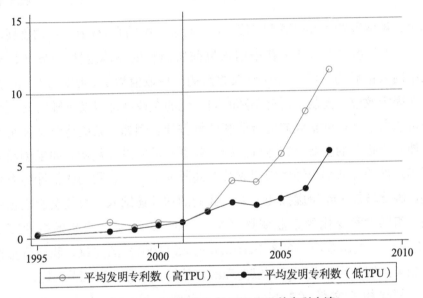

图 2-5　高 TPU 行业和低 TPU 行业的专利申请

注：本图显示了中国企业在入世前高 TPU 产品类别的专利申请与在入世前低 TPU 产品类别的专利申请的增长情况。

三、估计策略

我们研究了 TPU 的减弱特别是惩罚性非 NTR 关税的取消与中国制造业企业专利申请行为之间的联系。我们利用了一个事实，即在入世前 TPU 较高的行业（即关税 2 较高的行业）在入世后会有较大的出口增长，相反，在入世前 TPU 较低的行业在入世后出口增长的幅度较小。入世前不确定性的横截面变化可以追溯到 1930 年的《斯穆特-霍利关税法案》，这一不确定性的来源对各行业的出口模式来说可以被视为外生因素。不确定性降低的不同程度使我们可以进行 DID 识别。本质上，我们比较了 2001 年中国入世前后不确定性降低程度较大的行业（即处理组）和不确定性降低程度较小的行业（即控制组）中企业的专利申请情况。

我们对以下方程进行估计：

$$\ln(PATENT_{ijt}) = \alpha_i + \beta TPU_j \times Post01_t + X'_{ijt}\gamma + Z'_{jt}\delta + \lambda_t + \varepsilon_{ijt}$$

$$(2-1)$$

其中，被解释变量 $\ln(PATENT_{ijt})$ 是行业 j 中的企业 i 在 t 年的创新活动。TPU_j 衡量了行业 j 在中国入世前所面临的不确定性。$Post01_t$ 表示中国入世后的时期，2001 年及之后的年份取值为 1，否则为 0。α_i 是企业固定效应，控制了所有不随时间变化的企业特征以及不随时间变化但可能影响行业创新倾向的行业和区域差异。例如，某些行业特征可能会使一个行业的企业比其他行业的企业更有可能进行创新。如果创新和不确定性的降低都与经济周期或其他共同冲击有关，我们的估计会有偏差，因此增加了年份虚拟变量 λ_t。我们的估计还纳入了可能会影响创新的一组随时间变化的企业变量（X_{ijt}）和一组随时间变化的行业变量（Z_{jt}）。ε_{ijt} 是误差项。参考 Bertrand et al.(2004) 的建议，我们将标准误聚类到四位码行业层面，以处理潜在的异方差和序列相关问题。

根据相关文献（Aghion et al.，2005；Hu and Jefferson，2009；Aghion et al.，2019），我们使用发明专利申请量作为创新的直接衡量标准。由于专利数存在零值，我们使用 $PATENT = 1 + INVENTION$ 进行转换，其中 $INVENTION$ 是发明专利申请的计数。[①] 行业层面的市场不确定性 TPU_j 是关键的解释变量，即 2000 年关税 2 税率（可能征收的关税税率）和最惠国关税税率（实际征收的关税税率）之间的差异。

---

① 为了检验 $\ln(1+y)$ 的敏感性，我们使用 $\ln(c+y)$ 进行了实验，其中 c 取 0.1 和 0.01，y 是发明专利数。我们还进行了反双曲正弦变换，即 $\ln[y+(1+y^2)^{0.5}]$。当 $y=0$ 时，反双曲正弦等于 0，并且当 y 较小时，它的斜率比 $\ln(1+y)$ 更接近 $\ln y$ 的斜率。这些结果是稳健的。为了解决对发明专利申请的计数数据性质的担忧，我们在表 2-8 中探讨了固定效应泊松估计和负二项估计。

TPU 指标的构建是基于美国政府征收的关税 2，然而进行创新的企业并不一定向美国出口。在识别中我们从以下三个方面对这一问题进行了考量。首先，美国是世界上最大的经济体，也是中国制造业企业最重要的出口目的地市场。美国市场不确定性的任何变化在很大程度上会反映出中国出口企业在国际市场上的总体状况。其次，即使企业不进行事后出口，也可能被诱导在事前对创新进行投资，同时由于不确定性的降低而预期潜在市场将不断增长。最后，由于向美国出口的学习效应和技术外溢效应，企业也可能增加创新活动。尽管如此，由于政策冲击与出口到美国的企业更相关，我们预计 TPU 的降低对这些出口企业的影响更大。为了验证事实确实如此，我们在下面的方程中进一步加入了对美出口企业与 TPU 的交互项。

$$\ln(PATENT_{ijt})=\alpha_i+\beta_1 TPU_j\times Post01_t+\beta_2 TPU_j\times Post01_t$$
$$\times USEXP_i+X'_{ijt}\gamma+Z'_{jt}\delta+\lambda_t+\varepsilon_{ijt} \qquad (2-2)$$

其中，对于在 2001 年以前出口到美国的企业，$USEXP_i$ 取值为 1，否则为 0。我们预期交互项的系数为正，显著为正的系数 β_1 则反映了 TPU 降低对所有企业更为普遍的影响。

四、数　据

我们的实证分析依赖于企业层面的生产、贸易和创新数据，以及行业层面的市场不确定性和行业特征数据。因此，我们通过合并三个主要的数据来源构建了一个独特的数据集。

首先，专利数据来自国家知识产权局。这个数据集包含了自 1985 年以来所有专利申请的详细信息，包括申请日期、申请人的官方名称和地址以及专利的名称和类型。专利按申请年份注明日期。如前所述，根据中国的专利法，专利可以分为三类：发明专利、实用新型专利和外观设计专利。我们将使用发明专利作为创新的主要衡量标准。另一个衡量标准是研发支出，它反映了创新过程中的投入。尽管企业层面的研发支出数据的跨度是 2001—2007 年，我们仍然发现了专利申请和研发支出之间存在极强的相关关系。

其次，企业层面的生产和财务信息是根据国家统计局建立的中国工业企业数据库（ASIP）收集的。ASIP 是中国最全面的企业级数据集，包括所有年销售额在 500 万元（按 2002 年的汇率换算约为 60 万美元）以上的非国有企业和国有企业。它涵盖了 1998—2005 年中国 31 个省份的 CIC 四位码水平的 425 个制造业行业。使用 1995 年的工业普查公报以及 1996 年和 1997 年的制造业企业年度调查，我们进一步将数据集扩展到 1995 年。[1] 根据 2004 年的全国工业企业普查，ASIP 中的企业占工业产出的 90％和出口的 97.5％（Brandt et al.，2012）。ASIP 还涵盖了采矿和公用事业部门的企业，但我们重点关注制造业企业。ASIP 提供了详细的企业层面的信息，包括企业地址、所有权和会计信息，如就业、资本存量、材料投入、工资账单、总收入和出口收入。我们根据公认会计原则的基本规则对数据进行了清理（Cai and Liu，2009）。

最后，我们使用中国海关总署 2000—2006 年企业层面的进出口数据。这个数据集提供了出口企业的产品和出口目的地、进口企业的产品和产品来源的信息以及企业在 HS 六位码产品层面的出口或进口的价值和数量。除此之外，利用出口和进口数据我们还能识别加工企业。对于加工企业与外国买家的具体生产安排，我们参考 Liu and Qiu（2016），但在主要回归中我们删除了这些加工企业样本。[2]

通过仔细匹配企业的名称和地址，我们将三个数据集进行合并。匹配后的样本占发明专利申请总量的 31.5％，占 1995—2007 年至少向国家知识产权局申请过一项发明专利的所有企业的 1/4。[3] 对于可能存在的错配担忧，我们的匹配方法是基于企业的名称和地址，因此适用于整个样本期内的所有跨行业的企业。不同行业的错配程度似乎与不同行业的市场不确定性降低程度并不相关。

参考 Handley and Limão（2017）的做法，我们使用 2000 年的关税 2 税率和最惠国关税税率之间的差异作为 TPU 的衡量指标。即 $TPU_j =$

---

① 由于 1996—1997 年的年度调查并不完整，我们使用 1998—2007 年的数据进行了估计。我们使用一阶差分回归模型，研究在 2000—2005 年经历了 TPU 降低较多的部门其发明专利申请量是否比 1995—2000 年的发明专利申请量增长更快。这两组结果都证实了我们的主要发现。结果可供索取。

② 这些加工企业在制造业的专利申请量中只占很小的比重，将它们排除在外不会影响我们的结果。

③ 国家知识产权局的数据不包括行业代码，因此我们不知道制造业企业专利申请的确切数量。

$1-(\tau_j^{col2}/\tau_j^{mfn})^{-\sigma}$，其中 σ 是替代系数。[①] 作为替代，我们构建了第二个衡量指标，即 2000 年关税 2 税率和最惠国关税税率之间的对数差［即 $\log(\tau_j^{col2}/\tau_j^{mfn})$］。这两种方法中的关税数据均来自 Feenstra et al. (2002)。我们为每个 HS 六位码的产品数据构建了这两个衡量指标，然后通过简单平均进行汇总，得到四位码的 CIC 行业层面的 TPU 衡量指标。

经过数据匹配和数据清理之后，我们拥有了一个由 576 105 个企业组成的非平衡面板，包括 1995—2007 年 266 个四位码的 CIC 行业大约 140 万个观测值。表 2-1 展示了所使用的主要变量的统计数据和定义。最重要的变量是专利和 TPU。平均而言，每个企业在样本期的每一年都申请了 0.014 项发明专利。TPU 的平均值是 0.49，替代指标则为 0.25。然而，这两个 TPU 衡量指标是高度相关的，相关系数为 0.97。

表 2-1　描述性统计

变量	观测值数量	平均值	标准误	变量定义	最小值	最大值
企业层面变量						
Invention	1 436 698	0.014	0.910	发明专利申请量	0	878
Citation-weighted（3 年）	1 145 953	0.001	0.046	过去三年引用加权的发明专利申请	0	10
Citation-weighted（5 年）	1 145 953	0.003	0.081	过去五年引用加权的发明专利申请	0	12
$\ln(age)$	11 431 767	2.03	0.96	企业年龄的对数	0	5.65
$\ln(employment)$	1 336 230	4.70	1.18	企业就业人数的对数	2.08	13.32
$\ln(K/L)$	1 120 633	3.22	1.39	企业资本-劳动比的对数	−8.23	11.66
Foreign share	1 390 411	0.04	0.18	外资占比	0.00	1.00
行业层面变量						
TPU(Handley and Limão)	3 422	0.49	0.19	TPU 指标 1	0.00	0.84
TPU(log difference)	3 422	0.25	0.12	TPU 指标 2	0.00	0.62

---

① Handley and Limão（2017）对贸易政策不确定性的衡量是基于一般均衡下的企业决策。我们遵循他们的做法，令 $\sigma=3$。

续表

变量	观测值数量	平均值	标准误	变量定义	最小值	最大值
$\log(S/L)$	2 630	−1.27	0.36	行业层面的技能强度	−2.44	−0.45
$\log(K/L)$	2 630	4.49	0.76	行业层面的资本强度	2.84	6.89
Output tariff	3 407	0.15	0.11	产成品关税水平	0.00	0.75
Input tariff	3 422	0.11	0.06	投入品关税水平	0.02	0.41
SOE share	3 406	0.24	0.25	国有企业数量占比	0.00	1.00
FIE share	3 368	0.27	0.21	外资企业数量占比	0.00	1.00
MFN export tariff	3 283	1.03	0.04	出口目的地的适用关税	1.00	1.81

资料来源：作者根据国家统计局、国家知识产权局和海关总署的合并数据进行计算。

第三节 实证分析和结论

一、基准回归结果

基准估计研究了 TPU 和中国制造业企业创新活动之间的联系。图 2-5 表明 2001 年以后高 TPU 行业与低 TPU 行业的发明专利申请趋势出现差异。我们在方程（2-1）中采用了 DID 估计方法，检验了面临不同水平不确定性的企业对贸易自由化的异质性响应。表 2-2 报告了基准回归结果，标准误为聚类到行业层面的稳健标准误。所有的回归都包括年份虚拟变量 λ_t 和企业固定效应 α_i，以控制所有不随时间变化的企业异质性，同时我们使用行业内的变化来确定 TPU 降低的影响。

第（1）列只考虑了 TPU 和处理期后的指示变量之间的关键交互项 $TPU_j \times Post01_t$。交互项的系数显著为正，表明在入世前不确定性高的行业中的企业在入世后的发明专利申请量比入世前不确定性低的行业中的企业有较大的增长。由于被授予 PNTR 地位，入世前不确定性高的行业经历了更大程度的不确定性降低，我们的结果意味着市场不确定性的降低会引致创新。

第（2）列包括了一系列可能影响企业专利申请行为的企业特征，包括企业年龄及其平方项、企业规模（就业）、资本-劳动比和外国股权份额。回归结果表明，平均而言，规模较大以及资本密集度较高的企业创新较多，企业年龄和外资所有权并没有统计意义上的影响。$TPU_j \times Post01_t$ 的系数仍然显著，而且在数值大小上相近。

我们对 TPU 的衡量在很大程度上取决于历史上的斯穆特-霍利关税税率，由于这种关税是几十年前制定的，因此意味着这一指标的合理外生性。然而，这种关税可能与影响目的地需求的其他行业特征相吻合。特别是，导致中国出口增长的可能不是不确定性本身的降低，而是其他行业特征。如果这些在入世前面临较高不确定性的行业恰好是中国具有比较优势的行业，那么我们关于不确定性降低对创新的影响的结论可能会产生误导。为此，在第（3）列，我们参考 Pierce and Schott（2016）的做法，包含美国行业初始年份（即 2000 年）的资本密集度和技能密集度 $(K/L)_j$ 和 $(S/L)_j$ 与虚拟变量 $Post01_t$ 之间的额外交互项。[①] 这两个交互项解释了中国入世后比较优势要素对创新的可能影响。然而，如第（3）列所示，2001 年后技能密集型行业的发明专利申请量经历了快速增长。我们关注的核心变量 $TPU_j \times Post01_t$ 的系数在统计上仍然显著为正。

表 2-2　TPU 和创新：基准回归结果

	(1)	(2)	(3)	(4)	(5)	(6)
	ln(1+Patent)			Citation-weighted patents		
$TPU \times Post01_t$	0.006 9***	0.007 0**	0.013 2***	0.018 0**	0.001 6***	0.002 4***
	(0.003 3)	(0.003 2)	(0.004 7)	(0.007 6)	(0.000 4)	(0.000 6)
$(S/L)_j \times Post01_t$			0.011 6**	0.011 8**	0.001 2***	0.001 6***
			(0.004 6)	(0.004 7)	(0.000 4)	(0.000 6)
$(K/L)_j \times Post01_t$			0.001 7	0.001 3	0.000 2	0.000 3**
			(0.001 1)	(0.001 1)	(0.000 1)	(0.000 2)
$\ln(Age_{ijt})$		-0.002 4***	-0.002 2***	-0.002 2***	-0.000 9***	-0.001 6***
		(0.000 9)	(0.000 9)	(0.000 9)	(0.000 3)	(0.000 4)
$\ln(Age_{ijt})^2$		0.000 4	0.000 4	0.000 4	0.000 2***	0.000 3***
		(0.000 2)	(0.000 2)	(0.000 2)	(0.000 1)	(0.000 1)
$\ln(Employment_{ijt})$		0.003 8***	0.003 9***	0.003 9***	0.000 8***	0.001 3***
		(0.000 7)	(0.000 7)	(0.000 7)	(0.000 1)	(0.000 2)

① 我们使用下标 j 来区分行业层面的衡量标准和企业层面的衡量标准。行业层面的要素密集度来自美国的 NBER-CES 数据库，并与中国的行业分类进行匹配。

续表

	(1)	(2)	(3)	(4)	(5)	(6)
	ln(1+*Patent*)			*Citation-weighted patents*		
$\ln(K/L)_{ijt}$		0.001 5 ***	0.001 5 ***	0.001 5 ***	0.000 3 ***	0.000 3 ***
		(0.000 3)	(0.000 3)	(0.000 3)	(0.000 1)	(0.000 1)
$Foreign_{ijt}$		0.000 1	0.000 1	0.000 1	0.000 4	0.001 0
		(0.001 2)	(0.001 2)	(0.001 2)	(0.000 5)	(0.000 7)
常数	−0.001 4	−0.022 0 ***	−0.021 8 ***	−0.021 8 ***	−0.004 4 ***	−0.007 0 ***
	(0.001 4)	(0.005 5)	(0.005 2)	(0.005 2)	(0.000 9)	(0.001 3)
观测值数量	1 436 698	1 317 330	1 313 963	1 313 963	1 132 437	1 132 437
R^2	0.456 3	0.458 0	0.458 2	0.458 2	0.315 6	0.349 7

注：所有的回归都包括年份虚拟变量和企业固定效应。括号内为聚类到四位码 CIC 行业水平的稳健标准误。贸易政策不确定性（TPU）的衡量遵循 Handley and Limão（2017）。$(K/L)_j$ 和 $(S/L)_j$ 是行业层面的资本密集度（对数）和技能密集度（对数），使用美国的 NBER-CES 数据库进行衡量。企业层面的控制变量数据来自中国工业企业数据库（ASIP）。*** 、** 、* 分别表示在 1%、5% 和 10% 的水平上显著。

在第（1）～第（3）列中，我们按照 Handley and Limão（2017）的结构方法来衡量 TPU。在第（4）列中，为了再次确认，我们使用关税 2 税率和相应的最惠国关税税率之间的对数差 $\left[即 \log(\tau_j^{col2}/\tau_j^{mfn}) \right]$。TPU 的影响仍然高度显著。

我们使用发明专利来衡量企业的创新活动，相较于实用新型专利或外观设计专利，发明专利更能反映创新的质量。为了进一步说明发明专利的质量，第（5）～第（6）列将引用加权的发明专利作为被解释变量，权重为相关专利发布后 3 年或 5 年内的引用量。回归结果与前述结果类似。

总之，在所有的回归估计中，β 始终显著为正，表明市场不确定性的降低导致了企业创新活动的增加。估计的效果在经济上也是显著的。以第（3）列的系数估计为例，粗略的计算表明，对一个入世前处于平均 TPU 水平的行业中的企业而言，消除相关的不确定性将使其发明专利申请量增加 0.006 4，这大约是每个企业从入世前到入世后平均专利申请实际增量的三分之一。

二、创新的其他决定因素

表 2-3 考虑了关于创新决定因素的竞争性解释，这些因素因行业和

表 2-3 TPU 和创新：创新的其他决定因素

	(1)	(2)	(3)	(4)	(5)	(6)	(7)
				ln(1+$Patents$)			
$TPU \times Post01_t$	0.013 1***	0.013 3***	0.012 8***	0.013 6***	0.014 0***	0.013 0***	0.013 9***
	(0.004 6)	(0.004 7)	(0.004 6)	(0.004 7)	(0.004 6)	(0.004 5)	(0.004 6)
$(S/L)_j \times Post01_t$	0.011 6**	0.011 6**	0.011 5**	0.011 2**	0.010 6**	0.011 3**	0.009 5**
	(0.004 6)	(0.004 6)	(0.004 6)	(0.004 4)	(0.004 7)	(0.004 5)	(0.004 3)
$(K/L)_j \times Post01_t$	0.001 7	0.001 7	0.001 6	0.001 5	0.001 9*	0.001 5	0.001 5*
	(0.001 0)	(0.001 0)	(0.001 0)	(0.000 9)	(0.001 0)	(0.001 0)	(0.000 8)
HHI_{jt}	−0.000 3						−0.000 4
	(0.000 6)						(0.000 7)
$OutputTariff_{jt}$		0.008 0					−0.000 6
		(0.006 4)					(0.006 6)
$InputTariff_{jt}$			0.025 3				0.034 7*
			(0.018 5)				(0.019 2)
$SOEshare_{jt}$				−0.016 8			−0.019 0
				(0.010 8)			(0.012 0)
$FIEshare_{jt}$				0.012 7**			0.011 3*
				(0.004 9)			(0.005 2)
$ExportMFNTariff_{jt}$					−0.004 2		−0.014 8**
					(0.006 5)		(0.007 1)
$Length_j \times Post01$						−0.004 3**	−0.004 3**
						(0.001 9)	(0.002 1)

续表

	(1)	(2)	(3)	(4)	(5)	(6)	(7)
	\multicolumn{7}{c}{$\ln(1+Patents)$}						
$\ln(Age_{ijt})$	-0.002 2*** (0.000 9)	-0.002 2** (0.000 8)	-0.002 2** (0.000 9)	-0.002 1** (0.000 8)	-0.002 1** (0.000 9)	-0.002 1** (0.000 9)	-0.001 8** (0.000 9)
$\ln(Age_{ijt})^2$	0.000 4 (0.000 2)	0.000 4 (0.000 2)	0.000 4 (0.000 2)	0.000 4 (0.000 2)	0.000 4 (0.000 2)	0.000 3 (0.000 2)	0.000 3 (0.000 3)
$\ln(Employment_{ijt})$	0.003 9*** (0.000 7)	0.003 9*** (0.000 7)	0.003 9*** (0.000 7)	0.004 0*** (0.000 8)	0.003 9*** (0.000 8)	0.004 0*** (0.000 8)	0.004 1*** (0.000 8)
$\ln(K/L)_{ijt}$	0.001 5*** (0.000 3)	0.001 5*** (0.000 3)	0.001 5*** (0.000 3)	0.001 5*** (0.000 3)	0.001 5*** (0.000 3)	0.001 6*** (0.000 3)	0.001 5*** (0.000 3)
$Foreign_{ijt}$	0.000 1 (0.001 2)	0.000 1 (0.001 2)	0.000 1 (0.001 2)	0.000 0 (0.001 2)	0.000 2 (0.001 2)	0.000 2 (0.001 2)	0.000 3 (0.001 2)
常数	-0.023 5*** (0.006 2)	-0.023 9*** (0.005 6)	-0.026 5*** (0.006 1)	-0.028 0*** (0.006 7)	-0.017 4* (0.009 1)	-0.022 7*** (0.005 5)	-0.020 2** (0.009 3)
观测值数量	1 313 963	1 312 631	1 313 963	1 313 235	1 276 169	1 233 009	1 194 791
R^2	0.458 2	0.458 3	0.458 3	0.458 7	0.462 8	0.459 6	0.464 8

注: 所有的回归都包括年份虚拟变量和企业固定效应。括号内为聚类到四位码 CIC 行业水平的稳健标准误。贸易政策不确定性（TPU）的衡量遵循 Handley and Limão（2017）。除了 TPU 之外，我们还考虑了创新的其他决定因素，包括行业竞争（HHI）、进口竞争（产出品关税），进口投入的准入（中间产品关税）、国内改革（国有企业份额和外商投资企业份额）、出口关税削减（最惠国出口关税）以及知识产权保护（行业生命周期）。$(K/L)_j$ 和 $(S/L)_j$ 是行业层面的资本密集度（对数）和科技能密集度（对数），使用美国的 NBER-CES 数据库进行衡量。企业层面的控制变量数据来自中国工业企业数据库（ASIP）。***、**、* 分别表示在 1%，5% 和 10% 的水平上显著。

年份而异，并可能与结果变量（专利申请）和我们所感兴趣的变量（贸易自由化和相关市场不确定性的降低）相关。更具体地说，第（1）列考虑的是行业竞争，第（2）列考虑的是进口竞争，第（3）列考虑的是进口投入的准入，第（4）列考虑的是入世期间的国内改革，第（5）列考虑的是中国出口商在目的地市场面临的最惠国关税削减，第（6）列考虑的是 WTO 对知识产权的更好保护。最后，第（7）列考虑的是创新的所有这些决定因素在同一回归中的情况。与表 2-2 的基准回归相同，在所有的回归中，我们都控制了与 $Post01_t$ 相互作用的行业比较优势变量，以及可能影响企业专利申请行为的全部企业层面特征变量。

（一）行业竞争

关于竞争和创新关系的讨论可以追溯到 Schumpeter（1943），他认为竞争降低了价格-成本边际，从而减少了创新的准租。Nickell（1996）和 Blundell et al. (1999) 的实证研究表明，竞争可以诱发创新。Aghion et al. (2005) 认为竞争和创新之间呈倒 U 形关系，Hashmi（2013）则发现两者之间只存在轻度的负相关关系。

为了衡量竞争，我们利用每个制造业企业的国内销售额，在四位码行业层面构建了赫芬达尔-赫希曼指数（HHI）。HHI 的数值越高，表明市场越集中，因此竞争越小。第（1）列表明，较高的 HHI 值对应较低的创新水平，因此竞争促进了创新，尽管系数在统计上并不显著。

（二）进口竞争

竞争也可能来自进口。重要的是，在中国入世的同时最终产品的进口关税（即产出品关税）大幅下降：平均进口关税从 2000 年的 15.3% 下降到 2007 年的 9.8%。产出品关税的降低预计会加剧国内竞争，从而影响创新（Liu et al.，2019）。在第（2）列中，我们包含了行业层面的平均进口关税（$OutputTariff_{jt}$）。有趣的是，更高水平的进口竞争保护，如更高的进口关税，与企业创新正相关。

（三）进口投入的准入

贸易自由化可能通过放宽对外国中间投入的准入而影响国内企业。人们普遍认为，由于关税的降低，对中间投入进口的增加可以提高企业的生产率（Amiti and Konings，2007；Liu and Ma，2020）。一方面，较低的中间产品关税降低了创新的成本，可能会促进国内创新，特别是在依赖进口设备和部件的情况下。另一方面，由于外国技术往往体现在进口投入中，企业可能只是购买更便宜的外国技术来替代本土创新。为此，我们在第（3）列考虑了工业中间产品关税（$InputTariff_{jt}$）的降低，参照 Goldberg et al.（2010）的方法，使用 2002 年的中国投入产出表进行计算。[①] 结果显示，中间产品关税的系数为正（尽管不显著），意味着进口投入是替代本土创新而不是对本土创新的补充，这与 Liu and Qiu（2016）的结论一致。

（四）国内改革

除了加入 WTO，中国也一直在进行国内改革，以放松对市场的管制。第（4）列考虑了 21 世纪初的两项重要政策改革：国有企业（SOEs）的私有化和外商直接投资（FDI）的放松管制。在 20 世纪 90 年代末，中国对国有企业开展了大规模的私有化改革，导致中小型国有企业被私有化或关闭，并刺激了许多私营企业的进入（Berkowitz et al.，2017）。为了确定这场私有化运动是否对创新产生了影响，我们增加了一个额外的控制变量国有企业份额（SOEshare），即每个行业中国有企业的比例（Lu and Yu，2015）。同时，为了符合 WTO 的规则，中国在 2002 年进行了一次关于外贸和投资的重大监管改革，目的是鼓励外国企业与中国企业平等竞争（Branstetter and Lardy，2008）。跨国公司的进入加剧了当地的竞争。跨国公司也可能带来更先进的技术，外溢到国内企业。因此，我们使用外商投资企业份额（FIEshare）来控制 FDI 自由化。结果表明，FDI 自由化极大地促进了创新，而国有企业改革则产生了负向但不显著的影响。

（五）出口关税削减

伴随着 TPU 的降低，中国出口商也面临着出口目的地关税的降低。创新对出口增长的反应可能只是关税的降低所导致的。因此，在第（5）列我们控制了对中国出口商征收的最惠国关税，即最惠国出口关税，由目的地市场和同一行业内 HS 六位码产品的平均最惠国关税税率来衡

---

① 具体而言，t 年 j 行业的中间产品关税被定义为用作 j 行业投入的商品的关税的加权平均，其中权重是基于 2002 年中国投入产出表中 j 行业商品生产中每项投入的成本份额。

量。第（5）列的结果表明，最惠国关税的降低增加了企业的创新活动。

（六）知识产权保护

中国入世导致了《与贸易有关的知识产权协定》（TRIPS）所要求的加强知识产权保护，这也可能影响企业的专利申请动机。年份固定效应控制了TRIPS对专利申请的整体影响。然而，TRIPS可能会对不同生命周期的行业产生不同的影响（Bilir，2014）。这种差异化的影响可能与TPU降低的影响相关，从而使我们的估计出现偏差。因此，在第（6）列，我们使用Bilir（2014）构建的平均行业生命周期的衡量标准，并按照Liu and Qiu（2016）的做法，将这一衡量标准与入世的指示变量进行交互。结果表明，TPU降低的影响仍然是显著的。

（七）完整回归模型

在第（1）~第（6）列逐一增加了创新的其他决定因素，结果表明TPU对创新的影响仍然显著。最后，第（7）列为包含全部控制变量的完整回归，结果进一步证实了我们在前述回归中得到的结论。在所有的回归中，$TPU_i \times Post01_t$的系数始终与基准回归结果相似，并且在统计上显著，这意味着TPU降低会导致企业创新活动的大幅增加，这一结果是稳健的。

三、DID 识别的有效性

我们通过表2-4中的一系列稳健性检验来验证DID识别方法的经济有效性。

表 2-4 TPU 和创新：有效性检验

	(1)	(2)	(3)	(4)	(5)
	$\ln(1+Patents)$				
$TPU \times Post01$	0.014 4*** (0.004 7)		0.011 0*** (0.004 0)		0.012 6* (0.007 4)
$Annual\ TPU$（1995—2000）		−0.003 8 (0.004 3)			
$TPU \times Year_{1996}$				−0.017 2** (0.006 8)	
$TPU \times Year_{1997}$				−0.006 3	

续表

	（1）	（2）	（3）	（4）	（5）
	ln(1+*Patents*)				
$TPU \times Year_{1998}$				(0.007 5)	
$TPU \times Year_{1999}$	0.000 7 (0.001 9)			−0.006 6 (0.004 3)	
$TPU \times Year_{2000}$	0.001 8 (0.001 8)			−0.003 9 (0.003 7)	
$TPU \times Year_{2001}$				0.002 4 (0.004 8)	
$TPU \times Year_{2002}$				0.005 1 (0.004 4)	
$TPU \times Year_{2003}$				0.009 4* (0.005 1)	
$TPU \times Year_{2004}$				0.012 4** (0.005 4)	
$TPU \times Year_{2005}$				0.016 6*** (0.006 3)	
$TPU \times Year_{2006}$				0.025 3*** (0.007 3)	
$TPU \times Year_{2007}$				0.028 3*** (0.008 4)	
常数	−0.019 8** (0.009 5)	−0.001 2 (0.005 5)	−0.001 3 (0.034 1)	−0.019 6* (0.010 0)	−0.042 7* (0.025 6)
观测值数量	1 194 791	382 880	1 194 791	1 194 791	525 112
R^2	0.464 8	0.528 2	0.464 8	0.464 9	0.842 7

注：所有的回归都包括年份虚拟变量和企业固定效应。括号内为聚类到四位码 CIC 行业水平的稳健标准误。贸易政策不确定性（TPU）的衡量遵循 Handley and Limão（2017）。所有的回归都包含要素密集度（K/L）$_j$、（S/L）$_j$ 和 $Post01$ 的交互项以及表 2-3 第（7）列的所有控制变量，包括行业竞争（HHI）、进口竞争（产出品关税）、进口投入的准入（中间产品关税）、国内改革（国有企业份额和外商投资企业份额）、出口关税削减（最惠国出口关税）以及知识产权保护（行业生命周期）。***、**、* 分别表示在 1%、5% 和 10% 的水平上显著。

（一）预期效应

首先，我们检验了企业是否因为预期即将入世而改变它们的创新行为。例如，中国和美国在 1999 年 11 月 15 日就中国入世达成了协议。因此，如果企业预期到了入世结果，我们的处理组和控制组可能就不存在事前可比性。表 2-4 的第（1）列包含两个额外的控制因素，

$TPU_j \times Year_{2000}$ 和 $TPU_j \times Year_{1999}$。这两个交互项的系数为负且不显著，表明不存在预期效应，而 2001 年后 TPU 降低的效应仍然显著。

（二）入世前的时期

第（2）列对整个入世前时期随时间变化的 TPU 进行了安慰剂检验（即我们将样本严格限制在 1995—2000 年）。进行安慰剂检验的前提是 TPU 在这一时期不会产生显著的影响，因为 TPU 的变化不大（Topalova，2010）。否则可能意味着不可观测的因素在起作用，从而使我们的结果出现偏差。Annual TPU 的系数不显著，证明了 TPU 在中国入世前没有产生影响。

（三）行业时间趋势

DID 估计假定，在 $(X'_{ijt}, \alpha_i, \lambda_t)$ 的条件下，处理组和控制组的创新活动遵循相同的时间趋势。这一假设使我们能够将控制组的创新活动作为入世后时期处理组的反事实。由于存在特定行业的混淆因素，这一假设可能不成立。为了验证这一点，我们增加了行业特定的线性时间趋势 $\lambda_j \times t$，从而控制所有随时间变化的不可观测的行业特征。第（3）列展示了回归结果，系数仍然显著，并且系数大小与基准回归结果相似。

（四）灵活估计

第（4）列采用了灵活估计，使用 TPU 和年份虚拟变量的交互项，如 $\sum_{t=1996}^{2007} \beta_t TPU_j \times Year_t$ 取代 $TPU_j \times Post01_t$。2001 年之前的系数大多数不显著，表明处理组（即高不确定性行业）和控制组（即低不确定性行业）在入世前是相似的。[①] 2001—2002 年，交互项的系数为正但不显著，2003 年开始显著为正。显然，随着时间的推移，效应变得越来越明显，反映了创新的滞后反应。

（五）两期估计/两阶段估计

DID 估计的统计推断关键取决于标准误的准确性。我们遵循 Bertrand et al.（2004）的做法，将标准误聚类到行业层面以纠正序列相关问题。我们使用 Bertrand et al.（2004）建议的另一种方法，将面板数

---

① 1996 年的系数显著为负，可能是极少的观测值导致的。

据分为两个时期，一个是入世前（1995—2000 年），一个是入世后（2001—2007 年），然后使用怀特稳健标准误，并聚类到四位码的 CIC 行业层面。回归结果见第（5）列，结果基本相似。

四、稳健性检验

表 2-5 提供了使用不同子样本的稳健性检验。首先，第（1）列考虑的是产品属于同一行业的企业样本。第（2）列将样本限制在存续企业，不包括进入或退出的企业。第（3）～第（6）列分别考虑了基于不同所有权的企业。最后，作为一个安慰剂检验，第（7）列考虑了加工企业。

（一）单一产品企业

在我们的样本中，部分企业生产跨行业的多种产品，而我们的 TPU 变量是行业特定的。[①] 为了检验我们的结果是否受到多产品企业的污染，第（1）列的样本严格限制在产品属于同一行业的企业。我们发现，在这个子样本中，TPU 的降低对企业创新有显著的影响。

（二）存续企业

另一个问题是企业的进入和退出，这是由生产率等不可观测因素与企业的创新活动共同决定的。因此，进入或退出的企业可能表现出不同的创新行为。为了规避这种选择效应，第（2）列关注入世前后均在经营的现存企业的子样本。这一回归结果同样与我们的主要结论十分相似。

（三）所有权

第（3）～第（5）列分别考虑了不同所有权企业的异质性反应。我们考虑了三种类型的企业，国有企业（SOE）、民营企业（POE）和外商投资企业（FIE），后者包括中外合资企业和外商独资企业。有趣的是，TPU 的降低对国有企业和民营企业的创新行为有明显的影响，而对外商投资企业的影响并不显著。鉴于在跨国企业中外国子公司通常专门从事创新密集度较低的生产和销售部分，而大部分创新任务由总部承

---

① 每个企业被归入一个四位码行业，但是企业可能生产属于不同四位码行业的产品。我们从国家统计局获得企业-产品信息，其中包含 2000—2006 年企业生产的每一种五位码产品的信息。

表 2-5　TPU 和创新：稳健性检验

	(1)	(2)	(3)	(4)	(5)	(6)	(7)
	Single-product	Incumbent	SOE	POE	FIE	All	Processing
	$\ln(1+Patents)$						
$TPU \times Post01$	0.011 2**	0.013 3***	0.010 4*	0.010 8***	0.012 4	0.012 0***	0.001 8
	(0.004 7)	(0.004 7)	(0.005 5)	(0.003 7)	(0.011 4)	(0.004 1)	(0.014 6)
$TPU \times Post01 \times SOE$						−0.002 1	
						(0.003 4)	
$TPU \times Post01 \times FIE$						0.000 8	
						(0.002 8)	
$(S/L)_j \times Post01_t$	0.009 0*	0.011 6**	0.006 1*	0.006 1*	0.014 5*	0.008 1**	0.018 9*
	(0.004 6)	(0.004 6)	(0.003 4)	(0.003 4)	(0.008 1)	(0.003 7)	(0.010 9)
$(K/L)_j \times Post01_t$	0.001 2	0.001 7	0.002 7	0.000 9	0.002 8	0.001 2*	0.006 2
	(0.000 9)	(0.001 0)	(0.001 7)	(0.000 8)	(0.002 1)	(0.000 7)	(0.003 7)
HHI_{jt}	−0.000 4	0.000 1	−0.001 0	−0.000 6	−0.000 6	−0.000 7	0.001 4
	(0.000 7)	(0.000 7)	(0.001 0)	(0.000 9)	(0.001 1)	(0.000 8)	(0.002 3)
$OutputTariff_{jt}$	0.004 8	−0.004 3	−0.006 8	0.004 8	−0.028 9	0.000 4	−0.042 5
	(0.005 1)	(0.008 6)	(0.011 1)	(0.005 5)	(0.019 5)	(0.008 2)	(0.052 1)
$InputTariff_{jt}$	0.027 8	0.043 2**	0.029 2	0.038 3*	0.071 0	0.045 3*	0.173 4**
	(0.018 2)	(0.021 0)	(0.024 6)	(0.020 2)	(0.055 0)	(0.024 4)	(0.073 7)
$SOEshare_{jt}$	−0.016 7	−0.019 4	0.008 4	−0.023 4	−0.060 0	−0.030 6*	−0.068 2**
	(0.012 9)	(0.011 8)	(0.006 8)	(0.015 1)	(0.037 4)	(0.017 2)	(0.029 7)
$FIEshare_{jt}$	0.011 1**	0.013 1**	0.013 7	0.013 0**	−0.000 7	0.016 2**	0.047 1
	(0.004 3)	(0.006 0)	(0.010 1)	(0.005 9)	(0.011 5)	(0.007 8)	(0.035 8)

续表

	(1)	(2)	(3)	(4)	(5)	(6)	(7)
	Single-product	Incumbent	SOE	POE	FIE	All	Processing
	$\ln(1+Patents)$						
$ExportMFNTariff_{jt}$	−0.016 7***	−0.011 6	−0.012 9*	−0.018 6	0.000 4	−0.023 7	−0.001 0
	(0.006 0)	(0.008 2)	(0.007 4)	(0.012 0)	(0.022 3)	(0.015 3)	(0.030 6)
$Length_j \times Post01$	−0.003 6*	−0.004 9**	−0.001 9	−0.004 5***	−0.003 3	−0.003 7**	0.005 0
	(0.002 0)	(0.002 1)	(0.003 9)	(0.001 7)	(0.004 7)	(0.001 8)	(0.005 7)
$\ln(Age_{ijt})$	−0.001 4	0.002 4**	−0.002 7	−0.001 9*	−0.002 1	−0.002 7***	−0.010 1*
	(0.000 9)	(0.001 1)	(0.002 7)	(0.001 0)	(0.003 2)	(0.001 0)	(0.005 8)
$\ln(Age_{ijt})^2$	0.000 2	−0.000 6**	0.000 4	0.000 4	−0.000 3	0.000 5*	0.000 7
	(0.000 3)	(0.000 3)	(0.000 6)	(0.000 3)	(0.001 5)	(0.000 3)	(0.001 9)
$\ln(Employment_{ijt})$	0.004 2***	0.005 1***	0.003 7***	0.004 3***	0.006 8***	0.005 3***	0.008 5***
	(0.000 9)	(0.001 1)	(0.001 2)	(0.000 8)	(0.001 9)	(0.001 1)	(0.002 4)
$\ln(K/L)_{ijt}$	0.001 4***	0.002 3***	0.002 4***	0.001 2***	0.002 8***	0.001 4***	0.005 2***
	(0.000 4)	(0.000 5)	(0.000 8)	(0.000 3)	(0.001 1)	(0.000 3)	(0.001 7)
$Foreign_{ijt}$	0.000 3	0.000 3	−0.022 7	0.002 4	0.001 7	0.000 5	−0.001 0
	(0.001 3)	(0.001 8)	(0.017 8)	(0.004 9)	(0.001 4)	(0.001 3)	(0.001 5)
常数	−0.018 6**	−0.030 8***	−0.026 1*	−0.017 8	−0.045 3*	−0.022 9	−0.106 1**
	(0.008 5)	(0.010 6)	(0.015 3)	(0.012 8)	(0.025 9)	(0.018 6)	(0.046 9)
观测值数量	1 120 030	395 835	157 478	882 523	155 061	1 034 287	96 101
R^2	0.468 8	0.337 6	0.437 2	0.478 1	0.559 1	0.475 2	0.474 7

注：第 (1) 列考虑了产品属于同一行业的企业样本。第 (2) 列考虑了同一行业的企业样本。第 (2) 列将样本限制在存续企业，并且排除进入和退出的企业。第 (3)～第 (6) 列分别基于所有权考虑企业类型样本。第 (7) 列考虑了加工企业。所有回归均包含年份虚拟变量和企业固定效应。括号内为聚类到赛类到的 CIC 行业四位码的稳健标准误。贸易政策不确定性 (TPU) 的衡量遵循 Handley and Limão (2017)。***、**、* 分别表示在 1%、5% 和 10% 的水平上显著。

担，因此，外商投资企业的反应不明显是可以理解的（Antràs and Yeaple，2014）。第（6）列包括三个所有权的虚拟变量与 $TPU \times Post01$ 的交互项。结果是相似的。

（四）加工企业

第（7）列用加工企业的子样本进行了安慰剂检验。加工企业主要通过进口免税的中间产品为外国买家从事加工和装配工作。[1] 由于这种特殊的安排，加工企业可能无法像正常贸易企业一样对 TPU 的降低做出反应（Liu and Qiu，2016）。事实上，第（7）列的结果表明，加工企业对政策冲击的反应并不明显。

五、异质性效应

在前面，我们通过探讨对 TPU 降低程度高的企业与对 TPU 降低程度低的企业的不同影响，确定了 TPU 降低对企业专利申请的平均影响。然而，具有不同特征的企业可能会有不同的反应。表 2－5 显示，不同所有权类型的企业对 TPU 降低有不同的反应。在表 2－6 中，我们进一步探讨企业异质性的三个重要方面。

（一）与技术前沿的距离

正如 Aghion et al.（2009）所表明的，企业对竞争的反应在很大程度上取决于它们目前与技术前沿的距离。企业只有在接近前沿时才会通过增加创新活动来做出反应。由于与技术前沿的距离是创新成本的一个重要决定因素，我们探讨企业是否也会根据这个参数对 TPU 的降低做出不同的反应。更具体地说，我们根据企业在入世前的全要素生产率（TFP）将其分为若干个分位数样本。我们使用 Levinsohn and Petrin（2003）的方法来估计企业层面的全要素生产率。[2] 分位数的构建是基于每个四位码 CIC 行业。第（1）列展示了使用第五分位数（即距离前沿最远的企业）样本的回归结果，第（2）列展示了使用第一分位数（即最

---

① 如果加工出口占总出口的 50％以上，则企业被定义为加工企业。结果对这种加工出口比例的选择并不敏感。

② 企业层面的 TFP 是在每个二位码 CIC 行业内估算的。我们使用 Brandt et al.（2012）提供的平减指数对企业增加值、就业、固定资产和中间投入进行平减。由于缺少 1995—1997 年的投资和材料投入数据，所以在这里我们重点关注 1998—2007 年的企业样本。

表 2 - 6　TPU 和创新：异质性效应

	(1)	(2)	(3)	(4)	(5)	(6)	(7)
	ln(1+Patents)						
	Tech frontier		Irreversibility		Exporter Interaction		
	5th quantile	1st quantile	High	Low	Exporter	US exporter	New exporter
$TPU\times Post01$	0.003 2*	0.039 7***	0.016 4**	0.002 3	0.010 7**	0.009 4**	0.005 8*
	(0.001 9)	(0.014 0)	(0.008 2)	(0.003 4)	(0.004 1)	(0.004 0)	(0.003 3)
$TPU\times Post01\times Exporter$					0.007 2***	0.004 2**	
					(0.002 1)	(0.001 7)	
$TPU\times Post01\times USexporter$						0.005 7***	
						(0.001 8)	
$TPU\times Post01\times Newexporter$							0.011 0***
							(0.003 4)
$(S/L)_j\times Post01_t$	0.001 5*	0.027 7**	0.009 1	0.006 1***	0.011 2***	0.011 3***	0.008 3***
	(0.000 9)	(0.012 6)	(0.006 6)	(0.002 1)	(0.004 2)	(0.004 2)	(0.003 0)
$(K/L)_j\times Post01_t$	0.000 1	0.004 5	0.000 0	0.001 6	0.001 6*	0.001 3	0.000 3
	(0.000 6)	(0.002 9)	(0.001 2)	(0.001 1)	(0.000 9)	(0.000 9)	(0.000 7)
HHI_{jt}	0.000 4	0.000 1	−0.001 4	−0.000 7	0.000 1	0.000 2	−0.000 6
	(0.000 5)	(0.002 0)	(0.002 0)	(0.001 0)	(0.000 7)	(0.000 7)	(0.000 7)
$OutputTariff_{jt}$	−0.001 8	−0.008 7	0.003 3	−0.018 4	−0.004 0	−0.004 0	0.000 0
	(0.003 0)	(0.022 1)	(0.008 0)	(0.014 3)	(0.008 5)	(0.008 4)	(0.008 6)
$InputTariff_{jt}$	0.010 3	0.092 3	0.056 2	0.057 4	0.043 7**	0.043 1**	0.044 2**
	(0.009 1)	(0.060 1)	(0.036 6)	(0.038 5)	(0.021 0)	(0.020 8)	(0.019 5)

续表

	ln(1+Patents)						
	Tech frontier		Irreversibility		Exporter Interaction		
	(1)	(2)	(3)	(4)	(5)	(6)	(7)
	5th quantile	1st quantile	High	Low	Exporter	US exporter	New exporter
$SOEshare_{jt}$	-0.003 5	-0.025 5	-0.034 5	-0.021 8	-0.019 4	-0.019 6*	-0.021 3
	(0.003 3)	(0.025 5)	(0.023 2)	(0.018 4)	(0.011 8)	(0.011 8)	(0.013 2)
$FIEshare_{jt}$	0.001 7	0.033 3*	0.014 6	0.027 6***	0.013 2**	0.012 5*	0.008 4
	(0.003 1)	(0.017 8)	(0.023 9)	(0.008 4)	(0.005 9)	(0.005 8)	(0.008 7)
$ExportMFNTariff_{jt}$	-0.006 3*	-0.016 3	-0.033 0	-0.000 6	-0.012 1	-0.011 9	-0.014 7
	(0.003 4)	(0.020 4)	(0.026 4)	(0.016 2)	(0.008 4)	(0.008 2)	(0.022 2)
$Length_j \times Post01$	0.000 7	-0.013 4*	-0.010 2**	-0.000 3	-0.004 7**	-0.004 7**	-0.004 1**
	(0.000 9)	(0.007 0)	(0.004 9)	(0.001 3)	(0.002 0)	(0.002 0)	(0.001 7)
Age_{ijt}	0.002 8*	0.002 7	-0.003 8**	-0.001 3	0.003 0***	0.002 6**	0.001 5
	(0.001 4)	(0.003 5)	(0.001 5)	(0.001 1)	(0.001 1)	(0.001 1)	(0.001 4)
$(Age_{ijt})^2$	-0.000 5*	-0.000 9	0.000 9*	0.000 1	-0.000 7**	-0.000 6**	-0.000 3
	(0.000 3)	(0.000 9)	(0.000 5)	(0.000 3)	(0.000 3)	(0.000 3)	(0.000 4)
$\ln(Employment_{ijt})$	0.002 1***	0.007 4***	0.005 2***	0.004 6***	0.005 2***	0.005 1	0.006 7***
	(0.000 5)	(0.002 0)	(0.002 0)	(0.000 9)	(0.001 1)	(0.001 1)	(0.001 5)
$\ln(K/L)_{ijt}$	0.000 7**	0.004 0***	0.001 3**	0.001 2***	0.002 3***	0.002 3	0.001 3***
	(0.000 3)	(0.001 1)	(0.000 5)	(0.000 3)	(0.000 5)	(0.000 5)	(0.000 4)
$Foreign_{ijt}$	-0.003 5	-0.004 5	0.000 1	0.001 1	0.000 3	0.000 3	0.002 4
	(0.004 3)	(0.004 4)	(0.003 2)	(0.001 5)	(0.001 8)	(0.001 8)	(0.003 9)

续表

	(1)	(2)	(3)	(4)	(5)	(6)	(7)
	\multicolumn — $\ln(1+Patents)$						
	Tech frontier		Irreversibility		Exporter Interaction		
	5th quantile	1st quantile	High	Low	Exporter	US exporter	New exporter
常数	−0.006 2 (0.006 6)	−0.068 2** (0.028 4)	0.117 2** (0.051 2)	−0.017 9 (0.022 1)	−0.030 7*** (0.010 7)	−0.029 4*** (0.010 4)	−0.028 3 (0.020 9)
观测值数量	78 658	98 811	450 133	583 883	395 835	395 835	174 810
R^2	0.280 9	0.379 9	0.471 7	0.504 7	0.337 6	0.338 3	0.329 8

注：第（1）列和第（2）列比较了具有前沿生产率的企业与处于生产率最低五分之一生产率水平的企业的专利申请。第（3）列和第（4）列比较了投资高不可逆性行业的企业和投资低不可逆性行业的企业的专利申请。第（5）~第（7）列考察了对出口企业的异质性影响。所有的回归均包括年份固定效应和企业固定效应。括号内为赛类到四位码 CIC 行业水平的稳健标准误。贸易政策不确定性（TPU）的衡量遵循 Handley and Limão（2017）。***、**、* 分别表示在 1%、5% 和 10% 的水平上显著。

接近前沿的企业）样本的回归结果。与 Aghion et al.（2009）的观点一致，第一分位数企业对 TPU 冲击的反应更为敏感，第五分位数企业并没有因为 TPU 的降低而进行创新，也就是说，系数更小并且更不显著。

（二）投资不可逆性

面对政策的不确定性，具有前瞻性的企业不愿意对创新进行投资，尤其是当投资具有高度的不可逆性时。文献为行业层面的投资不可逆性提供了两个衡量标准。首先，考虑资本货物的购买价格和转售价格之间的差距。其次，当转售市场有限时，企业不得不依靠折旧来减少不必要的资本，这在折旧率低的行业更难实施。

由于资本货物的购买价格和转售价格数据很难获得，我们使用折旧率来衡量不可逆性。更具体地说，我们遵循 Chirinko and Schaller（2009）以及 Guariglia et al.（2012）的观点，假定如果一个企业所在行业的平均折旧率低于（高于）所有行业的折旧率中值，那么该企业更有（不太）可能面临不可逆性。我们分别对高不可逆性行业和低不可逆性行业的企业进行同样的回归。结果见第（3）～第（4）列，TPU 降低对投资高不可逆性行业的企业创新有显著的积极影响。相比之下，对于低不可逆性行业的企业，TPU 降低的影响并不显著。

（三）出口企业

第（5）～第（6）列考虑了出口企业与非出口企业的异质性反应。公式（2-1）考虑了所有的企业，无论其出口状况如何。由于对外贸易政策的冲击直接影响出口企业，我们预计 TPU 降低对出口企业的影响会更大。Bustos（2011）在异质性企业的 Melitz 贸易模型中引入了技术选择，发现贸易一体化会促使持续出口企业和新进入者进行技术升级，而非出口企业继续使用旧技术。Feng et al.（2017）发现，TPU 降低会引致新出口企业的进入。因此，出口和创新都可能是 TPU 降低的结果。

为了解决出口决策的内生性问题，我们构建了一个出口企业指标 EXP_i，若企业在 2001 年之前出口过，则该指标等于 1，否则为 0。按照公式（2-2），在第（5）列我们在基准模型中增加了 $TPU_i \times Post01_t$ 和 EXP_i 的交互项。我们重点关注 2001 年前后均在经营的企业样本，并根据初始的出口状况对样本进行划分。第一个样本包括在 2001 年之前持续出口的企业，第二个样本包括在 2001 年之前没有出口的企业。如果创新主要是由新进入的出口企业推动，我们将观察不到 TPU 对持续出口企业的显著影响。相反，第（5）列的结果显示，出口企业对 TPU 降低的反应更大。

同样，第（6）列特别考察了向美国出口的企业，增加了 $TPU_j \times Post01_t$ 和对美出口企业指标 $USEXP_i$ 之间的交互项，若企业在 2000 年曾向美国出口，则 $USEXP_i$ 等于 1，否则为 0。[①] 由于 TPU 冲击与向美国出口的企业更为相关，我们预计 TPU 降低对这些出口企业的影响更大。第（5）～第（6）列的结果表明：第一，TPU 降低对入世前高 TPU 行业的企业有更大的影响。第二，在高 TPU 行业中，出口企业的反应更积极。第三，对直接出口到美国的企业来说这一效应也更为显著。

最后，我们对 2001 年后出口的企业与在整个样本期从未出口的现存企业进行了比较。比较的目的是直接检验政策不确定性的消除是否会鼓励新进入出口市场的企业同时进行创新。第（7）列报告的结果表明，与从未出口的企业相比，新出口企业更多地增加了创新。这与 Bustos（2011）的观点一致，他表明新出口企业在技术升级上的花费明显高于从未出口的企业。

第四节　机制和进一步的讨论

一、机　制

我们进一步扩展讨论，以研究 TPU 冲击影响企业创新行为的潜在机制。

（一）市场扩张

关于 TPU 降低的效应，一个重要的假设是 TPU 降低扩大了出口商的市场。正如 Handley and Limão（2017）以及 Pierce and Schott（2016）所证实的，TPU 降低在入世前处于高 TPU 水平的行业引起了不成比例的出口增长。因此，TPU 降低对创新的影响可能只是一种市场扩张效应。Dubois et al.（2015）对特定行业的研究表明，预期市场规模对创新有积极影响。因此，在控制企业的出口或出口增长后，我们预期 TPU

---

　① 我们有 2000—2006 年的企业出口目的地信息，因此我们将 2000 年作为初始年份来确定向美国出口的企业。

的影响将基本消失。在表 2-7 的第（1）～第（2）列，我们研究了已实现的出口增长（由于 TPU 降低）是否能完全解释创新的激增。更具体地说，第（1）列直接控制了企业层面的出口价值。以企业的出口规模为条件，TPU 的影响仍然显著。然而，由于创新和出口之间可能存在逆向因果关系，企业的出口状况可能是内生的。因此，第（2）列改为控制行业层面的平均出口。在两个回归中，TPU 降低仍然是企业创新的重要决定因素。因此，不确定性的消除不仅仅反映了市场规模的增长，相反，还意味着其他影响机制的存在，值得进一步探讨。

（二）技术投资

专利申请衡量的是创新的产出，创新可以通过不同类型的投入来实现。因此，有必要研究 TPU 降低如何影响企业的创新投入。基于数据的可得性，表 2-7 的第（3）～第（5）列着重考虑三种主要的投入。首先，资本密集度可以作为技术的另一替代指标（Bernard et al.，2006）。因此，在第（3）列我们考虑了企业的固定投资。[①] 结果表明，TPU 降低促使高 TPU 行业的企业投入更多的资本。其次，第（4）列的结果显示，TPU 降低也会导致企业进口更多的中间资本设备。最后，第（5）列考虑了企业的研发支出。然而，中国工业企业数据库不包含 2001 年之前的研发支出数据，我们不能直接比较高 TPU 行业和低 TPU 行业的企业在 2001 年前后的研发支出变化。相反，第（5）列研究了研发密集型行业的企业是否从 TPU 的降低中获益更多，其中研发强度以行业内的研发支出与销售额之比来度量。更具体地说，我们将初始年份（2001 年）的研发强度与我们的主要解释变量（$TPU \times Post01$）进行交互，以捕捉不同行业的异质性。结果表明，研发密集型行业的企业进行的创新更多。[②]

二、进一步的稳健性检验

我们的主要回归采用线性计量经济学模型。在表 2-8 中，我们进一步研究了主要回归结果在计数模型下是否成立。

---

① 参考 Liu and Lu（2015）的做法，我们使用永续盘存法和企业固定资产账面价值（源于中国工业企业数据库）并假设折旧率恒定来构建企业固定投资的度量指标。

② 我们直接检验 TPU 降幅较大的行业是否有更大幅度的研发强度的增加。结果证实，TPU 降低增加了行业层面和企业层面的研发强度。

表 2 - 7　市场扩张或技术投资

	(1)	(2)	(3)	(4)	(5)
	$\ln(1+Patents)$	$\ln(1+Patents)$	$\ln(Investment)$	$\ln(ImportedInputs)$	$\ln(1+Patents)$
$TPU\times Post01$	0.012 5*** (0.004 3)	0.012 6*** (0.004 3)	0.185 7*** (0.067 7)	0.375 2*** (0.120 3)	0.005 4** (0.002 5)
$\ln(Firmexports)$	0.000 5*** (0.000 1)				
$\ln(Industrialexports)$		0.001 3** (0.000 6)			
$TPU\times Post01\times(R\&D/Sales)$					3.782 8*** (1.173 4)
$(S/L)_j\times Post01_t$	0.008 7** (0.004 0)	0.008 9*** (0.003 9)	0.003 5 (0.051 4)	0.214 6*** (0.066 9)	0.003 8* (0.002 2)
$(K/L)_j\times Post01_t$	0.001 2* (0.000 7)	0.001 4* (0.000 8)	−0.021 7 (0.021 7)	0.058 5* (0.034 7)	0.001 5** (0.000 6)
HHI_{jt}	−0.000 6 (0.000 8)	−0.000 8 (0.000 8)	−0.029 2*** (0.010 1)	0.008 7 (0.016 2)	−0.000 6 (0.000 7)
$OutputTariff_{jt}$	0.000 8 (0.006 7)	0.001 8 (0.006 9)	−0.001 8 (0.115 1)	−0.302 8 (0.339 7)	0.000 1 (0.005 8)
$InputTariff_{jt}$	0.037 9* (0.019 8)	0.038 3* (0.019 7)	−0.003 8 (0.345 2)	0.429 1 (0.587 1)	0.033 2* (0.017 5)
$SOEshare_{jt}$	−0.024 9* (0.015 0)	−0.023 5 (0.015 2)	0.223 1** (0.108 3)	0.049 2 (0.117 4)	−0.018 2* (0.011 0)
$FIEshare_{jt}$	0.012 5** (0.005 3)	0.011 4** (0.005 2)	−0.144 8 (0.121 7)	0.245 4* (0.125 5)	0.010 5** (0.005 1)

续表

	(1)	(2)	(3)	(4)	(5)
	$\ln(1+Patents)$	$\ln(1+Patents)$	$\ln(Investment)$	$\ln(ImportedInputs)$	$\ln(1+Patents)$
$ExportMFNTariff_{jt}$	-0.016 0*	-0.017 8*	-0.180 8	0.338 1	-0.014 6**
	(0.008 2)	(0.009 3)	(0.286 3)	(0.300 4)	(0.006 8)
$Length_j \times Post01$	-0.003 9**	-0.003 8**	-0.080 5***	-0.020 5	-0.002 9*
	(0.001 9)	(0.002 0)	(0.027 8)	(0.054 5)	(0.001 5)
Age_{ijt}	-0.002 1**	-0.001 9**	-0.403 9***	0.262 1***	-0.001 7**
	(0.000 9)	(0.000 9)	(0.027 8)	(0.028 8)	(0.000 9)
$(Age_{ijt})^2$	0.000 4	0.000 4	0.073 3***	-0.053 3***	0.000 3
	(0.000 3)	(0.000 3)	(0.006 6)	(0.006 4)	(0.000 3)
$\ln(Employment_{ijt})$	0.003 9***	0.004 1***	0.815 8***	0.074 0***	0.004 1***
	(0.000 8)	(0.000 8)	(0.013 3)	(0.008 7)	(0.000 8)
$\ln(K/L)_{ijt}$	0.001 4***	0.001 5***	0.290 1***	0.042 5***	0.001 5***
	(0.000 3)	(0.000 3)	(0.006 5)	(0.005 1)	(0.000 3)
$Foreign_{ijt}$	0.000 5	0.000 5	-0.010 2	-0.026 8	0.000 2
	(0.001 3)	(0.001 3)	(0.028 0)	(0.063 6)	(0.001 2)
常数	-0.021 1**	-0.026 2**	2.104 0***	-1.242 7***	-0.020 3**
	(0.010 7)	(0.010 2)	(0.295 6)	(0.311 5)	(0.008 9)
观测值数量	1 168 518	1 167 887	995 039	1 194 791	1 194 791
R^2	0.472 0	0.472 0	0.717 9	0.628 8	0.465 0

注：第（1）～第（2）列控制了企业出口市场的扩张。第（1）列直接控制了企业出口企业层面的出口价值，第（2）列控制了行业层面的平均出口。第（3）～第（5）列关注受 TPU 降低影响的三种主要中间投入。第（3）列考虑了企业的固定投资。第（4）列考虑了中间资本设备的进口。第（5）列考虑了企业的研发支出，将研发支出、研发强度和 $TPU \times Post01$ 进行交互，以捕捉行业异质性。所有的回归均包括年份固定效应和企业固定效应。括号内为聚类到四位码 CIC 行业水平的稳健标准误。贸易政策不确定性（TPU）的衡量遵循 Handley and Limão（2017）。***、**、* 分别表示在 1%、5% 和 10% 的水平上显著。

表 2-8 泊松回归和专利决策

	(1)	(2)	(3)	(4)	(5)	(6)
			Number of patents			Decision
	xtpoisson	Neg. binomial	2-period xtpoisson	Industry xtpoisson	Poisson	LPM
$TPU \times Post01$	0.169 0 (0.228 5)	0.696 0*** (0.211 7)	0.973 4*** (0.335 3)	0.706 5*** (0.209 3)	0.200 3*** (0.068 3)	0.012 7*** (0.003 8)
$(S/L)_j \times Post01$	−0.140 8 (0.101 1)	0.266 7*** (0.095 9)	0.187 8 (0.150 9)	0.521 8** (0.094 4)	1.372 9*** (0.044 4)	0.008 3** (0.003 2)
$(K/L)_j \times Post01$	−0.145 7*** (0.053 4)	−0.0734 (0.050 8)	−0.339 2*** (0.074 6)	−0.212 7*** (0.058 6)	−0.439 8*** (0.018 5)	0.001 2 (0.000 7)
HHI_{jt}	−0.350 8*** (0.025 8)	−0.087 2*** (0.026 1)	−0.083 8 (0.074 6)	−0.766 1*** (0.030 9)	0.079 0*** (0.008 5)	−0.000 4 (0.000 6)
$OutputTariff_{jt}$	0.085 2 (0.525 4)	−1.180 7** (0.506 3)	−0.504 7 (1.254 3)	0.115 57 (0.529 2)	0.821 2*** (0.158 5)	0.000 9 (0.005 6)
$InputTariff_{jt}$	−8.257 9*** (1.424 5)	−0.641 6 (1.126 7)	−16.633 9*** (3.244 2)	−7.811 4*** (1.300 6)	0.391 9 (0.652 0)	0.032 0* (0.017 1)
$SOEshare_{jt}$	−1.120 2*** (0.243 7)	−0.866 9*** (0.264 5)	−1.480 9*** (0.442 8)	0.259 1 (0.284 0)	−1.464 1*** (0.124 3)	−0.015 3 (0.009 4)
$FIEshare_{jt}$	0.302 4 (0.263 3)	0.536 6** (0.250 2)	3.143 7*** (0.473 4)	1.111 8*** (0.250 2)	2.753 9*** (0.094 0)	0.009 2** (0.004 4)
$ExportMFNTariff_{jt}$	2.970 3*** (0.725 9)	−0.640 8 (0.862 5)	14.488 9*** (3.088 3)	1.443 1*** (0.499 6)	4.794 2*** (0.331 8)	−0.016 5*** (0.006 2)
$Length_j \times Post01$	−0.262 7*** (0.093 4)	−0.047 7 (0.083 9)	−0.596 8*** (0.125 7)	−0.121 1 (0.087 4)	0.546 2*** (0.053 0)	−0.003 5** (0.001 6)

续表

	(1)	(2)	(3)	(4)	(5)	(6)
			Number of patents			*Decision*
	xtpoisson	Neg. binomial	2-period xtpoisson	Industry xtpoisson	Poisson	LPM
Age_{ijt}	0.200 5**	0.320 7***	0.554 4**	1.579 7***	1.077 3***	-0.000 9
	(0.079 5)	(0.096 1)	(0.237 6)	(0.389 3)	(0.040 4)	(0.000 8)
$(Age_{ijt})^2$	-0.070 1***	-0.070 0***	-0.093 7*	-0.638 5***	-0.208 9***	0.000 1
	(0.018 1)	(0.020 4)	(0.054 7)	(0.091 4)	(0.008 3)	(0.000 2)
$\ln(Employment)_{ijt}$	0.598 9***	0.254 3***	1.197 6***	0.294 2***	0.932 8***	0.003 9***
	(0.030 0)	(0.021 0)	(0.063 1)	(0.060 6)	(0.005 6)	(0.000 7)
$\ln(K/L)_{ijt}$	0.156 1***	0.070 4***	0.489 5***	0.312 0***	0.519 1***	0.001 4***
	(0.017 1)	(0.017 9)	(0.063 1)	(0.057 5)	(0.005 9)	(0.000 3)
$Foreign_{ijt}$	-0.330 7***	-0.253 7**	0.365 2	-5.071 7	-0.456 4***	-0.000 6
	(0.096 3)	(0.120 3)	(0.362 1)	(0.578 3)	(0.033 0)	(0.000 12)
常数		-4.156 4***			-19.188 5***	-0.015 5*
		(0.940 8)			(0.515 0)	(0.008 2)
观测值数量	28 107	28 107	2 912	2 870	1 034 016	1 194 791
R^2						0.413 8

注：第（1）列使用企业层面的固定效应泊松回归，第（2）列使用企业层面的固定效应泊松回归，并进行人世后两个时期，均包含企业固定效应和年份固定效应。第（3）列将样本分为人世前和人世后两个时期，并控制企业层面的固定效应泊松回归，包含企业固定效应和年份固定效应。第（4）列研究了行业层面的发明专利，使用行业层面的固定效应泊松回归，控制四位码的行业固定效应和年份固定效应。第（5）列进行企业层面的泊松回归，用二位码的行业-年份固定效应来控制行业趋势。第（6）列使用线性概率模型（LPM），考察 TPU 降低对专利申请可能性的影响，同样控制企业固定效应和年份固定效应。括号内为聚类到四位码 CIC 行业水平的稳健标准误。贸易政策不确定性（TPU）的衡量遵循 Handley and Limão（2017）。***、**、* 分别表示在 1%、5% 和 10% 的水平上显著。

第（1）列进行了固定效应泊松回归。尽管 TPU 降低对发明专利的申请有积极的影响，但系数并不显著。考虑到专利申请分布的样本均值和方差之间的不平等性，第（2）列进行了负二项回归。回归结果是显著的且系数更大。为了解决误差项可能存在的序列相关问题，第（3）列遵循 Bertrand et al.(2004) 的做法，将样本分成两个子样本，即 2001 年之前和之后，并保留在两个时期都存续的企业。这一结果也支持 TPU 降低对促进创新的重要性。考虑到企业的进入和退出，第（4）列在四位码的行业水平上进行了固定效应泊松回归。结果显示，TPU 降低的影响非常大。第（5）列在企业层面进行泊松回归，并增加了二位码的行业-年份固定效应，以控制创新的行业特定趋势。结果也证实了 TPU 降低的显著影响。

最后，第（6）列研究了企业的专利决策。具体来说，我们使用线性概率模型（LPM）研究了 TPU 降低对专利申请可能性的影响。与企业可能的专利数相比，企业是否申请过专利更能体现企业的创新能力。第（6）列显示，与低 TPU 企业相比，TPU 降低使高 TPU 企业在中国入世后更有可能对创新进行投资。

第五节　结　论

在本章，我们提出了一个贸易政策不确定性（TPU）可能影响创新的新渠道。已有的文献强调，贸易自由化可以通过扩大市场、加剧竞争或进口可补充本土研发的中间投入来刺激创新。我们认为，企业可能因为贸易政策不确定而推迟或减少对创新活动的投资。在这个意义上，贸易自由化可能会降低贸易政策不确定性，从而导致对创新活动的更多投资。为了研究这种联系，我们利用中国入世后 TPU 的大幅降低作为准自然实验。研究发现，TPU 降低对创新的影响相当大，对一个入世前处于平均 TPU 水平的行业中的企业来说，消除相关的不确定性会使其发明专利申请量增加 0.006 4，这大约是每个企业从入世前到入世后平均专利申请实际增量的三分之一。

自 Schumpeter（1943）以来，经济学家一直强调企业创新的重要性。我们暗示了一个重要的渠道，即贸易自由化可能通过消除政策的不确定性，从而鼓励创新来促进经济增长。理解政策不确定性的影响对经济学家和政策制定者评估经济政策的有效性具有重要意义。例如，在2008年后的全球金融危机时期，贸易保护主义抬头，许多国家采取了非关税措施，如反倾销调查或将其他国家列为"货币操纵国"。英国脱欧公投和美国政府公然呼吁采取保护主义措施都意味着世界贸易体系的不确定性日益增加。这种保护主义措施不仅可能带来更高的贸易成本，而且因为对市场不确定性的担忧损害企业创新。

参考文献

Aghion, P., Bloom, N., Blundell, R., Griffth, R., Howitt, P., 2005. Competition and innovation: An inverted U relationships. Quart. J. Econ. 120 (2), 701 - 728.

Aghion, P., Blundell, R., Griffith, R., Howitt, P., Prantl, S., 2009. The effects of entry on incumbent innovation and productivity. Rev. Econ. Stat. 91 (1), 20 - 32.

Aghion, P., Bergeaud, A., Lequien, M., Melitz, M., 2019. The heterogeneous impact of market size on innovation: Evidence from French firm-level exports. Working Paper.

Amiti, M., Konings, J., 2007. Trade liberalization, intermediate inputs, and productivity: Evidence from Indonesia. Am. Econ. Rev. 97, 1611 - 1638.

Antràs, P., Yeaple, S. R., 2014. Multinational firms and the structure of international trade. In: Gopinath, G., Helpman, E., Rogoff, K. (Eds.), Handbook of International Economics. 4, 55 - 130.

Baldwin, R., Krugman, P., 1989. Persistent trade effects of large exchange rate shocks. Quart. J. Econ. 104 (4), 635 - 654.

Beestermöller, M., Disdier, A.-C., Fontagné, L., 2018. Impact of European food safety border inspections on agri-food exports: Evidence from Chinese firms. China Econ. Rev. 48 (C), 66 - 82.

Berkowitz, D., Ma, H., Nishioka, S., 2017. Recasting the iron rice bowl: The reform of China's state-owned enterprises. Rev. Econ. Stat. 99 (4), 735 - 747.

Bernard, A., Jensen, J., Schott, P., 2006. Survival of the best fit: Exposure to low-wage countries and the (uneven) growth of U. S. manufacturing plants. J. Int. Econ. 68 (1), 219 - 237.

Bertrand, M., Duflo, E., Mullainathan, S., 2004. How much should we trust differences-in-differences estimates? Quart. J. Econ. 119 (1), 249 - 275.

Bilir, L. K., 2014. Patent laws, product lifecycle lengths, and multinational activity. Am. Econ. Rev. 104 (7), 1979 - 2013.

Bloom, N., Bond, S., Van Reenen, J., 2007. Uncertainty and investment dynamics. Rev. Econ. Stud. 74 (2), 391 - 415.

Bloom, N., Draca, M., Van Reenen, J., 2016. Trade induced technical change: The impact of Chinese imports on innovation diffusion and productivity. Rev. Econ. Stud. 83 (1), 87 - 117.

Blundell, R., Griffith, R., van Reenen, J., 1999. Market share, market value and innovation in a panel of British manufacturing firms. Rev. Econ. Stud. 66 (3), 529 - 554.

Bøler, E. A., Moxnes, A., Ulltveit-Moe, K. H., 2015. R&D, international sourcing, and the joint impact on firm performance. Am. Econ. Rev. 105, 3704 - 3739.

Brandt, L., van Biesebroeck, J., Zhang, Y., 2012. Creative accounting or creative destruction? Firm-level productivity growth in Chinese manufacturing. J. Dev. Econ. 97 (2), 339 - 351.

Branstetter, L., Lardy, N., 2008. China's embrace of globalization. In: Brandt, L., Rawski, T. (Eds.), China's economic transition: Origins, mechanisms, and consequences. Cambridge University Press.

Bustos, P., 2011. Trade liberalization, exports, and technology upgrading: Evidence on the impact of MERCOSUR on Argentinian firms. Am. Econ. Rev. 101, 304 - 340.

Cai, H., Liu, Q., 2009. Competition and corporate tax avoidance: Evidence from Chinese industrial firms. Econ. J. 119, 764 - 795.

Cheng, W., Potlogea, A., 2015. Trade liberalization and economic development: Evidence from China's WTO accession. Working Paper.

Chirinko, R., Schaller, H., 2009. The irreversibility premium. J. Monetary Econ. 56, 390 - 408.

Coelli, F., 2018. Trade Policy uncertainty and innovation: Evidence from China. Working Paper.

Coelli, F., Moxnes, A., Ulltveit-Moe, K. H., 2016. Better, faster, stronger: Global innovation and trade liberalization. NBER Working Paper 22647.

Dixit, A., Pindyck, R., 1994. Investment under uncertainty. Princeton University Press.

Dubois, P., de Mouzon, O., Scott-Morton, F., Seabright, P., 2015. Market size and pharmaceutical innovation. Rand J. Econ. 46 (4), 844 - 871.

Feenstra, R. C., Romalis, J., Schott, P. K., 2002. U. S. imports, exports and tariff data, 1989 - 2001. NBER Working Paper 9387.

Feng, L. , Li, Z. , Swenson, D. L. , 2017. Trade policy uncertainty and exports: Evidence from China's WTO accession. J. Int. Econ. 106，20 - 36.

Goldberg, P. K. , Khandelwal, A. K. , Pavcnik, N. , Topalova, P. , 2010. Imported intermediate inputs and domestic product growth: Evidence from India. Quart. J. Econ. 125 (4)，1727 - 1767.

Guariglia, A. , Tsoukalas, J. , Tsoukas, S. , 2012. Investment, irreversibility, and financing constraints: Evidence from a panel of transition economies. Econ. Lett. 117 (3)，582 - 584.

Guiso, L. , Parigi, G. , 1999. Investment and demand uncertainty. Quart. J. Econ. 114 (1)，185 - 227.

Handley, K. , 2014. Exporting under trade policy uncertainty: Theory and evidence. J. Int. Econ. 94，50 - 66.

Handley, K. , Limão, N. , 2015. Trade and investment under policy uncertainty: Theory and firm evidence. Am. Econ. J. Econ. Policy 7 (4)，189 - 222.

Handley, K. , Limão, N. , 2017. Policy uncertainty, trade and welfare: Theory and evidence for China and the U. S. Am. Econ. Rev. 107 (9)，2731 - 2783.

Hashmi, A. R. , 2013. Competition and innovation: The inverted-U relationship revisited. Rev. Econ. Stat. 95 (5)，1653 - 1668.

Hu, A. G. , Jefferson, G. H. , 2009. A great wall of patents: What is behind China's recent patent explosion? J. Dev. Econ. 90 (1)，57 - 68.

Levinsohn, J. , Petrin, A. , 2003. Estimating production functions using inputs to control for unobservables. Rev. Econ. Stud. 70 (2)，317 - 341.

Lighthizer, R. , 2010. Testimony before the U. S. -China economic and security review commission: Evaluating China's role in the World Trade Organization over the past decade. US-China Economic and Security Review Commission, US Congress (Vol. 9).

Liu, Q. , Lu, Y. , 2015. Firm investment and exporting: Evidence from China's value-added tax reform. J. Int. Econ. 97，392 - 403.

Liu, Z. , Ma, H. , 2020. Input trade liberalization and markup distribution: Evidence from China. Econ. Inquiry forthcoming.

Liu, Q. , Qiu, L. D. , 2016. Intermediate input imports and innovations: Evidence from Chinese firms' patent filings. J. Int. Econ. 103，166 - 183.

Liu, Q. , Lu, R. , Lu, Y. , Luong, T. A. , 2019. Import competition and firm innovation: Evidence from China. Working Paper.

Lu, Y. , Yu, L. , 2015. Trade liberalization and markup dispersion: Evidence from

China's WTO accession. Am. Econ. J. Appl. Econ. 7 (4), 221 - 253.

Nickell, S. J. , 1996. Competition and corporate performance. J. Polit. Econ. 104 (4), 724 - 746.

Pierce, J. R. , Schott, P. K. , 2016. The surprisingly swift decline of U. S. manufacturing employment. Am. Econ. Rev. 106 (7), 1632 - 1662.

Pierce, J. R. , Schott, P. K. , 2018. Investment responses to trade liberalization: Evidence from US industries and plants. J. Int. Econ. 115, 203 - 222.

Rob, R. , Vettas, N. , 2003. Foreign direct investment and exports with growing demand. Rev. Econ. Stud. 70 (3), 629 - 648.

Schumpeter, J. A. , 1943. Capitalism, socialism, and democracy. 6th ed. George Allen & Unwin.

Taglioni, D. , Zavacka, V. , 2013. Innocent bystanders: How foreign uncertainty shocks harm exporters. Working Paper.

Topalova, P. , 2010. Factor immobility and regional impacts of trade liberalization: Evidence on poverty from India. Am. Econ. J. Appl. Econ. 2 (4), 1 - 41.

Wei, S. -J. , Xie, Z. , Zhang, X. , 2017. From "Made in China" to "Innovated in China": Necessity, prospect, and challenges. J. Econ. Perspect. 31 (1), 49 - 70.

第三章　贸易自由化、员工
培训与企业生产率

内容提要：本章探讨了一种关于最终产品贸易自由化对企业生产率产生影响的新机制——员工培训。利用 2004—2006 年中国企业层面的数据，我们发现了最终产品贸易自由化能够提高企业生产率的有力证据。更重要的是，在控制企业和在员工培训投资方面的自我选择效应后，我们大量的实证研究表明了以下结论。首先，随着进口竞争的加剧，企业的盈利能力下降，因此不太可能对员工培训进行投资。其次，生产率较低的企业更有可能对员工进行培训，否则它们就会倒闭并退出市场。企业的生产率越低，对员工培训的投资就越多。最后，最终产品贸易自由化对企业生产率的影响在对员工培训的投资较多的企业中更为明显，表明了人力资本投资作为贸易自由化影响企业生产率的重要机制的作用。上述结果是稳健的，不受各种模型设定和不同测量标准的影响。

第一节　引　言

企业生产率与贸易自由化的关系是国际贸易和经济发展的一个重要研究课题。越来越多的实证研究使用企业层面的微观数据发现，中间产品的贸易自由化和最终产品的贸易自由化都能提高企业生产率。Amiti and Konings（2007）利用印度尼西亚企业层面的数据发现，企业从降低投入品关税中获得的收益至少是降低的关税的两倍。Topalova and Khandelwal（2011）也发现了来自印度企业的证据。Yu（2015）利用中国企业层面的数据发现，总体而言，由于中国的进口加工已经免税，因此降低中间产品关税对提高生产率的影响要弱于降低最终产品关税。两种关税的降低都被发现对中国整个经济的生产率增长至少有14.5%的贡献。

然而，正如 Bernard and Jensen（2004）所指出的，一个重要但尚未解决的问题是企业如何获得使其容易进入出口市场的特征。或者说贸易政策的变化是通过什么机制影响贸易的福利所得的。受 Melitz（2003）、Lileeva and Trefler（2010）以及 Melitz and Trefler（2012）有关外国市场准入对企业创新的重要性，从而对企业生产率产生影响的有力论证的启发，本章认为，除了企业创新之外，员工培训是另一个重要的机制，通过它可以提高生产率，从而实现出口增长。随着最终产品关税的降低，中国本土企业面临着更激烈的进口竞争。竞争效应对事前生产率低下的企业来说更强，而这些企业又会在劳动力培训上投入更多，以提高其事后生产率。随着生产率的提高，企业能够保持其国际竞争优势并增加出口。这一概念在图3-1进行了说明。

如图3-1所示，贸易自由化可以通过两个渠道影响企业的生产率。首先是创新渠道，这在之前的研究中已经有所记载，如 Lileeva and Trefler（2010）。与创新渠道不同，我们引入了一个新的贸易自由化影响企业生产率的渠道——员工培训。利用2004—2006年中国企业层面的数据，我们发现了强有力的证据来支持这种机制。我们大量的实证研究支持以下新的发现。

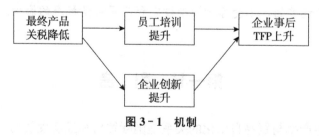

图3-1　机制

第一，我们发现强有力的证据表明，最终产品贸易自由化一如既往地促进了企业的生产率。第二，随着进口竞争的加剧，企业的盈利能力下降，因此不太可能对员工培训进行投资。第三，生产率较低的企业更有可能对员工进行培训，否则它们就会倒闭并退出市场。企业生产率越低，企业的员工培训费用就越高。第四，最终产品贸易自由化对企业生产率的影响在对员工培训的投资较多的企业中更为明显。

请注意，我们的第一个发现在文献中得到了很好的证明。我们的结论与被广泛接受的企业异质性理论相呼应，与之前的研究相一致。然而，我们的其他实证预测是新颖的。为了强调进口竞争的作用，我们把重点放在最终产品的贸易自由化上。作为一种稳健性检验，我们将对外贸易自由化作为控制变量纳入我们的估计方程，并在削减中间投入品关税的背景下进行讨论。

我们对相应文献做出了以下三个贡献：

第一，我们确定了贸易自由化影响企业生产率的新机制。关于贸易的文献非常强调研发投资对企业和在全球竞争中的作用，但忽略了劳动力培训投资的作用，只有少数例外（Aw，Roberts，and Xu，2011；Helpman，Itskhoki，and Redding，2010）。但员工培训的重要性在发展经济学中得到了认可。例如 Acemoglu and Pischke（1999）强调，当劳动力市场的摩擦压缩工资结构时，企业会投资于工人的一般技能。这个理论概念在现实中是显而易见的。[①]

第二，我们就中国这个世界第二大经济体和第一大贸易国提供了关于贸易自由化、员工培训和生产率之间关系的证据。由于近年来劳动力成本的增加（Cai，2010），中国企业尽可能提高自身的生产率以保持国际竞争力。除了增加研发投入外，中国制造业企业还在员工培训方面投入了大量资金。然而，以前对中国企业的研究主要集中在企业生产率和出口方面，而对企业培训行为的作用却没有提及。我们的研究也旨在填补这一空白。

第三，我们对相关的识别问题做出了贡献。计量经济学方面的挑战来自实证问题，特别是我们需要在实证上区分事前 TFP 和事后 TFP 之间的差异。然而，典型的实证研究使用索洛残差来代表企业的 TFP，根据定义，这是一个事后的衡量标准。Olley and Pakes（1996）以及 Levinsohn and Petrin（2003）开发的半参数技术，乃至广义矩估计（GMM），都

---

① 例如，英国和意大利政府认为本国的企业在经济全球化中失去竞争力的关键因素之一是相较于德国和日本等其他国家缺乏对工人的培训。因此，它们在本国启动了大型工人培训项目。详细讨论请见 Brunello、Garibaldi and Wasmer（2007）。

不能解决这一难题。受 Feenstra、Li and Yu（2014）的启发，我们首先估计并计算了事前 TFP。

我们结合了两类日益增长的文献。第一类文献研究贸易自由化和劳动力培训之间的关系。Baldwin（1992）是强调贸易自由化对人力资本积累的动态影响的先驱性研究之一。然而，直接研究劳动力培训这一特定渠道重要性的实证工作并不多。有理论文章利用全国青年纵向调查（NLSY）的美国家庭层面的数据，研究了进口渗透率对企业培训行为的影响，并发现，进口竞争对培训的供给有负面影响。其他一些理论文章，如 Deardorff（2000）以及 Long、Riezman and Soubeyran（2007）研究了贸易自由化如何影响工人的技能获取/积累决策，从而影响工资不平等性。Lai and Ng（2014）使用市场竞争的主观衡量标准，发现产品市场竞争的增加与更多的培训之间密切相关。而 Görlitz and Stiebale（2011）发现，竞争对企业的培训行为没有影响。

第二类文献研究员工培训和企业生产率之间的关系，但没有结论性的结果（见 Blundell et al.，1999）。像 Blundell、Dearden and Meghir（1996）这样的早期研究，由于没有直接的生产率衡量标准，通常使用工资率代表企业生产率来研究培训对企业生产率的影响。其他一些研究如 Conti（2005）和 Dearden、Reed and Van Reenen（2006）努力构建行业层面的面板数据来检验员工培训和企业生产率之间的关系。最后，像 Black and Lynch（2001）以及 Almeida and Carneiro（2009）这样的论文虽数量不多但在持续增加，它们使用企业层面的面板数据来研究培训对企业生产率的影响。然而，这些论文的结果受制于数据样本量小，代表性有限。

不过，有两点值得特别讨论。首先，我们发现低生产率企业会自我选择为工人提供更多的培训。我们会很自然地问，为什么这些企业不用有吸引力的薪资来雇训练有素的工人（Verhoogen，2008）？一个可能的原因是，在广阔的地理区域寻找技术工人的成本很高。今天，中国的区域性移民仍然相当密集，这在户籍制度的影响中很明显（Cai，2010）。其次，我们无法区分在职培训和非在职培训，因为企业层面的数据是根据资产负债表的要求来编制和收集的，并没有提供有关劳动力培训类型的详细信息。由于数据的限制，我们无法进一步探讨这个问题，尽管它值得在未来进行深入的研究。

本章的其余部分组织如下：第二节描述了中国企业层面的数据。第三节概述了我们的实证框架。第四节介绍了我们的估计结果。第五节简要讨论了政策启示并得出结论。

第二节　数　据

我们的样本来自一个丰富的企业层面的面板数据集，涵盖了162 885个企业（2000 年）和336 768 个企业（2006 年）。这些数据是从国家统计局在对制造业企业的年度调查中收集的（中国制造业企业调查，CMS）。三大财务报表（即资产负债表、利润表和现金流量表）的全部信息均可获得。简言之，这套数据涵盖了两类制造业企业——所有国有企业和年销售额超过 500 万元（按现行汇率折算为 77 万美元）的非国有企业①。该数据集包括这些企业的主要财务报表所列的 100 多个财务变量。

虽然该数据集包含丰富的信息，但一些样本仍然是会对最终结果产生误导性的噪声，这主要是因为一些企业的错误报告②。我们按照 Yu（2015）的做法，通过以下标准来清理样本并剔除异常值。第一，排除了缺少关键财务变量（如总资产、固定资产净值、销售额和总产值）的观测值。第二，我们剔除了工人少于 8 人的企业，因为它们属于不同的法律制度，正如 Brandt、Van Biesebroeck and Zhang（2012）所述。第三，我们根据基本公认的会计原则来剔除异常值③。在应用严格的筛选机制以保证数据的质量后，经过筛选的企业数据每年都会减少约 50%。由于 CMS 数据提供了 2004 年以后的员工培训信息，我们的研究范围被缩短为涵盖 2004—2006 年的数据。如表 3 - 1 所示，公司的员工培训费用在 2005—2006 年④有所增加。表 3 - 1 还显示公司的培训投资在整个

---

① 国家统计局颁布的《中国统计年鉴》中关于工业部门的汇总数据是根据该数据集编制而成的。

② 例如，一些通常没有正式会计制度的家族企业的信息是以 1 元为单位，而官方要求以1 000 元为单位。

③ 例如，如果以下任何一项存在，该观测值将被删除：（1）流动资产大于总资产；（2）固定资产大于总资产；（3）固定资产净值大于总资产；（4）公司的识别码缺失；（5）成立时间无效（例如，开业月份比 12 月晚或比 1 月早）。

④ 一个公司的员工培训费用从 2004 年开始减少，但其方差却逐年增大，这表明员工培训在各年中的偏斜度增大。

样本期有所增加。[①]

表 3 - 1　TFP、关税和企业培训费用

年份	TFP		培训哑变量		培训费用的对数		最终产品关税	
	均值 （1）	标准差 （2）	均值 （3）	标准差 （4）	均值 （5）	标准差 （6）	均值 （7）	标准差 （8）
2004	1.055	0.317	0.437	0.496	4.244	4.920	8.321	1.863
2005	1.033	0.334	0.408	0.491	4.037	4.960	7.944	1.966
2006	1.046	0.342	0.409	0.492	4.054	4.981	7.582	1.583

资料来源：由作者自行整理。

关税数据可以直接从 WTO 与贸易分析和信息系统（TRAINS）获取。[②] 中国的关税数据可以在 2000—2006 年的 HS 六位码的分类水平上获得。鉴于产品层面的贸易数据是 HS 八位码水平，产品层面的贸易数据被汇总到 HS 六位码水平，以对应关税数据。表 3 - 2 提供了用于估计的关键变量的基本统计信息。

表 3 - 2　主要变量（2004—2006 年）

关键变量	均值	标准差
出口的对数（RMB）	16.460	1.69
培训哑变量	0.412	0.492
培训费用的对数（RMB）	4.110	4.950
人均培训费用的对数（RMB）	1.990	2.530
行业层面最终产品关税	0.090	3.660
行业层面中间产品关税	0.004	0.808
企业层面对外关税	0.009	11.300
国有企业指标	0.035	0.185
外商投资企业指标	0.131	0.338

注：在此期间，1 美元相当于 8.05 元。

---

①　通过将企业划分为纯出口企业（即企业出口所有产品）、非纯出口企业（即企业最多出口其中一些产品）和非出口企业（即企业不出口任何产品），我们发现出口企业比非出口企业在员工培训上花费更多。同时，非纯出口企业比纯出口企业有更多的员工培训费用。这些结果没有在文中报告，但可应读者要求提供。

②　该数据可见 WTO 网站（http://tariffdata.wto.org/ReportersAndProducts.aspx）。请注意，TRAINS 数据通常存在缺失值问题，特别是关于其他国家对中国出口商品征收的关税的数据。因此，缺失关税的产品-目的地-年份数据被剔除。

第三节　实证设定

为了研究中间产品和最终产品关税削减对企业生产率的影响，我们考虑以下实证模型：

$$\ln TFP_{ijt}^{OP} = \beta_0 + \beta_1 OT_{jt} + \beta_2 TraninDummy_{it} + \theta X_{it}$$
$$+ \bar{\omega}_i + \eta_t + \mu_{it} \tag{3-1}$$

其中，$\ln TFP_{ijt}^{OP}$ 是 j 行业的 i 企业在 t 年的全要素生产率的对数，OT_{jt} 表示行业层面的最终产品关税。变量 $TrainDummy_{it}$ 是企业的员工培训指标，如果企业在员工培训上有任何支出，则等于 1，否则等于 0。向量 X_{it} 表示企业的其他特征，如所有权类型（即国有企业或跨国企业）。国有企业通常生产率较低，因此出口较少（Hsieh and Klenow，2009）。相比之下，跨国企业具有更高的生产率，部分原因是较少的金融约束（Feenstra，Li，and Yu 2014）或更多的国际技术溢出（Keller and Yeaple，2009），因此出口更多。基于此，我们构建了两个指标来衡量国有企业和跨国企业的作用。特别是，如果一个企业有来自其他国家（地区）的投资，则被归类为外商投资企业。外商投资的很大一部分来自香港、澳门和台湾，因此在构建这样一个指标时考虑了这些投资[①]。同样地，我们构建了一个国有企业指标，如果一个企业有来自政府的任何投资，则定义为 1，否则为 0[②]。最后，误差项被分为三个部分：（1）企业固定效应 $\bar{\omega}_i$，以控制不随时间变化的不可观测因素，如管理能力（Qiu and Yu，2014）。（2）年份固定效应 η_t，以控制诸如人民币升值等不随企业个体变化的因素。（3）随机扰动项 μ_{it}，其服从 $N(0, \sigma_i^2)$ 的正态分布，用来控制其他非特定因素。

[①] 根据国家统计局《关于划分企业登记注册类型的规定》（1998 年），具体而言，外商投资企业（FIEs）包括以下企业：中外合资经营企业（代码：310），中外合作经营企业（代码：320），外资企业（代码：330），外商投资股份有限公司（代码：340），合资经营企业（港或澳、台资）（代码：210），合作经营企业（港或澳、台资）（代码：220），港、澳、台独资经营企业（代码：230），以及港、澳、台投资股份有限公司（代码：240）。

[②] 根据《中国城市统计年鉴》（2006 年）的官方定义，国有企业包括国内国有企业（代码：110），国有合资企业（代码：141），以及国有、集体合资企业（代码：143），但不包括国有有限公司（代码：151）。

  然而，上述模型设定中的员工培训指标是相对粗糙的。如果一个企业只在员工培训上花了很少的钱，它仍然会被认定为一个有员工培训的企业，尽管少量的员工培训不太可能提高企业的生产率。因此，我们用一个企业的实际员工培训费用来反映企业的培训活动，具体设定如下：

$$\ln TFP_{ijt}^{OP} = \beta_0 + \beta_1 OT_{jt} + \beta_2 \ln Train_{it} + \theta X_{it} + \bar{\omega}_i + \eta_t + \mu_{it}$$

$$(3-2)$$

  到目前为止，在我们的估计中，培训费用的对数是作为核心解释变量，但显然这个变量是内生的。首先，低生产率企业有可能自我选择进行更多的员工培训，否则这些企业就会倒闭并退出市场。同样地，较低的中间产品关税所带来的更激烈的进口竞争会迫使企业增加员工培训，以避免被挤出市场。为了控制这一因素，我们引入了一个二元 Tobit 模型或者说双变量样本选择模型（Cameron and Trivedi，2005）。二元 Tobit 模型包括：（1）员工培训参加方程。（2）一个"结果"方程，员工培训费用被表示为其他变量的线性函数。

$$TrainDummy_{ijt} = \begin{cases} 0, & \text{如果 } U_{ijt} < 0 \\ 1, & \text{如果 } U_{ijt} \geq 0 \end{cases}$$

$$(3-3)$$

其中，U_{ijt} 表示 j 行业的 i 企业面临的潜变量。

  特别地，我们用 Probit 模型估计以下选择方程：

$$\begin{aligned} \Pr(Traning_{ijt}=1) &= \Pr(U_{ijt} \geq 0) \\ &= \Phi(\alpha_0 + \alpha_1 + \ln TFP2_{it-1} + \alpha_2 OT_{jt-1} \\ &\quad + \alpha_3 FE_{it-1} + \alpha_3 SOE_{it-1} + \alpha_4 FIE_{it-1} \\ &\quad + \alpha_5 \log L_{it-1} + \alpha_6 Tenure_{it-1} + \lambda_j + \zeta_t) \end{aligned}$$

$$(3-4)$$

其中，$\Phi(\cdot)$ 是正态分布的累积密度函数。除了企业生产率的对数外，企业的培训投资决定还受其他因素的影响，如所有权类型（是国有企业还是跨国企业）和最终产品关税水平。需要注意的是，二元 Tobit 模型需要一个排除变量，该变量影响企业的员工培训决定，但不出现在培训费用中（Cameron and Trivedi，2005）。企业的成立时间（$Tenure_{it-1}$）恰好起到了这个作用，因为以前的研究发现成立时间较长的企业更可能对员工培训进行投资（OECD，1993）。二元 Tobit 模型中的所有自变量都有一个滞后期，因为这些因素通常需要时间来影响企业的员工培训决定。最后，我们加入了三位码的中国行业分类（CIC）哑变量 λ_j 和年份哑变量 ζ_t 来控制其他非特定因素。

此外，生产率也是影响企业员工培训决定的重要因素。因此，我们将这一变量纳入二元估计的回归。然而，这时便出现了一个识别挑战。通常的全要素生产率衡量标准是索洛残差，是一种事后衡量标准，而我们的模型表明生产率应是一种事前衡量标准。受 Feenstra、Li and Yu（2014）的启发，我们构建了一个事前生产率度量标准（TFP2），它不同于标准的事后生产率度量标准（TFP1），但更接近 Melitz（2003）的框架。因此，我们对标准的 Olley and Pakes（1996）全要素生产率框架进行了修正，以构建事前全要素生产率（TFP2）。构建这一变量的详细方法在本章附录中给出。最后，从第一步的 Probit 估计方程（3-4）中，我们得到了二元 Tobit 模型的估计结果。因此，在控制了企业员工培训的内生选择后，我们得到了员工培训费用的拟合值，它将被用于相关的估计。

第四节　估计结果

一、基准估计结果

我们在表 3-3 的估计中首先使用了企业培训的哑变量。在第（1）列中培训哑变量的系数为正，这与我们的预期一致。有员工培训的企业有更高的生产率。同样地，行业层面最终产品关税的系数也是预期的负值。然而，这两个系数在统计意义上却是不显著的。我们怀疑这是由于对培训哑变量的粗略衡量存在误差，导致无法衡量企业在员工培训上的真实投入。

为了克服这种缺陷，我们使用企业培训费用的对数这一变量来识别企业的培训活动。第（2）列中的双向固定效应估计值抽象出了企业的培训费用，但仍然发现行业层面最终产品关税对企业生产率有明显的负面影响，这表明企业在面临最终产品关税下降带来的更激烈的进口竞争时，整体上生产率更高。这些结果与之前的研究一致（Amiti and Konings，

表 3 - 3　员工培训的基准估计

	(1)	(2)	(3)	(4)	(5)	(6)
Firm training dummy	0.002 (1.01)					
Log(firm training)			0.001** (2.24)	0.001 (1.50)		
Log(firm training per capita)					0.004*** (4.08)	0.003** (1.99)
Industry output tariffs	-0.001 (-0.66)	-0.002*** (-4.67)	-0.001 (-0.65)	-0.000 (-0.24)	0.001 (0.14)	0.006* (1.80)
Industry output tariffs×Log(firm training)				-0.000 (-0.87)	-0.000*** (-3.04)	-0.000 (-1.28)
Export indicator	0.015*** (5.86)	0.015*** (6.93)	0.015*** (5.84)	0.016*** (6.31)	0.016*** (6.31)	0.011*** (2.52)
Foreign enterprises indicator	0.008 (0.85)	0.007 (1.15)	0.008 (0.84)	0.009 (0.98)	0.009 (0.97)	0.003 (0.28)
State-owned enterprises indicator	0.020** (1.97)	-0.009 (-1.62)	0.020* (1.96)	0.022** (2.15)	0.022** (2.17)	0.013 (0.90)
Log(firm size)				-0.023*** (-12.27)	-0.022*** (-11.55)	-0.032*** (-10.82)
Industry external tariffs				-0.000 (-1.29)	-0.000 (-1.27)	0.001*** (3.11)

续表

	(1)	(2)	(3)	(4)	(5)	(6)
$\text{Log}(R\&D\ expenses)$						0.002*** (3.14)
企业固定效应	Yes		Yes	Yes	Yes	Yes
年份固定效应	Yes	Yes	Yes	Yes	Yes	Yes
观测值数量	226 513	335 681	226 513	226 513	226 513	147 548
R^2	0.01	0.01	0.01	0.01	0.01	0.01

注：括号内的数值为二位码 CIC 行业层面的稳健 t 值。第 (3)～第 (4) 列的回归使用了企业培训费用的对数作为企业培训的替代指标。第 (5)～第 (6) 列使用企业人均培训费用的对数作为企业培训的替代指标。***、**、* 分别表示在 1%、5%和 10%的水平上显著。

2007）。然后，我们在第（3）列的测算中加入了企业培训费用的对数。该系数是正的且显著，这表明企业对员工培训的投资越多，企业的生产率就越高。此外，出口企业的生产率更高。

然而，在现实中，贸易自由化通常是以双边方式进行的。当中国降低进口关税时，贸易伙伴也可能因为入世承诺而降低关税。因此，我们在第（4）列加入了一个简单的未加权行业层面对外关税，回归系数为负但不显著，这表明较低的对外贸易壁垒有助于提高企业的生产率。

我们感兴趣的是最终产品贸易自由化是否通过企业员工培训的渠道提高了企业的生产率。为了验证这一点，我们还在第（4）列加入了最终产品关税和企业培训费用对数之间的交互项。该变量的系数为负，但不显著。我们怀疑这可能是由于没有考虑到企业规模，因为通常大型企业有更多的员工培训支出。

为了准确反映企业员工培训对企业生产率的影响，必须考虑到企业规模。因此，我们在第（5）列用企业人均培训费用的对数取代企业培训费用的对数作为新的解释变量。然而，采用企业人均培训费用的对数进行衡量有一个潜在的缺点。例如，当企业裁员时，企业的人均培训费用在增加，但此时企业培训费用却仍保持在同一水平。为了避免这种情况，我们在第（5）列加入了企业规模（雇佣人数）的对数作为另一个控制变量。企业人均培训费用对数这一变量的系数仍然是正的且显著，这表明企业的培训费用越高，企业的全要素生产率就越高。同样重要的是，最终产品关税和企业培训费用对数之间的交互项系数显著为负表明贸易自由化对企业生产率的影响在拥有更多员工培训的企业更为明显。

最后，图 3-1 还表明，企业员工培训和企业创新是提高企业生产率的两个可能渠道。因此，重要的是在回归中控制了企业创新后企业员工培训是否仍然发挥重要作用［见表 3-3 的第（6）列］。在控制了研发支出（一种被广泛接受的衡量企业创新的方法）后，我们发现，生产率较高的企业仍有较高的人均培训费用，这与我们之前的结论一致[①]。由

[①] 然而，行业层面对外关税这一变量的系数为令人吃惊的正值。我们认为这是由于外国市场准入、企业创新和企业生产率之间的内生关系，正如 Lileeva and Trefler（2010）以及 Trefler and Yu（2017）所讨论的那样。

于我们的样本只包括两年的研发数据（即 2005 年和 2006 年），因此我们在后面的回归中舍弃了研发支出这一变量，以避免错过太多的观测值。

二、培训的自我选择

表 3-3 用企业人均培训费用和企业培训费用来衡量员工培训活动，并显示出对员工进行培训企业的生产率更高。然而，生产率较低的企业可能比生产率高的企业更大幅度地减少员工数量，以应对更激烈的进口竞争。所以，我们的估计结果可能会因使用企业人均培训费用作为关键衡量标准而产生偏误。为了避免这种可能的干扰，我们使用企业培训费用来衡量企业的员工培训程度。

无论如何，企业员工培训变量是内生的，因为生产率较低的企业可能自我选择提供更多的员工培训。为了控制这一点，我们引入了一个二元 Tobit 模型或者说一个双变量样本选择模型（Cameron and Trivedi，2005）。如上所述，该模型包括两个步骤。第一步是估计培训参加方程——方程（3-3）；第二步是估计培训程度方程——方程（3-4），它将企业培训费用表示为其他变量的线性函数。

表 3-4 报告了二元 Tobit 模型的估计结果。我们首先在第一步的回归中加入了全要素生产率对数的滞后项，以观察低生产率企业是否自我选择提供员工培训。为了与理论上的假设一致，即企业生产率是外生的，我们区分了事前测算的全要素生产率和事后测算的全要素生产率之间的差异。对于事前测算的全要素生产率（TFP2），其平均值与上文介绍的标准全要素生产率相同，但方差不同，详情见附录。

表 3-4 二元 Tobit 模型的 Heckman 两步估计

	Heckman 两步估计	
	第一步 *Training Indicator*	第二步 Log(*Training Expenses*)
One-period lag of log($TFP2_{ijt}^{OP}$)	−0.549 *** (−25.69)	−2.157 *** (−18.57)
One-period lag of *industry output tariffs*	0.016 *** (3.27)	0.056 *** (2.96)

续表

	Heckman 两步估计	
	第一步 *Training Indicator*	第二步 Log(*Training Expenses*)
One-period lag of *export indicator*	0.110 *** (15.92)	0.388 *** (12.50)
One-period lag of *state-owned enterprises indicator*	0.236 *** (13.74)	1.283 *** (18.97)
One-period lag of *foreign enterprises indicator*	−0.193 *** (−25.05)	−0.754 *** (−17.49)
One-period lag of log(*firm size*)	0.203 *** (68.49)	1.028 *** (29.55)
One-period lag of *firm tenure*	−0.012 *** (−11.05)	−0.045 *** (−10.45)
逆米尔斯比率		−0.991 *** (−4.12)
年份固定效应	Yes	Yes
三位码行业固定效应	Yes	Yes
观测值数量	228 288	228 288

注：括号内的数值是在二位码 CIC 行业层面上修正的稳健 t 值。第一步的回归子是企业培训哑变量（培训指标），第二步的回归子是企业培训费用的对数。采用增广的 Olley-Pakes TFP2 作为衡量企业生产率的指标。企业年限作为一个排除变量在第一步中出现，但在第二步中不出现。三位码行业固定效应和年份固定效应也包含在回归中。*** 、** 、* 分别表示在 1%、5%和 10%的水平上显著。

正如第一步的估计所报告的，低生产率企业更有可能提供员工培训。最终产品贸易自由化的系数为负且显著似乎很惊人。然而，这样的结论却是合理的。最终产品贸易自由化带来的更激烈的进口竞争导致企业利润率下降，这反过来意味着企业的培训投资减少。同时，出口企业和国有企业更有可能对员工培训进行投资。同样，大型企业也更有可能进行员工培训。相比之下，外商投资企业在员工培训方面的投资较少。一个可能的原因是，跨国企业更有可能将培训投资保持在总部，而在其他国家子公司的培训费用则较少。最后，成立时间越长的企业，其培训费用越少。

一旦计算出在第一步估计中得到的三位码行业固定效应的逆米尔斯比率，我们就可以把逆米尔斯比率作为解释变量来估计第二步的二元

Tobit 模型。所有系数的符号都与第一步的相同，并且在统计意义上具有高显著性。

三、全要素生产率的不同衡量方法

为了进一步检验我们的主要结论是否对衡量企业全要素生产率的不同设定敏感，表 3-5 的第（1）和第（2）列使用 Levinsohn and Petrin（2003）的全要素生产率作为被解释变量，第（3）和第（4）列则使用以增加值衡量的全要素生产率作为被解释变量。在控制了企业对员工培训的自我选择效应以及企业固定效应和年份固定效应后，第（1）列的估计表明员工培训对企业生产率的影响显著为正。出口企业的生产率更高，国有企业的生产率更低。

以前的研究已经认识到加工贸易企业的生产率较低（Dai，Maitra，and Yu，2016），因为加工贸易企业通常是纯出口企业，它们的产品都销往国外。为了确保我们的结果不受加工贸易企业的影响，我们在第（2）列剔除了所有的纯出口企业，但仍然发现了与第（1）列类似的结果。

到目前为止，我们使用的生产率是总产出 TFP。我们较为感兴趣的是，如果用增加值 TFP 来衡量，我们的结果是否稳健。因此，表 3-5 最后两列使用以增加值衡量的 Olley-Pakes TFP 来进行估计。准确地说，增加值 TFP 是通过使用增加值作为生产函数的产出，并分别估计与资本和劳动有关的产出弹性来衡量的。第（3）列的估计包括了纯出口企业，第（4）列的估计则将纯出口企业剔除。事实证明，实证结果对采用增加值 TFP 作为被解释变量并不敏感。

表 3-5　使用不同全要素生产率衡量标准的进一步估计

	TFP(Levinsohn-Petrin)		TFP(Olley-Pakes, Value-Added)	
	(1)	(2)	(3)	(4)
Log(*firm fitted training*)	0.028 *** (7.00)	0.028 *** (6.85)	0.013 *** (3.11)	0.015 *** (3.46)
Industry output tariffs	−0.002 (−0.57)	−0.001 (−0.52)	−0.001 (−0.19)	−0.001 (−0.25)
Export indicator	0.083 *** (8.02)	0.086 *** (8.23)	0.050 *** (4.49)	0.052 *** (4.64)

续表

	TFP(Levinsohn-Petrin)		TFP(Olley-Pakes，Value-Added)	
	(1)	(2)	(3)	(4)
Foreign enterprises indicator	0.040 (1.29)	0.049 (1.55)	−0.011 (−0.33)	−0.005 (−0.13)
State-owned enterprises indicator	−0.069 *** (−2.72)	−0.069 *** (−2.70)	−0.098 *** (−3.44)	−0.097 *** (−3.41)
Industry external tariffs	0.000 (0.09)	0.000 (0.14)	0.002 *** (3.35)	0.002 *** (3.23)
是否剔除纯出口企业	No	Yes	No	Yes
企业固定效应	Yes	Yes	Yes	Yes
年份固定效应	Yes	Yes	Yes	Yes
观测值数量	126 757	125 614	151 063	148 894
R^2	0.05	0.05	0.09	0.09

注：括号内的数值为 t 值。所有的回归都包括企业固定效应和年份固定效应。第（2）列和第（4）列的回归剔除了纯出口企业。***、**、*分别表示在 1%、5%和 10%的水平上显著。

四、进一步的稳健性检验

人们普遍认为，中国在今天已经在很大程度上参与全球供应链。在以前的估计中，我们不考虑中间产品关税，因为加工贸易的进口中间投入可能是免税的（Yu，2015）。但是，非加工贸易企业仍然要承担一定量的中间产品关税。一个解决方案是采用 Yu（2015）构建的企业层面中间产品关税。然而，这种方法是以错失大量观测值为代价的，因为构建具体的中间产品关税需要合并企业层面的生产数据（用于估计全要素生产率）和贸易数据（用于计算具体的中间产品关税）来生成新的数据集。由于中间产品关税不是核心解释变量，因此我们不予考虑，允许其在随机扰动项中体现。①

相反，我们考虑另一种有趣的情况：企业进口的中间产品不一定用作中间投入；企业有可能进口资本品，而这些资本品可以通过企业员工培训以外的渠道提高企业的生产率。为了排除这种情况，我们剔除了那

———————
① 详情请见 Liu and Qiu（2016）对中国降低中间产品关税的讨论，该文章研究了中国企业的创新活动。

些中间投入较多的行业。根据 BEC 分类和 CIC 分类，机械等行业（代码 36 和 37）属于资本品行业。因此，我们在表 3 - 6 的第（1）列删除了这两个行业。事实证明，较多的企业员工培训仍然会导致较高的企业生产率。第（2）列剔除了纯出口企业，也得到了类似的结果。因此，即使剔除了资本品行业，我们的结论仍然是稳健的。

表 3 - 6 进一步的稳健性检验

	分类			
	非资本品		无配额限制	
	TFP^{OP}(1)	TFP^{LP}(2)	TFP^{OP}(3)	TFP^{LP}(4)
Log(*firm fitted training*)	0.007*** (5.41)	0.007*** (5.28)	0.007*** (5.77)	0.018*** (4.37)
Industry output tariffs	−0.008*** (−8.63)	−0.008*** (−8.75)	−0.007*** (−5.30)	−0.012*** (−2.84)
Export indicator	0.008** (2.27)	0.008** (2.36)	0.010*** (2.99)	0.065*** (6.07)
Foreign enterprises indicator	0.000 (0.03)	0.002 (0.24)	0.008 (0.74)	0.054* (1.65)
State-owned enterprises indicator	−0.001 (−0.11)	−0.001 (−0.09)	−0.002 (−0.24)	−0.068*** (−2.58)
Log(*firm size*)	−0.027*** (−10.91)	−0.027*** (−10.97)	−0.025*** (−10.30)	0.204*** (26.67)
Industry external tariffs	−0.001*** (−3.72)	−0.001*** (−4.01)	−0.001*** (−4.49)	−0.000 (−0.15)
是否剔除纯出口企业	No	Yes	Yes	Yes
企业固定效应	Yes	Yes	Yes	Yes
年份固定效应	Yes	Yes	Yes	Yes
观测值数量	135 377	133 324	135 596	113 132
R^2	0.02	0.02	0.01	0.07

注：括号内的数值为 t 值。***、**、* 分别表示在 1%、5% 和 10% 的水平上显著。

我们的最后一项工作是剔除面临各种非关税壁垒的行业，如进口配额。这是因为我们的主要目的是检验贸易自由化是否能通过企业员工培训的渠道提高企业生产率。由于纺织品和服装的出口受到《多种纤维协定》（Multi-Fiber Agreement）的限制，而该协定在 1994 年至 2004 年的十年间一直有效（Khandelwal，Schott，and Wei，2013），因此我们在第（3）列的估计中剔除了纺织品和服装行业，第（3）列以 Olley-Pakes 全要素生产率为因变量，第（4）列以 Levinsohn-Petrin 全要素生产率为因变量。这两种估计再次表明，最终产品的贸易自由化提高了企业的生产率。更重要的是，最终产品的贸易自由化影响了企业对员工培训进行投资的概率，这反过来又提高了企业的生产率。

第五节　结　论

我们发现，贸易自由化增加了企业的员工培训投资，这又进一步提高了企业的生产率，增加了企业的出口。因此，我们确定了一个贸易自由化影响企业生产率的新机制。我们的研究具有丰富的政策启示和学术贡献。由于近年来劳动力成本的增加，中国企业的竞争力正在减弱。为了克服这一挑战，中国政府正在努力优化企业研发的宏观环境。同时，政府还帮助劳动密集型行业的企业到一些劳动力成本较低的非洲国家投资（详情见 Tian and Yu，2014）。我们的实证研究结果表明，除了企业自身提供的在职培训外，中国政府可以通过开办更多的技术学校和培训项目来提供更多的员工培训，从而提高员工的生产率，并进一步提高企业的生产率。

参考文献

Acemoglu, D., Pischke, J. S., 1999. The structure of wages and investment in general training. Journal of Political Economy 107 (3), 539 - 572.

Almeida, R., Carneiro, P., 2009. The return to firm investments in human capital. Labour Economics 16 (1), 97 - 106.

Amiti, M., Konings, J., 2007. Trade liberalization, intermediate inputs, and productivity: Evidence from Indonesia. American Economic Review 97 (5), 1611 - 1638.

Aw, B. Y., Roberts, M. J., Xu, D. Y., 2011. R&D investment, exporting, and productivity dynamics. American Economic Review 101 (4), 1312 - 1344.

Baldwin, R. E., 1992. Measurable dynamic gains from trade. Journal of Political Economy 100 (1), 162 - 174.

Bernard, A. B., Jensen, J. B., 2004. Why some firms export. Review of Economics and Statistics 86 (2), 561 - 569.

Black, S. E. , Lynch, L. M. , 2001. How to compete: The impact of workplace practices and information technology on productivity. Review of Economics and Statistics 83 (3), 434 - 445.

Blundell, R. , Dearden. L. , Meghir, C. , 1996. The determinants and effects of work-related training in Britain. London: Institute for Fiscal Studies.

Blundell, R. , Dearden. L. , Meghir, C. , Sianesi, B. , 1999. Human capital investment: The returns from education and training to the individual, the firm and the economy. Fiscal Studies 20 (1), 1 - 23.

Brandt, L. , Van Biesebroeck, J. , Zhang, Y. , 2012. Creative accounting or creative destruction? Firm-level productivity growth in Chinese manufacturing. Journal of Development Economics 97 (2), 339 - 351.

Brunello, G. , Garibaldi, P. , Wasmer, E. , 2007. Education and training in Europe. Oxford: Oxford University Press.

Cai, F. , 2010. Demographic transition, demographic dividend, and Lewis turning point in China. China Economic Journal 3 (2), 107 - 119.

Cameron, A. C. , Trivedi, P. K. , 2005. Microeconometrics: Methods and applications. Cambridge and New York: Cambridge University Press.

Conti, G. , 2005. Training, productivity and wages in Italy. Labour Economics 12 (4) , 557 - 576.

Dai, M. , Maitra, M. , Yu, M. , 2016. Unexceptional exporter performance in China? The role of processing trade. Journal of Development Economics 121, 177 - 189.

Dearden, L. , Reed, H. , Van Reenen, J. , 2006. The impact of training on productivity and wages: Evidence from British panel data. Oxford Bulletin of Economics and Statistics 68 (4), 397 - 421.

Deardorff, A. V. , 2000. Policy implications of the trade and wages debates. Review of International Economics 8 (3), 478 - 496.

Feenstra, R. C. , Hanson, G. H. , 2005. Ownership and control in outsourcing to China: Estimating the property-rights theory of the firm. The Quarterly Journal of Economics 120 (2), 729 - 761.

Feenstra, R. C. , Li, Z. , Yu , M. , 2014. Exports and credit constraints under incomplete information: Theory and evidence to China. Review of Economics and Statistics 96 (4), 729 - 744.

Görlitz, K. , Stiebale, J. , 2011. The impact of product market competition on employers' training investments: Evidence from German establishment panel data. De Economist 159 (1), 1–23.

Helpman, E. , Itskhoki, O. , Redding, S. , 2010. Inequality and unemployment in a global economy. Econometrica 78 (4), 1239–1283.

Hsieh, C. T. , Klenow, P. J. , 2009. Misallocation and manufacturing TFP in China and India. Quarterly Journal of Economics 124 (4), 1403–1448.

Keller, W. , Yeaple, S. R. , 2009. Multinational enterprises, international trade, and productivity growth: Firm level evidence from the United States. Review of Economics and Statistics 91 (4), 821–831.

Khandelwal, A. K. , Schott, P. K. , Wei, S. J. , 2013. Trade liberalization and embedded institutional reform: Evidence from Chinese exporters. American Economic Review 103 (6), 2169–2195.

Lai, T. , Ng, T. , 2014. The impact of product market competition on training provision: Evidence from Canada. Canadian Journal of Economics 47 (3), 856–888.

Levinsohn, J. , Petrin, A. , 2003. Estimating production functions using inputs to control for unobservable. Review of Economic Studies 70 (2), 317–341.

Lileeva, A. , Trefler, D. , 2010. Improved access to foreign markets raises plant-level productivity... for some plants. Quarterly Journal of Economics 125 (3), 1051–1099.

Liu, Q. , Qiu L. D. , 2016. Intermediate input imports and innovations: Evidence from Chinese firms' patent filings. Journal of International Economics 103, 166–183.

Melitz, M. J. , 2003. The impact of trade on intra-industry reallocations and aggregate industry productivity. Econometrica 71 (6), 1695–1725.

Melitz, M. J. , Trefler, D. , 2012. Gains from trade when firms matter. Journal of Economic Perspectives 26 (2), 91–118.

Olley, G. S. , Pakes, A. , 1996. The dynamics of productivity in the telecommunications equipment industry. Econometrica 64 (6), 1263–1297.

OECD, 1993. Enterprise tenure, labour turnover and skill training. OECD Employment Outlook.

Pavcnik, N. , 2002. Trade liberalization, exit, and productivity improvements: Evidence from Chilean plants. Review of Economic Studies 69 (1), 245–276.

Qiu, L. D. , Yu, M. , 2014. Multiproduct firms, export product scope, and trade liberalization: The role of managerial efficiency. Working Paper no. 02/2014.

Tian, W. , Yu, M. , 2014. Measuring the impact of trade protection on industrial production size. Review of Development Economics 18 (2), 231–253.

Topalova，P.，Khandelwal，A.，2011. Trade liberalization and firm productivity: The case of India. Review of Economics and Statistics 93 (3)，995－1009.

Trefler，D.，Yu，M.，2017. Trade and innovation: The role of scale and competition effects. Unpublished paper. Toront: University of Toronto.

Van Long，N.，Riezman，R.，Soubeyran，A.，2007. Trade，wage gaps，and specific human capital accumulation. Review of International Economics 15 (1)，75－92.

Verhoogen，E. A.，2008. Trade，quality upgrading，and wage inequality in the Mexican manufacturing sector. Quarterly Journal of Economics 123 (2)，489－530.

Yu，M.，2015. Processing trade，tariff reductions and firm productivity: Evidence from Chinese firms. Economic Journal 125 (585)，943－988.

附　录

我们在很大程度上借鉴了 Qiu and Yu（2014）的观点，讨论了我们如何使用两种不同的方法来构建和衡量全要素生产率，即事后全要素生产率（TFP1）和事前全要素生产率（TFP2），该灵感来自 Feenstra、Li and Yu（2014）。

我们将 Olley and Pakes（1996）的方法扩展到中国的现实，具体方法如下。首先，考虑到衡量全要素生产率需要企业的投入（劳动和资本）和产出数据，我们借鉴 Brandt、Van Biesebroeck and Zhang（2012），其中产出价格指数是根据《中国统计年鉴》中的"参考价格"构建的，而投入价格指数是根据产出价格指数和中国投入产出表（2002 年）构建的。

其次，我们考虑到中国在 2001 年加入 WTO，因为这种正向的需求冲击会推动中国企业扩大规模，这反过来会夸大衡量的全要素生产率的偏差。

再次，在使用 Olley-Pakes 方法时，构建实际投资变量至关重要。像往常一样，我们采用永久库存法来研究实际资本和实际投资的运动规律。我们没有为折旧率指定一个任意的数字，而是使用中国企业层面数据集所提供的准确的企业实际折旧率。

最后，我们还通过构建一个加工出口指标（1 表示加工出口，0 表示其他）来考虑企业的加工贸易行为。我们的想法是，加工贸易企业可能使用与非加工贸易企业不同的技术（Feenstra and Hanson，2005）。

因此，企业投资函数是 $V_{it} = g_1(x_{it},\ \ln K_{it},\ EX_{it},\ PE_{it},\ WTO_t)$，其中，$EX_{it}(PE_{it})$ 是出口（加工出口）指标，衡量企业 i 在 t 年是否出口（加工出口），而 WTO_t 是一个哑变量，2001 年（中国加入 WTO）之后则等于 1，之前则等于 0。因此，对投资函数的第一个参数求反函数，我们得到[①]：$x_{it} = g_1^{-1}(V_{it},\ \ln K_{it},\ EX_{it},\ PE_{it},\ WTO_t)$。

鉴于总产出函数为 $\ln Y_{it} = \alpha_k \ln K_{it} + \alpha_l \ln L_{it} + \alpha_m \ln M_{it} + x_{it} + \varepsilon_{it}$，由此我们将函数 $g_2(\cdot)$ 定义为 $\alpha_k \ln K_{it} + g_1^{-1}(V_{it},\ \ln K_{it},\ EX_{it},\ PE_{it},\ WTO_t)$，劳动（材料）系数的估计值 $\alpha_l(\alpha_m)$ 可由以下方程得到：$\ln Y_{it} = \alpha_l \ln L_{it} + \alpha_m \ln M_{it} + g_2(V_{it},\ \ln K_{it},\ EX_{it},\ PE_{it},\ WTO_t) + \varepsilon_{it}$。

下一步是获得 α_k 的无偏估计量。Olley and Pakes（1996）使用了以下设定：

$$\ln Y_{it} - \hat{\alpha}_l \ln L_{it} - \hat{\alpha}_m \ln M_{it} = \alpha_k \ln K_{it} + E(x_{it} | x_{it-1},\ pr_{it})$$
$$+ [x_{it} - E(x_{it} | x_{it-1},\ pr_{it})] + \varepsilon_{it}$$

其中，等式左边使用的是劳动系数和材料系数的估计值。生产率的期望值（两步法）拟合被表示为生产率滞后项的四阶多项式函数，可以得到 $(g_{2i,t-1} - \alpha_k \ln K_{i,t-1})$，以及根据 $t-1$ 年的信息，预测企业生存到 t 年的概率 pr_{it}。预测的概率是由 Probit 估计得到的。[②] $[x_{it} - E(x_{it} | x_{it-1},\ pr_{it})]$ 是存活企业的生产率冲击，但这不影响投资或退出选择，所以将其作为随机扰动项来处理。

一旦资本系数 $\hat{\alpha}_k$ 在方程（第二步）中被估计，就可以得到标准的事后全要素生产率：

$$TFP1_{it} \equiv x_{it} = \ln Y_{it} - \hat{\alpha}_k \ln K_{it} - \hat{\alpha}_l \ln L_{it} - \hat{\alpha}_m \ln M_{it}$$

按照这种方式计算，TFP1 包括真实的生产率和管理效率。相比之下，TFP2 只包括真实的生产率，由以下公式给出：

$$TFP2_{it} = g_1^{-1}(V_{it},\ \ln K_{it},\ EX_{it},\ PE_{it},\ WTO_t)$$

---

① Olley and Pakes（1996）通过对企业的生产技术做一些适当的假设，表明投资函数对生产率冲击 x_{it} 是单调递增的。

② 请注意这里采用了非线性最小二乘法来进行估计（两步），因为它要求第一项和第二项中资本对数的系数估计值是相同的（Pavcnik，2002）。

表 A3 - 1 展示了相应的估计结果。

表 A3 - 1 2000—2006 年中国企业的全要素生产率（TFP）

国民经济行业大类	劳动	资本	材料	方差	
				TFP1	TFP2
13	0.077	0.060	0.814	0.322	0.148
14	0.055	0.071	0.857	0.300	0.172
15	0.094	0.113	0.799	0.381	0.235
16	0.020	0.270	0.783	0.631	0.479
17	0.066	0.044	0.868	0.218	0.103
18	0.110	0.039	0.798	0.310	0.093
19	0.084	0.041	0.857	0.276	0.098
20	0.099	0.071	0.841	0.300	0.167
21	0.103	0.055	0.814	0.218	0.119
22	0.063	0.053	0.867	0.234	0.127
23	0.065	0.068	0.815	0.215	0.210
24	0.091	0.039	0.823	0.223	0.113
25	0.014	0.069	0.865	0.324	0.327
26	0.063	0.058	0.820	0.318	0.175
27	0.062	0.064	0.790	0.360	0.219
28	0.040	0.060	0.889	0.313	0.169
29	0.087	0.081	0.769	0.333	0.186
30	0.069	0.046	0.836	0.288	0.180
31	0.046	0.059	0.844	0.287	0.145
32	0.061	0.029	0.891	0.249	0.116
33	0.080	0.079	0.850	0.278	0.322
34	0.062	0.037	0.841	0.311	0.093
35	0.061	0.055	0.837	0.247	0.188
36	0.053	0.049	0.841	0.326	0.123
37	0.063	0.045	0.835	0.283	0.160

续表

国民经济行业大类	劳动	资本	材料	方差	
				TFP1	TFP2
39	0.077	0.066	0.836	0.303	0.135
40	0.109	0.075	0.806	0.358	0.194
41	0.049	0.054	0.806	0.386	0.208
42	0.091	0.039	0.857	0.271	0.092

注：为节约篇幅，我们没有报告每个系数的标准误，但可应读者要求提供。中国企业生产率的对数（TFP1 和 TFP2）是用增广的 Olley-Pakes 方法在行业层面估计的。劳动、资本和材料的系数按行业平均计算，而 TFP1 和 TFP2 则分别用企业层面的销售额、资本、材料和劳动来衡量。

第四章 进口竞争如何影响了企业创新?

内容提要：本章研究了进口竞争是否会影响企业创新以及如何影响。利用中国加入 WTO 这一准自然实验，我们发现进口竞争会减少企业创新，这和熊彼特效应是一致的。同时，我们还发现不同生产率企业和不同类型专利的异质性处理效应在一定程度上和偏好以及知识溢出效应是一致的，但和避免竞争效应以及要素锁定效应不一致。

第一节 引 言

进口竞争是否会促进一个国家的创新活动？现有文献基于不同国家的研究结果是不同的。Shu and Steinwender（2019）发现，在发展中经济体，绝大部分研究发现了进口竞争促进创新活动的证据，在欧洲也有大部分研究支持该观点，但在北美的研究结果则是没有定论的。可见，进口竞争对创新的影响以及造成地区间差异的原因仍不明朗。

在本章，我们基于中国的背景重新检验了进口竞争对企业创新的影响，我们的发现主要有以下三个方面的贡献：首先，中国是世界上最大的发展中经济体和第二大经济体，对中国的研究为进口竞争和创新之间关系这一支文献补充了重要的实证证据。其次，中国在 21 世纪初为了履行加入 WTO 时的承诺，大幅降低了进口关税，这为使用因果识别策略提供了良好的研究情景；同时，在这一时期中国的创新活动迅速增长，这一关于创新的动态变化为识别贸易自由化的效应提供了一个很好的研究情景。举例来说，如图 4-1 所示，中国的专利申请量从 1998 年不到 75 000 项一路上升到 2005 年超过 280 000 项。最后，由于中国企业的生产率和创新能力数据蕴含丰富的变动性，我们可以研究进口竞争所带来的异质性效果，同时进一步估计进口竞争给代表不同技术进步程度的不同类型专利带来的影响。这些异质性分析有助于阐明文献描述的一系列理论。

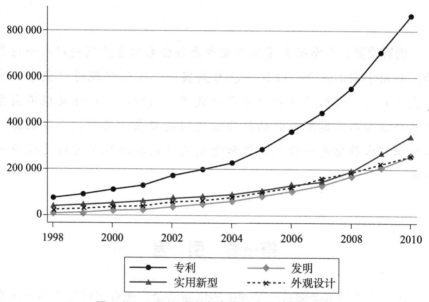

图 4-1 1998—2010 年中国的专利申请量趋势

　　具体而言，我们的研究情景利用了中国在首次提出申请的 15 年后于 2001 年正式加入 WTO 这一事件。加入 WTO 后，中国从 2002 年起开始履行削减关税的责任（2001—2004 年，未加权平均关税从 15.3% 降至 12.3%，加权平均关税从 9.1% 降至 6.4%）。然而，中国加入 WTO 引起的关税下降在不同行业之间表现出很大的异质性。2001 年初始关税更高的行业在中国加入 WTO 后关税下降得更多。这一贸易自由化程度的差异导致了不同行业之间进口竞争程度的不同，为我们进行双重差分识别提供了一个好的机会。更具体地说，我们比较了中国加入 WTO 造成进口竞争程度大幅提升的行业和同时期进口竞争程度小幅提升的行业创新程度的变化。

我们利用人工匹配的中国数据（关税数据、专利申请数据和企业层面的经营数据），发现进口竞争会减少企业创新；总体而言，中国加入WTO后贸易自由化程度更高的行业和贸易自由化程度较低的行业相比，前者的专利申请量有所下降。这一发现在进行了一系列和双重差分估计有关的有效性检验后仍是稳健的，包括对预期效应的检验（即企业能预期到中国加入WTO并在关税真正下降之前就调整它们的行动）和控制其他同时进行的政策改革。同时，在进行了涉及其他计量经济学问题的检验后结果也仍然稳健，例如考虑企业多行业经营的问题（有的企业能够生产分属不同行业的多种产品，因此面临不同的进口竞争程度）和使用替代指标来衡量被解释变量（以应对企业层面出现的专利申请量为零的情况）等。进口竞争对企业创新的这种负面影响和所谓的熊彼特效应一致，即进口竞争降低了创新后的边际收益，从而削弱了创新前的动机（Schumpeter，1942）。

另外，我们还进行了一系列异质性效应分析，以进一步认识文献提出的一些理论模型。首先，我们发现对于最初生产率比较低的企业，进口竞争对企业创新的影响在统计上和经济上都是不显著的，而对于最初生产率比较高的企业，进口竞争对企业创新有显著的负面影响。这和关于偏好的观点（Raith，2003）一致，但和关于避免竞争（escape-competition）的观点（Aghion et al.，2005）不一致。[①] 其次，我们发现，进口竞争对外观设计创新有正面的影响效应，但在统计上不显著，而对发明创新和实用新型创新的影响效应显著为负，且对发明创新的影响比对实用新型创新的影响更强。进口竞争对不同类型创新的不同影响表明，竞争能够带来正向的驱动力量，其中一个潜在的好处就是从外国进口的产品包含先进的技术或新的产品特性，能够对进口国（尤其是发展中国家）国内企业产生知识溢出效应。为了正式地阐明这一观点，我们扩展了标准贸易模型，将对产品质量的选择内生化（另见 Dhingra，2013）。我们的理论

---

① 具体而言，关于偏好的观点是指生产率较低的企业可能会向管理者提供激励从而在和对手的竞争中存活下来（Raith，2003）。另外，Aghion et al.（2005）证明，当企业在竞争中旗鼓相当时，更激烈的竞争会驱使生产率更高的企业进行更多的创新以避免竞争（the escape competition argument）。

分析证明，溢出效应可以通过观察外国产品和学习通过专利申请审查的技巧而产生，该效应在外观设计创新中最突出，其次是实用新型创新和发明创新。我们的实证结果也支持这一溢出效应。[①]

我们的研究涉及全球化如何影响创新动机这支逐渐壮大且十分重要的文献（关于这支文献的最新文献综述，见 Shu and Steinwender，2019）。我们的研究基于中国，发现在中国进口竞争会对企业创新产生负面影响，为这支文献提供了新的实证证据。同时，我们利用数据在企业间和不同专利间的丰富变动性来进一步探究在什么时候以及在哪里进口竞争能够对企业创新产生正面影响。

还有一些文献密集地从其他角度研究了国际贸易和投资对中国企业创新的影响。例如，Liu and Qiu（2016）研究了投入品关税（input tariffs）对企业创新的影响；Bombardini et al.（2018）研究了进口竞争对具有不同生产率水平的企业创新的影响；Chen et al.（2018）研究了放松对外商直接投资（FDI）的管制对企业创新的影响；Liu and Ma（2020）研究了出口政策的不确定性对企业创新的影响。与这些研究不同的是，我们关注的是产出品关税下降（output tariff cuts）的平均效应和产出品关税下降对不同类型创新的不同影响效应。我们还控制了投入品的影响、出口的影响和 FDI 的影响。和我们的研究最相关的一篇文章是 Bombardini et al.（2018）。该文章研究了中国背景下的进口竞争对企业创新的影响。关键的区别在于我们估计了进口竞争对企业创新的总体效应和差异性效应来阐明文献的不同研究结果，而他们考虑的则是不同生产率水平企业间的不同影响。另外，我们使用双重差分法来处理关税下降过程中的潜在内生性问题，而他们使用年度关税水平来反向测度贸易自由化程度，并使用滞后两年的关税来缓解内生性问题。因此，我们的估计结果包含了当期效应，而他们考虑的是滞后了两年的效应。

---

① 在相关文献中，知识溢出主要发生在扩展产品多样性模型（expanding varieties model）（Romer，1990）或质量阶梯模型（quality ladder model）（Grossman and Helpman，1993）中。在前一个模型中是规模效应在起作用，产品多样性的增加降低了企业的进入成本。在后一个模型中，企业通过学习前沿技术来提升产品质量。

第二节　背　景

一、中国加入 WTO

1986 年 7 月，中国向关税及贸易总协定（GATT，WTO 的前身）提出申请，希望恢复作为 GATT 缔约方的地位。在 1987—1992 年，由于中国正在就经济改革方向进行讨论，于是暂缓重返 GATT，直到 1992 年邓小平南方谈话推动了改革开放并扭转了这种势头。最后，中国于 1995 年 7 月正式提出加入 WTO 的申请。

中国与 WTO 成员之间的双边谈判是中国加入 WTO 进程的关键部分。1997 年 8 月，新西兰成为第一个与中国签署关于中国加入 WTO 的双边协议的国家。然而，中国和美国的谈判持续了四年，共进行了 25 轮，直到 1999 年 11 月才达成协议。之后，中国在半年内又和另外 19 个 WTO 成员达成协议，包括 1999 年 11 月和加拿大达成协议以及 2000 年 5 月和欧盟达成协议。2001 年 9 月，中国和最后一个 WTO 成员墨西哥达成协议。最终，2001 年 11 月 10 日的 WTO 部长级会议以协商一致的方式批准了中国加入 WTO 的议定书。

根据成为 WTO 成员需要满足的要求，中国在 1992—1997 年对关税进行了大规模削减。具体来说，1992 年中国的（未加权）平均关税高达 42.9％。GATT 的乌拉圭回合谈判结束后不久，中国大幅削减了关税，平均关税从 1994 年的 35％下降到 1997 年的 17％左右。1997 年后关税保持稳定，直到 2001 年中国加入 WTO。2002 年初，中国开始履行作为 WTO 成员削减关税的责任。根据入世协议，中国将在 2004 年基本完成关税削减，到 2010 年全面完成，除了农业和制造业产品的平均关税分别减至 15％和 8.9％。

图 4－2 描绘了 1996—2007 年中国的（未加权）平均关税情况，1997 年关税大幅下降，然后在 1997—2001 年保持相对稳定，之后从 2002 年开始又逐渐下降，直到 2005 年再次达到稳定水平。其间，未加权平均关税从 2001 年的 15.3％降至 2004 年的 12.3％，加权平均关税则从 9.1％降至 6.4％。

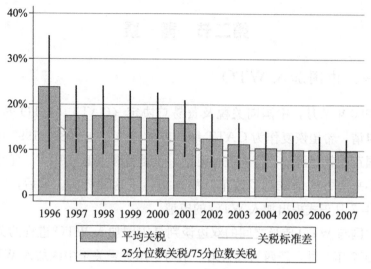

图 4-2　1996—2007 年中国的进口关税

　　有趣的是，加入 WTO 后的关税削减程度对不同产品是不同的。如图 4-2 所示，位于 25 分位数和位于 75 分位数的关税之比在 2002 年突然下降，2005 年后又重归平稳。在图 4-3 中，我们进一步绘制了不同四位码行业在 2001 年（履行入世承诺前一年）的关税和 2001 年到 2005

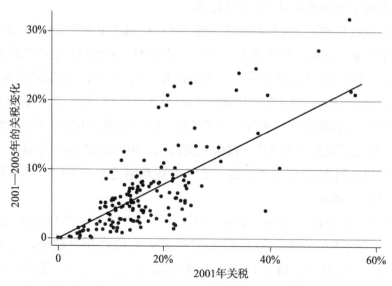

图 4-3　2001 年关税和 2001—2005 年关税变化的相关性

年的关税变化的相关性（主要回归分析用的也是四位码行业层面数据）。[①] 显然，两者之间存在强烈的正相关关系，这意味着入世前关税更高的行业在入世后关税下降幅度更大。可以推测，中国必须将关税降到WTO规定的合适水平，此时所有产品的关税都是统一的。而与之相对，中国入世之前不同产品的关税存在很大差异。

二、中国的专利制度

中国的专利制度和美国的专利制度既有相似之处，也有不同之处。美国承认的专利类型有三种：发明专利（新的和有用的工艺、机器、制造品或组合物）；外观设计专利（新的、原创的和装饰性的产品设计）；植物专利（独特的和新的植物品种）。中国不承认植物专利，授予发明专利、实用新型专利和外观设计专利三种类型的专利。

中国的发明专利和美国的发明专利相似，是指对产品、方法或者其改进所提出的新的技术方案。在中国，申请人提交一项发明专利申请信息的方式和美国发明专利所要求的很相似；同时，与美国专利商标局（PTO）类似，中国国家知识产权局（SIPO）在授予一项发明专利前会对这项创新的新颖性、创造性和实用性进行彻底的调查。在中国授予一项发明专利平均需要3~5年时间，一旦获批，该专利的有效期最长为20年。

中国的实用新型专利介于美国的发明专利和外观设计专利之间，是指对产品的形状、构造或者其结合所提出的适于实用的新的技术方案。但是，它不必像发明专利那样接受大量审查。虽然实用新型专利不需要满足与发明专利相同的创造性要求，但它仍需通过新颖性检验，还需满足实际使用和功能方面的标准。它通常被视为功能上的改进，而不是像发明专利那样的一整套新的解决方案。因此，一项实用新型专利可在申请后一年内被授予，保护期为10年。

中国的外观设计专利和美国的外观设计专利非常相似，是指对产品的整体或者局部的形状、图案或者其结合以及色彩与形状、图案的结合所做出的富有美感并适于工业应用的新设计。对外观设计专利的要求低

---

① 用HS六位码行业层面数据绘制的图形与之类似，结果备索。

于实用新型专利，具体来说，它既不需要大量审查，也没有技术或者功能上的门槛要求，但是它必须和之前的设计不同。在中国，一项外观设计专利的有效期可达 15 年。

表 4-1 显示了 1998—2005 年期间 29 个二位码行业中每一个行业的专利申请总量、企业平均专利申请量和申请过专利的企业占比。专利申请总量排名前三的行业分别是通信设备、计算机及其他电子设备制造业（30 793 项申请），电气机械及器材制造业（26 267 项申请），交通运输设备制造业（10 707 项申请），排在最后的三个行业分别是废弃资源和废旧材料回收加工业（26 项申请），化学纤维制造业（315 项申请），石油加工、炼焦及核燃料加工业（494 项申请）。然而，这些数字和每个行业的企业总数有关，可能被夸大了。所以，观察企业平均专利申请量，我们发现高技术和资本密集型行业的专利申请量最高，例如通信设备、计算机及其他电子设备制造业平均每个企业申请 0.688 7 项专利，电气机械及器材制造业平均每个企业申请 0.324 5 项专利，专用设备制造业平均每个企业申请 0.178 6 项专利；而低技术和劳动密集型行业的专利申请量较低，例如农副食品加工业平均每个企业申请 0.016 8 项专利，纺织服装、鞋、帽制造业平均每个企业申请 0.019 6 项专利，印刷业和记录媒介的复制平均每个企业申请 0.019 9 项专利。

不同的行业倾向于申请的专利类型不同。一般来说，低技术和劳动密集型行业的企业更倾向于申请外观设计专利，而高技术和资本密集型行业的企业更倾向于申请发明专利和实用新型专利。例如，文教体育用品制造业、食品制造业和饮料制造业是外观设计专利企业平均申请量最多的三个行业。通信设备、计算机及其他电子设备制造业，医药制造业和电气机械及器材制造业则是发明专利企业平均申请量最多的三个行业。

第三节　数　据

我们的分析整合了三个企业识别代码不同的数据集，因此我们匹配了这些数据从而构造出了一个独一无二的企业层面数据集，该数据集包含行业层面关税信息、企业层面创新信息和其他企业层面特征信息。

表4-1 中国1998—2005年二位码行业专利申请数据的描述性统计

行业代码	行业名称	总量				均值				创新企业比例
		专利	发明专利	实用新型专利	外观设计专利	专利	发明专利	实用新型专利	外观设计专利	
13	农副食品加工业	1 462	298	88	1 076	0.016 8	0.003 4	0.001 0	0.012 4	0.006 8
14	食品制造业	6 207	316	156	5 735	0.175 2	0.008 9	0.004 4	0.161 9	0.034 1
15	饮料制造业	3 877	166	103	3 608	0.164 2	0.007 0	0.004 4	0.152 8	0.035 2
17	纺织业	3 517	321	603	2 593	0.029 8	0.002 7	0.005 1	0.021 9	0.004 9
18	纺织服装、鞋、帽制造业	1 327	70	130	1 127	0.019 6	0.001 0	0.001 9	0.016 7	0.002 5
19	皮革、毛皮、羽毛（绒）及其制品业	867	19	145	703	0.026 2	0.000 6	0.004 4	0.021 3	0.004 1
20	木材加工及木、竹、藤、棕、草制品业	682	56	222	404	0.025 5	0.002 1	0.008 3	0.015 1	0.007 0
21	家具制造业	1 772	11	274	1 487	0.117 4	0.000 7	0.018 2	0.098 5	0.016 8
22	造纸及纸制品业	920	142	295	483	0.021 5	0.003 3	0.006 9	0.011 3	0.007 4
23	印刷业和记录媒介的复制	580	111	248	221	0.019 9	0.003 8	0.008 5	0.007 6	0.007 2
24	文教体育用品制造业	5 218	98	1 150	3 970	0.287 5	0.005 4	0.063 4	0.218 8	0.037 8
25	石油加工、炼焦及核燃料加工业	494	320	99	75	0.049 1	0.031 8	0.009 8	0.007 4	0.013 2
26	化学原料及化学制品制造业	7 126	2 595	720	3 811	0.081 1	0.029 5	0.008 2	0.043 4	0.021 0
27	医药制造业	5 734	2 922	363	2 449	0.243 1	0.123 9	0.015 4	0.103 8	0.073 9
28	化学纤维制造业	315	164	140	11	0.044 4	0.023 1	0.019 7	0.001 6	0.013 5

续表

行业代码	行业名称	总量				均值				创新企业比例
		专利	发明专利	实用新型专利	外观设计专利	专利	发明专利	实用新型专利	外观设计专利	
29	橡胶制品业	853	124	406	323	0.051 8	0.007 5	0.024 7	0.019 6	0.019 9
30	塑料制品业	3 791	344	1 261	2 186	0.060 2	0.005 5	0.020 0	0.034 7	0.017 6
31	非金属矿物制品业	5 604	672	1 120	3 812	0.045 4	0.005 4	0.009 1	0.030 9	0.009 6
32	黑色金属冶炼及压延加工业	2 904	884	1 877	143	0.086 5	0.026 3	0.055 9	0.004 3	0.011 3
33	有色金属冶炼及压延加工业	1 671	595	510	566	0.064 8	0.023 1	0.019 8	0.022 0	0.016 2
34	金属制品业	6 398	445	2 688	3 265	0.097 5	0.006 8	0.040 9	0.049 7	0.024 3
35	通用设备制造业	10 487	1 213	6 779	2 495	0.105 4	0.012 2	0.068 1	0.025 1	0.031 5
36	专用设备制造业	10 232	1 208	7 149	1 875	0.178 6	0.021 1	0.124 8	0.032 7	0.054 6
37	交通运输设备制造业	10 707	765	4 813	5 129	0.173 0	0.012 4	0.077 8	0.082 9	0.035 2
39	电气机械及器材制造业	26 267	5 211	10 251	10 805	0.324 5	0.064 4	0.126 6	0.133 5	0.047 1
40	通信设备、计算机及其他电子设备制造业	30 793	17 088	7 515	6 190	0.688 7	0.382 2	0.168 1	0.138 4	0.057 1
41	仪器仪表及文化、办公用机械制造业	4 565	476	2 207	1 882	0.248 1	0.025 9	0.119 9	0.102 3	0.072 9
42	工艺品及其他制造业	2 736	65	410	2 261	0.096 2	0.002 3	0.014 4	0.079 5	0.012 4
43	废弃资源和废旧材料回收加工业	26	24	2	0	0.029 3	0.027 1	0.002 3	0.000 0	0.007 9

　　我们首先从 WTO 的 Tariff Download Facility 获取中国的关税数据。对于 HS 六位码定义的每种产品，该关税数据提供了详细的信息，包括关税税目数量、平均从价关税、最低从价关税和最高从价关税。可得的关税数据区间为 1996 年、1997 年以及 2001 年到 2023 年。由于 WTO 网站上 1998—2000 年的关税数据缺失，针对这几年我们用的是世界银行 World Integrated Trade Solution 网站上的数据。同时，由于在 2002 年之前和之后 HS 编码有所不同，我们用标准 HS 匹配表（standard HS concordance table）将 1996 年的 HS 编码（用于 1997—2001 年的关税数据）和 2002 年的 HS 编码（用于 2001—2006 年的关税数据）进行匹配。在我们的关税数据中有 5 036 种 HS 六位码产品来自制造业。

　　接着，我们将关税数据从 HS 产品层面加总到行业层面。我们先用国家统计局的匹配表将 HS 分类标准和国民经济行业分类标准进行匹配，然后计算了每个行业每一年的简单平均关税。但是这存在一个问题，这样的加总可能会掩盖一个行业内不同产品关税下降幅度的丰富变动性，即此时一个行业内的不同产品关税下降幅度是相同的。为了解决这一问题，我们在稳健性检验中构造了一个加权平均关税指标，根据产品的最初份额赋予不同的权重。

　　要衡量企业的创新程度，可以使用创新投入（如研发支出）或创新产出（如专利申请）。我们遵循以往文献的做法，使用专利申请信息指标（可见例如 Aghion et al.，2005；Hashmi，2013）。根据定义，一项专利为持有人提供了对应创新的临时垄断租金。相对于研发支出来说，使用专利数据的好处在于对中国这样的发展中国家该数据是可得的，尤其是企业层面的研发支出只有中国入世后三年的数据，而专利是和研发支出高度相关的（Griliches，1990）。Autor et al.（2020）进一步讨论了使用专利数据来衡量创新活动程度的好处。① 然而，认识到使用这一衡量指标存在的问题也是很重要的，例如专利数据可能会低估技术发展水

---

　　① 具体而言，他们指出了以下几方面：（1）"专利数据相对于其他创新活动测度指标而言的第一个优点在于申请人提交专利申请的年份为新发明产生的年份提供了一个合适的代理变量"；（2）"第二个优点在于专利记录包含了关于新发明性质的丰富信息，包括专利的技术类别等"；（3）"专利数据的第三个优点在于专利引用提供了一个衡量一项创新的质量和影响的事后指标"。我们将利用第二个优点来阐明贸易自由化对不同类型创新的异质性影响。

平，因为一项创新必须足够重要才能注册为一项专利。此外，在一些情况下技术并不能以专利的形式呈现。

专利申请数据来自国家知识产权局。这一数据包含自 1985 年以来每项专利申请的详细信息，例如申请日期、申请人的姓名和地址、专利名称及专利类型（发明专利、实用新型专利和外观设计专利）。

专利申请数据的一个不足之处在于，它几乎不包含关于企业特征的信息（除了企业名称和地址）。我们从第三个数据来源——国家统计局的工业企业年度调查（ASIF）中得到了所有必要的企业特征数据，数据区间为 1998—2005 年。这一数据集是在中国可得的最全面的企业层面数据集，因为它涵盖了所有的国有企业和所有年销售额超过 500 万元（约 60 万美元）的非国有企业。企业数量从 20 世纪 90 年代末的 14 万多个到 2005 年的 24.3 万多个不等，它们分布在全国 31 个省份，来自所有制造业行业，这确保了该数据集的代表性。该数据集提供了详细的企业信息，包括企业名称、行业归属、企业位置，以及财务报表中的所有经营和业绩指标，如企业经营年限、员工雇佣情况、资本、中间投入品和所有权。

由于专利申请数据和 ASIF 数据有不同的企业识别代码，我们根据企业名称对两个数据集进行了人工匹配，并根据企业位置信息对我们的匹配结果进行复核。① 这可能会产生关于匹配质量的问题，使我们的估计结果产生偏差。也就是说，如果误配程度在由中国入世引起贸易自由化程度不同的行业间不连续地变化，那么我们的估计结果反映的不是贸易自由化的效应，而是误配造成的偏差。虽然我们不能直接检查匹配的质量，但我们可以通过一些证据在很大程度上消除这一担忧。首先，我们发现在 1998—2005 年我们的匹配数据占包括制造业企业和非制造业企业在内的所有企业专利申请量的 36.1%。虽然专利申请数据并没有进一步区分制造业企业和非制造业企业，但两次经济普查（一次在 2004年进行，另一次在 2008 年进行）发现，制造业企业约占中国企业总数的 1/5。由于 ASIF 数据基本上包含了所有大型制造业企业，专利申请

① 由于中国不同部门使用的企业代码不同，所以一般采用企业的正式名称来匹配不同来源的数据。

数据和 ASIF 数据匹配得很好。同时,国家统计局的一份报告显示,在 2004—2006 年年销售额超过 500 万元的制造业企业约有 8.8% 申请了专利。而在我们的匹配数据中,从 2004 年到 2005 年约有 4% 的企业申请了专利。考虑到 21 世纪初那几年专利申请量迅速增加,我们的匹配结果应该是不错的。此外,在整个样本期(1998—2005 年)我们对数据匹配采用了一致的规则,中国入世引起贸易自由化程度不同的行业间误配程度存在不连续性的情况应该不存在,所以对由误配产生的估计偏差的担忧得到了缓解。

匹配数据是一个由 440 877 个企业约 130 万个观测值组成的不平衡面板数据,包括从 1998 年到 2005 年的详细专利申请信息和企业特征信息。

第四节 实 证

一、估计模型设定

为了识别进口竞争对企业创新的影响,我们利用一个事件来进行研究,即一些之前受保护更多的行业(即 2001 年关税较高的行业)由于入世协议的履行而经历了关税的大幅削减,进而导致进口竞争加剧。与之相对,之前更加开放的行业(即 2001 年关税较低的行业)的关税变化幅度较小,因而贸易自由化程度较低。关税降低的时间点(2002 年)和行业贸易自由化程度的变动为我们提供了使用双重差分估计策略的机会。更具体来说,我们比较了之前受保护更多的行业(处理组)在关税降低之前和之后的创新活动变动情况和之前更开放的行业(控制组)在关税降低之前和之后的创新活动变动情况。类似的做法可见 Guadalupe and Wulf(2010)。

双重差分估计的模型设定如下:

$$y_{fit} = \alpha_f + \beta Tariff_{i2001} \times Post02_t + X'_{fit}\gamma + \lambda_t + \epsilon_{fit} \tag{4-1}$$

其中,f、i、t 分别表示企业、四位码行业(我们数据中最精细的行业分类)和年份。y_{fit} 衡量的是 i 行业的 f 企业在 t 年的创新情况;

$Tariff_{i2001}$ 是 i 行业在 2001 年的关税；$Post02_t$ 是表示中国是否入世的指标（一个阶梯函数），2002 年及之后取值为 1，2002 年之前取值为 0；ϵ_{fit} 是误差项。为了处理潜在的异方差和序列相关问题，我们将标准误聚类到行业-年份层面（Bombardini et al.，2018）。

另外，在模型（4-1）中，α_f 是企业固定效应，控制所有不随时间变动的企业间、行业间和地区间异质性，如地区的地理特征和不同创新类型的行业分布等；λ_t 是时间固定效应，控制所有各行业共同经历的随年份变化的冲击，如经济周期、技术进步和专利制度的变革等。

考虑到在企业层面有的企业专利申请量为零，我们用经过如下转化的指标来测度我们的被解释变量：

$$y_{fit} = \ln[Y_{fit} + 1]$$

其中，Y_{fit} 为 i 行业的 f 企业在 t 年的专利申请量。[①]

为了将进口竞争的影响分离出来，我们控制了一系列可能影响企业创新的随时间变化的企业特征变量（X_{fit}），例如企业经营年限、企业规模、资本与劳动之比、出口状态、外国投资者持有的股权和本国政府持有的股权。[②]

此外，在 ASIF 数据中，每个企业仅报告一个所属行业，很可能是其主要归属的行业。然而，企业可能生产分属多个行业的产品，但由于数据的局限性我们只观察到一个行业。这可能造成估计上的问题：我们的估计可能忽略了来自其他行业进口竞争的影响，即企业同样在这些行业中经营，但它们的经营活动没有报告在数据中。为了检验我们的估计结果是否因为这样的多行业经营问题而产生偏误，我们先在三位码行业

---

① 在进行反双曲线正弦转化（inverse hyperbolic sine transformation）后我们的结果是稳健的。另一种处理专利申请量为零的方法是用泊松模型或零膨胀负二项模型（zero-inflated negative binomial model）。然而，在估计这些模型时我们无法得到收敛的结果，可能是因为我们包含了大量的企业和年份虚拟变量，从而造成非线性模型中的附带参数问题（incidental parameter problem），例如可见 Lancaster（2000）。

② 中国的知识产权（IPR）保护在考察时期依旧不是特别有力，这可能会降低企业的创新动力。整体的知识产权环境已经被时间固定效应 λ_t 所捕捉，困扰我们的是不同企业间潜在的异质性影响。例如，知识产权保护可能会对外国企业和国内企业的专利申请情况产生不同的影响。在我们的数据中我们的确发现，在中国进口竞争对外国企业创新、国有企业创新和民营企业创新的影响不同。为了涵盖这种潜在的偏误，我们在回归中额外加入了企业所有权这一控制变量。

层面进行了一项稳健性检验，在这一层面多行业经营的问题不那么严重。然后，我们从国家统计局获取 2000—2005 年的产品层面数据，其中包含企业生产的每种产品（五位码产品层面）的信息和企业代码等。由于这一产品层面数据和 ASIF 数据使用的是相同的企业代码，所以我们能够将两个数据集匹配，然后利用一个生产的所有产品仅属于一个四位码行业的企业层面子样本来进行稳健性检验。

值得注意的是，我们主要关注的不是每年的关税（$Tariff_{it}$），而是 2001 年的关税（$Tariff_{i2001}$）[①] 和中国是否入世的指标（$Post02_t$）的交互项回归系数。这样做的动机在于中国入世引起的关税削减时间表是在 2002 年发布的，所以关税削减的进程是能够被企业提前预期并适应的。同时，正如 Liu and Trefler（2011）所述，使用交互项能够同时捕捉贸易自由化的真实效应和预期效应。

二、可视化结果

图 4-4 和图 4-5 显示的是 1998—2005 年高关税行业（HT，2001年关税高于样本中位数的行业，我们的处理组）和低关税行业（LT，2001 年关税低于样本中位数的行业，我们的控制组）的专利申请量和企业平均专利申请量随时间的变动趋势。

从图中可以清楚看出，在中国入世前的那一时期（1998—2001 年，即处理前时期），两个组的变动趋势非常相似。这种在冲击发生前处理组和控制组企业创新水平的平行趋势满足了双重差分估计的识别假设，消除了我们对处理组和控制组无法比较的担心。与此同时，进入 2002年之后，也就是中国入世后开始削减关税时，两个组企业创新的走势产生了明显分歧。企业创新走势出现分歧和中国入世两个事件发生的时点一致表明贸易自由化对企业创新产生了影响。具体而言，进口竞争对整体创新具有明显的负面影响。

在下一部分，我们通过回归分析来探究中国入世引起关税下降引致的进口竞争的创新效应。

---

①　使用 1997—2001 年的平均关税或 1997 年的关税得到的结果是相似的（可得性取决于需求），很可能是因为在 1997 年和 2001 年之间关税并没有发生太大的变化。

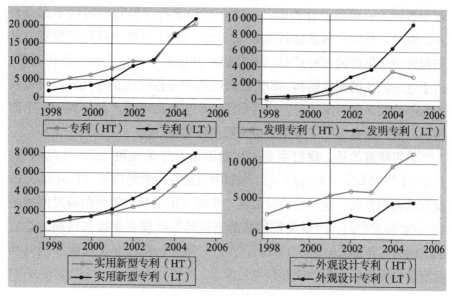

图4-4　高关税行业和低关税行业专利申请量变动趋势

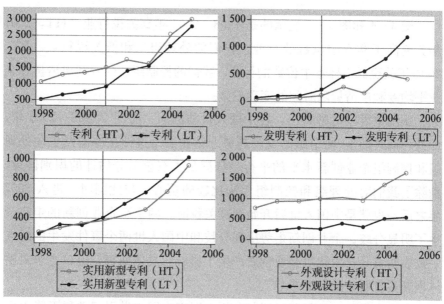

图4-5　高关税行业和低关税行业企业平均专利申请量变动趋势

三、主要回归结果

双重差分模型（4-1）的回归结果如表4-2所示。我们从一个简单的仅包含企业和年份固定效应的双重差分模型开始，回归结果展示在第（1）列。我们主要关注交互项 $Tariff_{i2001} \times Post02_t$，其系数显著为负，表明进入 2002 年后高关税行业中的企业比低关税行业中的企业创新得更少。考虑到 2001 年的高关税行业在进入 2002 年后经历了更大幅度的关税削减和更激烈的进口竞争，这一结果意味着进口竞争的加剧会减少企业创新。

在第（2）列，我们加入了一些可能和被解释变量（即企业创新）以及核心解释变量（即贸易自由化程度）相关的随时间变化的企业特征变量。具体而言，我们加入的变量有企业经营年限（包括一次项和二次项）、企业规模、资本与劳动之比、出口状态以及外国投资者和本国政府分别持有的股权。加入这些控制变量后我们的结果仍然是稳健的。

如果在中国入世前后（2001 年底）存在其他的改革政策对我们的处理组和控制组产生了不同的影响，我们的双重差分估计结果可能也包含这些改革政策的影响效应，使得贸易自由化的影响效应难以确定。21 世纪初有两项重要的改革正在进行，分别是国有企业改革和放松对 FDI 的管制。为了控制这两项改革政策所带来的叠加效应，我们将 2001 年的国有企业份额 $SOE\ Share$（以国有企业数量与所有企业数量之比来衡量）和外商投资企业份额 $FIE\ Share$（以外商投资企业数量与所有企业数量之比来衡量）① 这两个变量分别和 $Post02$ 虚拟变量交互后加入我们的双重差分估计模型。我们在第（3）列和第（4）列的回归中分别加入了这两个控制变量，并在第（5）列的回归中同时包含这两个控制变量，最终的回归结果仍然是稳健的。

我们在第（6）列使用了加权平均的行业关税来进行回归，从而解决了在一个行业内不同产品受到的影响不同的问题，虽然系数大小有所变化，但仍显著为负。

在第（7）列和第（8）列，我们进一步从广延边际和集约边际的角度厘清进口竞争对创新的影响效应。具体而言，我们研究这一影响效应到底是由企业申请专利的可能性降低（广延边际）造成的还是由企业专利申请量减少（集约边际）造成的。为此，在第（7）列我们增

---

① 除进口以外溢出效应发生的另一个渠道就是外商投资。

加了专利申请指标（如果一个企业在当年申请了任何专利，则为1，否则为0），对于核心解释变量，回归结果显著为负。在第（8）列，我们重复了第（5）列的回归，但这一次我们仅关注在样本期内申请过专利的样本。第（7）列和第（8）列的回归结果都显著为负。这些结果表明，无论是从广延边际还是从集约边际来看，进口竞争都减少了创新。

综上所述，表4-2的结果表明进口竞争导致企业创新减少。我们研究发现的进口竞争对创新的负面影响效应和美国的类似研究结论一致（例如 Autor et al.，2020），但和使用拉丁美洲与其他亚洲国家的数据得出的结论形成鲜明对比（例如 Ahn et al.，2018）。在本章的剩余部分，我们将检验我们的识别假设的有效性和其他计量估计问题，然后用文献提出的一些可能理论来解释为什么不同国家的发现不同。

四、识别假设检验

以下识别假设涉及我们的双重差分模型［方程（4-1）］：在控制一系列变量（α_f，X_{fit}，λ_t）后，我们关注的核心解释变量（$Tariff_{i2001} \times Post02_t$）和误差项（$\epsilon_{fit}$）不相关，也即[1]：

$$E[\epsilon_{fit} \mid Tariff_{i2001} \times Post02_t，\alpha_f，X_{fit}，\lambda_t] = E[\epsilon_{fit} \mid \alpha_f，X_{fit}，\lambda_t]$$

$$(4-2)$$

换句话说，如果在2002年没有发生贸易自由化，处理组的创新情况和控制组的创新情况应该保持相同的变动趋势。为了解决这一问题，我们使用了一个线性趋势回归。

此外，我们的识别策略可能还存在一些其他问题，包括2001年的关税不是随机选择的、中国入世的时机，以及其他一些同时实施的改革政策。我们对上述双重差分估计的识别假设进行了一系列稳健性检验，检验结果如表4-3所示。

---

[1] 值得注意的是，识别过程并不需要我们的控制变量也是外生的，例如 $E[\epsilon_{it} \mid \alpha_i，X_{it}，\lambda_t]=0$。换句话说，对于控制变量，估计的系数可能没有因果含义。可见 Stock and Watson（2012）第274页，以进一步讨论和证明这一观点。

表 4 - 2　主要回归结果

	(1) lnpatent	(2) lnpatent	(3) lnpatent	(4) lnpatent	(5) lnpatent	(6) lnpatent	(7) Indicator	(8) lnpatent
$Tariff01 \times Post02$	-0.0218*** (0.008 2)	-0.021 5*** (0.008 2)	-0.020 2** (0.008 9)	-0.020 2** (0.008 4)	-0.021 7** (0.008 9)	-0.011 4* (0.006 8)	-0.023 7*** (0.005 1)	-0.189 7*** (0.064 1)
$lnAge$		-0.000 7*** (0.000 1)	-0.000 6*** (0.000 1)	-0.000 7*** (0.000 1)	-0.000 6*** (0.000 1)	-0.000 5*** (0.000 2)	-0.000 3*** (0.000 1)	-0.003 9*** (0.001 0)
$\ln(Age\ Squared)$		0.000 0*** (0.000 0)	0.000 0*** (0.000 0)	0.000 0*** (0.000 0)	0.000 0*** (0.000 0)	0.000 0** (0.000 0)	0.000 0*** (0.000 0)	0.000 1*** (0.000 0)
$Exporting\ status$		0.006 7*** (0.001 1)	0.006 6*** (0.001 2)	0.006 5*** (0.001 2)	0.006 6*** (0.001 2)	0.006 3*** (0.001 4)	0.004 2*** (0.000 8)	0.040 3*** (0.009 6)
$\ln(Labor)$		0.014 8*** (0.000 9)	0.014 6*** (0.000 9)	0.014 3*** (0.000 9)	0.014 5*** (0.000 9)	0.012 8*** (0.001 0)	0.009 4*** (0.000 6)	0.144 9*** (0.007 4)
$Capital/Labor$		0.003 0*** (0.000 4)	0.002 8*** (0.000 4)	0.002 8*** (0.000 4)	0.002 8*** (0.000 4)	0.002 6*** (0.000 4)	0.001 7*** (0.000 3)	0.024 6*** (0.004 4)
$Foreign\ share\ holding$		-0.001 2 (0.002 5)	-0.002 4 (0.002 5)	-0.002 5 (0.002 5)	-0.002 4 (0.002 5)	-0.006 1* (0.003 0)	-0.000 8 (0.001 5)	-0.041 6* (0.022 3)
$Gov.\ share\ holding$		-0.004 9*** (0.001 9)	-0.003 6* (0.001 9)	-0.004 4** (0.001 9)	-0.003 7* (0.001 9)	-0.002 9 (0.002 3)	-0.001 9 (0.001 4)	-0.007 5 (0.013 2)
$SOE\ Share01 \times Post02$			0.040 3*** (0.008 1)		0.045 8*** (0.008 8)	0.039 3*** (0.011 3)	0.023 4*** (0.005 8)	0.193 2*** (0.039 3)

续表

	(1) lnpatent	(2) lnpatent	(3) lnpatent	(4) lnpatent	(5) lnpatent	(6) lnpatent	(7) Indicator	(8) lnpatent
FIE share01×Post02				0.0017 (0.002 5)	0.006 9*** (0.002 7)	−0.000 5 (0.003 2)	0.002 2 (0.001 6)	−0.001 7 (0.013 9)
观测值数量	1 307 718	1 291 472	1 266 886	1 66 886	1 266 886	904 075	1 266 886	86 346
R^2	0.547 5	0.548 8	0.547 0	0.546 9	0.547 0	0.558 3	0.480 9	0.423 2

注：标准误聚类到行业-年份层面。第 (6) 列使用的关税是加权平均关税。对于第 (7) 列的 Indicator，若企业在当年申请了专利就取 1，否则取 0。第 (8) 列使用的是申请过专利的子样本。***、**、* 分别表示在 1%、5% 和 10% 的水平上显著。

表 4-3 识别假设检验

	(1) $\ln patent$ Linear trend	(2) $\ln patent$ Expectation	(3) $\ln patent$ Flexible	(4) $\ln patent$ Pre-WTO	(5) $\ln patent$ Processing export	(6) $\ln patent$ Random treatment
$Tariff01 \times Post02$	−0.021 8** (0.009 1)	−0.021 6** (0.009 6)			−0.017 4 (0.044 9)	−0.000 1 (0.011 5)
$Tariff \times Y_{2001}$		0.000 6 (0.010 7)				
$Tariff \times Y_{1999}$			0.004 4 (0.010 4)			
$Tariff \times Y_{2000}$			0.008 6 (0.011 1)			
$Tariff \times Y_{2001}$			0.003 5 (0.012 2)			
$Tariff \times Y_{2002}$			−0.011 3 (0.009 8)			
$Tariff \times Y_{2003}$			−0.021 9* (0.012 6)			
$Tariff \times Y_{2004}$			−0.017 8 (0.014 3)			
$Tariff \times Y_{2005}$			−0.039 7** (0.018 1)			
$Annual\ Tariff$				0.007 6 (0.013 0)		
$\ln Age$	−0.000 6*** (0.000 1)	−0.000 6*** (0.000 1)	−0.000 6*** (0.000 1)	0.000 2 (0.000 2)	0.003 0 (0.003 0)	
$\ln(Age\ Squared)$	0.000 0*** (0.000 0)	0.000 0*** (0.000 0)	0.000 0*** (0.000 0)	−0.000 0 (0.000 0)	−0.000 1 (0.000 1)	
$Exporter$	0.006 6*** (0.001 2)	0.006 6*** (0.001 2)	0.006 7*** (0.001 1)	0.008 8*** (0.002 0)		
$\ln Labor$	0.014 5*** (0.000 9)	0.014 5*** (0.000 9)	0.014 5*** (0.000 9)	0.006 6*** (0.001 1)	0.018 6*** (0.005 9)	
$Capital/Labor$	0.002 8*** (0.000 4)	0.002 8*** (0.000 4)	0.002 9*** (0.000 4)	0.001 2** (0.000 5)	0.005 7 (0.003 7)	
$Foreign\ share\ holding$	−0.002 4 (0.002 5)	−0.002 4 (0.002 5)	−0.001 9 (0.002 5)	−0.006 8 (0.005 3)	0.000 3 (0.005 4)	
$Gov.\ share\ holding$	−0.003 8** (0.001 9)	−0.003 7** (0.001 9)	−0.003 5* (0.001 8)	0.001 9 (0.002 9)	0.030 9 (0.029 9)	

续表

	(1) ln*patent* Linear trend	(2) ln*patent* Expectation	(3) ln*patent* Flexible	(4) ln*patent* Pre-WTO	(5) ln*patent* Processing export	(6) ln*patent* Random treatment
SOE *share*01× *Post*02	0.048 5*** (0.008 8)	0.048 5*** (0.008 8)	0.041 1*** (0.008 1)		0.053 9* (0.028 7)	
FIE *Share*01× *Post*02	0.006 9*** (0.002 7)	0.006 9*** (0.002 7)	0.006 9*** (0.002 6)		−0.004 3 (0.004 8)	
观测值数量	1 266 886	1 266 886	1 302 559	347 461	37 097	
R^2	0.547 0	0.547 0	0.544 7	0.628 1	0.670 4	

注：标准误聚类到行业-年份层面。***、**、*分别表示在1%、5%和10%的水平上显著。

（1）行业趋势。我们控制了一系列企业特征和固定效应。然而，仍然存在的一个问题是各个行业有不同的变动趋势，影响了处理组和控制组的可比性。为了检验这一问题，我们在模型中加入了一项依行业而变的线性时间趋势 $\alpha_i \cdot t$，这使我们能够以一定的形式控制观测不到的行业特征，也就是说，假定它们在模型中以线性时间趋势的形式影响企业创新。回归结果显示在第（1）列。核心解释变量的回归系数仍然显著为负，说明我们的估计结果并不是由那些观测不到的行业特征导致的。

（2）预期效应。另一个问题是中国在2001年加入WTO可能被提前预期到，所以即使关税是进入2002年后才下降的，但在这之前企业就可能调整它们的行为。然而中国入世的过程十分漫长，大约15年才完成，并且获得批准需要所有WTO成员达成共识。尽管中国在1999年和2000年分别与美国和欧盟签署了协议，取得了重大突破，但仍有许多遗留问题直到2001年中期才得到解决。因此，在2001年之前中国入世的时间点具有很大的不确定性。

尽管如此，在第一项稳健性检验中，我们在双重差分回归中加入了一个额外的控制变量 $Tariff_{i2001} \times Y2001$ 来检验企业是否因为预期到下一年中国入世而改变它们的创新行为，其中 $Y2001$ 表示2001年。估计结果见第（2）列，$Tariff_{i2001} \times Y2001$ 的系数很小，且在统计上不显著，表明不存在这样的预期效应。同时，核心解释变量的回归系数仍然显著为负。

我们进一步灵活估计了贸易自由化对企业创新的影响。具体来说，我们主要关注的被解释变量变为 $Tariff_{i2001} \times Y_t$，它计算了一系列对应我们数据每一年（从 1999 年到 2005 年）的系数。这一检验可以帮助我们考察处理组和控制组在中国入世前是否具有可比性，从而进一步排除预期效应的影响。估计结果如第（3）列和图 4-6 所示[①]，在入世前时期所有系数都是很小的正数，且都不显著。然而在入世之后，系数都变成了负的。图 4-6 描绘了每一年的系数，清楚地展示了这一变动趋势。这些结果进一步证实了我们之前在图 4-4 中的发现，即中国入世引起的贸易自由化造成了企业创新能力的下降。

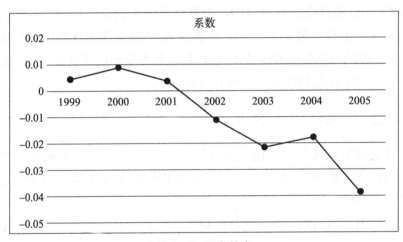

图 4-6　预期效应

（3）安慰剂检验Ⅰ：中国入世前时期。为了进一步检验我们的识别假设，我们进行了三个安慰剂检验。第一个安慰剂检验借鉴 Topalova（2010），考察中国入世前时期（1998—2001 年）关税对企业创新的影响效应。由于在这期间关税没有什么变化，我们预期对企业创新不会有什么影响，如果结果相反，则说明可能存在一些叠加的其他影响因素。如第（4）列所示，检验结果正如我们预期的那样，中国入世前时期的关税对企业创新没有明显影响。

（4）安慰剂检验Ⅱ：加工贸易企业。中国有一类只为外国买家进行

---

① 对三种不同类型创新的灵活估计结果展示在表 A4-1 中。与文中描述的相似，我们发现在加入 WTO 之前处理组和控制组有平行的趋势，而在加入 WTO 后产生了分歧。

生产的特殊企业，这些企业接受外国企业的离岸订单并将所生产的所有产品出口。从这一意义上说，这些企业对国内的进口竞争免疫，因此，它们的创新活动在理论上应该不受进口竞争的影响。我们将这些企业从我们的样本中识别出来，对这一子样本进行回归。回归结果如第（5）列所示，说明中国的关税削减并不影响加工贸易企业的创新。

（5）安慰剂检验Ⅲ：贸易自由化的随机分配。在进一步的稳健性检验中，我们将 2001 年的关税随机分配给各行业，并随机选择了一个加入WTO 的年份，然后构造了一个假的核心解释变量 $Tariff_i^{false} \times Post_t^{false}$，并用模型（1）进行回归。由于数据是随机生成的，$Tariff_i^{false} \times Post_t^{false}$ 预计是没有影响效应的，否则就意味着模型（1）的设定有误。我们将这一过程重复了 500 次，以提高安慰剂检验的真实性。得到的500 个系数的均值和标准误见第（6）列，系数很小且不显著，这一结果进一步支持了我们的研究设计的有效性。

五、其他稳健性检验

在这部分，我们就其他一些计量经济学问题展开一系列稳健性检验。回归结果如表 4-4 所示，我们发现我们的主要结果在以下情境中仍然是稳健的。

（1）负二项回归。我们的被解释变量是专利数，这是一个典型的计数变量。由于它过于分散，样本标准差（5.198 4）远大于样本均值（0.116 8），我们进行了一个固定效应负二项回归来检验我们的研究结果在不同的估计方法下是否稳健。如第（1）列所示，回归结果证实进口竞争显著减少了创新。

（2）对多行业经营问题的检验。另一个潜在的问题是企业可能生产分属不同行业的多种产品，而在数据中企业仅报告了一个所属的四位码行业，因此我们的双重差分估计可能忽视了来自企业报告的所属行业以外的其他行业的贸易自由化效应。为了检查是否存在这一问题，我们进行了两项稳健性检验。首先，我们使用了进一步加总的行业水平关税（即三位码行业水平关税）来重新回归。由于企业生产的产品分属不同三位码行业的可能性变小了，这有助于消解我们对企业多行业经营问题的担忧。

表 4 - 4　其他稳健性检验

	(1) patent	(2) lnpatent	(3) lnpatent	(4) lnpatent	(5) lnpatent	(6) lnpatent	(7) lnpatent
$Tariff01\times Post02$	-1.043 9*** (0.115 7)		-0.017 3** (0.008 2)	-0.021 4*** (0.007 2)	-0.903 9*** (0.298 2)	-0.693 7*** (0.166 1)	-0.029 5*** (0.010 9)
$Tariff3Digit01\times Post02$		-0.024 0*** (0.008 7)					
$SOE\ Share01\times Post02$	0.435 0*** (0.086 2)	0.041 1*** (0.008 1)	0.038 5*** (0.007 5)	0.036 9*** (0.006 7)	0.170 6 (0.209 9)	-0.148 9 (0.132 1)	0.057 4*** (0.011 1)
$FIE\ Share01\times Post02$	-0.023 0 (0.028 3)	0.006 9*** (0.002 6)	0.007 6*** (0.002 8)	0.002 7 (0.003 1)	0.186 9*** (0.060 3)	0.105 3*** (0.038 9)	0.008 2** (0.003 3)
$lnAge$	-0.011 3*** (0.002 1)	-0.000 6*** (0.000 1)	-0.000 5*** (0.000 1)	-0.000 4 (0.000 2)	-0.047 4*** (0.018 2)	-0.026 4** (0.010 7)	-0.000 7*** (0.000 2)
$\ln(Age\ Squared)$	0.000 2*** (0.000 0)	0.000 0*** (0.000 0)	0.000 0*** (0.000 0)	0.000 0 (0.000 0)	0.000 4* (0.000 2)	0.000 2* (0.000 1)	0.000 0*** (0.000 0)
$Exporter$	0.077 3*** (0.020 8)	0.006 7*** (0.001 1)	0.006 2*** (0.001 2)	0.010 6*** (0.002 9)	0.254 6 (0.303 1)	0.136 6 (0.174 0)	0.008 4*** (0.001 5)
$lnLabor$	0.193 6*** (0.009 5)	0.014 5*** (0.000 9)	0.014 5*** (0.000 9)	0.019 5*** (0.001 6)	-0.099 8 (0.121 9)	-0.080 3 (0.072 1)	0.018 2*** (0.001 1)
$Capital/Labor$	0.048 7*** (0.008 2)	0.002 9*** (0.000 4)	0.002 9*** (0.000 4)	0.005 2*** (0.000 9)	-0.105 6 (0.095 4)	-0.059 0 (0.054 2)	0.003 5*** (0.000 4)
$Foreign\ share\ holding$	-0.127 7*** (0.037 6)	-0.001 9 (0.002 5)	-0.002 1 (0.002 6)	0.000 2 (0.006 3)	0.542 5 (0.602 2)	0.421 4 (0.358 0)	-0.003 1 (0.003 1)
$Gov.\ share\ holding$	0.044 0 (0.033 0)	-0.003 5* (0.001 8)	-0.002 5 (0.001 9)	-0.010 5*** (0.004 1)	0.764 3** (0.345 1)	0.293 5 (0.214 2)	-0.004 7** (0.002 4)

续表

	(1) patent	(2) lnpatent	(3) lnpatent	(4) lnpatent	(5) lnpatent	(6) lnpatent	(7) lnpatent
$Post02$				0.005 8*** (0.002 1)			
观测值数量	83 953	1 302 559	1 166 718	617 527	3 223	3 223	1 266 886
R^2		0.544 6	0.540 8	0.769 3	0.803 7	0.849 1	0.542 8
firmid 数	16 424						

注：除第 (4) 列使用 White 标准误外，标准误均聚类到行业-年份层面。在第 (5) 列和第 (6) 列，被解释变量分别为行业-年份专利数和申请专利的企业数。***、**、*分别表示在 1%、5%和 10%的水平上显著。

其次，我们从国家统计局得到了一个2000—2005年的数据集，该数据集包含了企业是否在不同的四位码行业中生产五位码产品的信息。有了这些信息，我们就能够聚焦于仅在一个四位码行业内生产的企业层面的子样本，来检验估计结果的稳健性。如第（2）列和第（3）列所示，贸易自由化的创新效应仍然显著为负。

（3）两阶段估计。双重差分估计存在的一个问题就是如何准确计算标准误从而进行统计推断。到目前为止，我们依据 Bertrand et al. (2004) 将标准误聚类到行业-年份层面，在这里我们使用该研究提出的另一种方法来进行稳健性检验，即把面板数据分成两个时期，一个是入世之前，另一个是入世之后，然后我们使用 White 标准误。同时，这一做法也使我们能够比较贸易自由化对企业创新的长期平均影响效应。回归结果如第（4）列所示，这和之前相似。

（4）行业层面回归。我们的核心解释变量是四位码行业层面的，因此，尽管我们的回归是在企业层面进行的，我们对进口竞争影响的估计也是行业层面的平均效应。在这里我们将企业层面的变量加总到行业层面直接进行行业层面的回归，来检验我们的主要结果的稳健性。第（5）列的回归结果显示，进口竞争仍然会降低行业层面的专利数。在第（6）列，我们进一步检验进口竞争的行业广延边际效应，也即进口竞争如何影响申请专利的企业数，结果发现这一效应也是负的。

（5）创新的替代测度方式。为了解决在企业层面数据中有的企业专利申请量为零的问题，我们对原始的创新测度变量进行了特定的对数转换：$y_{fit} = \ln[Y_{fit}+1]$。这可能会让人们认为我们的估计结果只有在这种特定的测度方式下才会成立。为了消解这一顾虑，我们对被解释变量使用了另一种测度方式，即反双曲正弦转换。估计结果如第（7）列所示，和之前的结果一致，系数显著为负，说明我们的研究结果对被解释变量的特定转换方式不敏感。

六、进口竞争渠道

为了进一步确认我们的研究结果主要是由进口竞争加剧引起的，我们首先研究了关税下降后进口是否上升，然后排除了由中国入世所带来的其他渠道，例如外国市场准入。具体进行的检验见表4-5。

表 4 - 5　进口竞争渠道

	(1) Import	(2) ln patent	(3) ln patent
$Traiff01 \times Post02$	0.020 5***	−0.030 8***	−0.023 0**
	(0.000 0)	(0.008 9)	(0.009 0)
$ExportTariff01 \times Post$		0.000 3	0.000 3
		(0.000 3)	(0.000 3)
$Input\ Tariff$			0.111 9***
			(0.026 7)
$\ln Age$		−0.000 6***	−0.000 6***
		(0.000 1)	(0.000 1)
$\ln(Age\ Squared)$		0.000 0***	0.000 0***
		(0.000 0)	(0.000 0)
$Exporting\ status$		0.006 6***	0.006 6***
		(0.001 2)	(0.001 2)
$\ln Labor$		0.013 0***	0.013 0***
		(0.000 9)	(0.000 9)
$Capital/Labor$		0.002 6***	0.002 6***
		(0.000 4)	(0.000 4)
$Foreign\ share\ holding$		−0.002 7	−0.002 7
		(0.002 7)	(0.002 7)
$Gov.\ share\ holding$		−0.002 3	−0.002 3
		(0.001 9)	(0.001 9)
$SOE\ Share01 \times Post02$		0.043 8***	0.043 7***
		(0.009 8)	(0.009 7)
$FIE\ Share01 \times Post02$		0.004 7*	0.005 2*
		(0.002 7)	(0.002 7)
观测值数量	35 252	1 173 023	1 173 023
R^2		0.543 6	0.543 7

注：标准误聚类到行业-年份层面。在第（1）列，被解释变量为进口量。***、**、*分别表示在1%、5%和10%的水平上显著。

（1）关税削减和进口。由于在 HS 六位码产品层面的进口数据和关税数据都是可得的，我们据此在这一层面上就进口对贸易自由化的反应进行分析。然而，有许多 HS 六位码层面的产品类别进口为零，这就产生了潜在的估计偏误（样本选择问题）。为了解决零进口问题，我们使用了 Silva and Tenreyro（2006）提出的泊松伪最大似然估计法（Poisson pseudo-maximum likelihood estimation）。具体来说，我们将进口水平回归到核心解释变量上（$Tariff_{p2001} \times Post02_t$，其中 $Tariff_{p2001}$ 是 2001 年产品 p 的关税），且回归方程包含一系列产品和年份虚拟变量。回归结果如第（1）列所示，我们发现关税削减幅度较大的产品类别进口有所增加，证实了我们的进口竞争观点。

（2）市场准入效应。中国入世是一个多边行为，也就是说，中国的贸易伙伴也可能降低从中国进口的壁垒，对中国企业扩大市场准入。大量实证表明，出口市场的扩大对创新有正面影响（Lileeva and Trefler，2010；Aw et al.，2011）。为了纠正企业创新的变化源于外国关税下降导致的国内竞争程度上升的想法，我们在模型中加入了 2001 年外国对来自中国出口的加权平均关税和控制是否准入外国市场的虚拟变量的一个交互项。回归结果如第（2）列所示，我们发现出口关税削减的影响不显著，而进口关税削减的影响仍是显著的。该结果支持了我们的进口竞争观点。

（3）投入品关税。除了我们到目前为止都在研究的最终产品的关税外，中国入世也降低了中国企业面临的投入品关税，这一关税也会影响企业创新（Liu and Qiu，2016）。我们在第（3）列的回归中加入了行业层面投入品关税，以检验此时我们的研究结果是否依然成立。我们发现投入品的关税和企业创新正相关，这一结果和 Liu and Qiu（2016）的研究结果一致。更重要的是，我们的主要结果依然成立：2001 年产出品关税和表示入世前后的虚拟变量的交互项的系数依然显著为负。

七、处理效应异质性

在前文我们发现了进口竞争对企业创新的负面影响。这和熊彼特效应一致，即进口竞争降低了创新后的边际收益，从而削弱了创新动机。然而，一些研究在其他国家的背景下发现了进口竞争对企业创新的正向影响，包括 Teshima（2009）、Iacovone et al.（2011）、Bloom et al.（2016）、Aghion et al.（2007）等。这表明存在一些和进口竞争相关的正向力量，这些正向力量抵消了部分企业的熊彼特效应。为了进一步认识我们的研究结果，我们检验了不同企业间和不同专利类型间处理效应的异质性，以阐明产生进口竞争正向效应的这些力量的相关性。[①]

（一）生产率异质性

由于我们的样本包含大量的企业，我们可以检验生产率不同的企业所面临的进口竞争对创新的影响在中国是否不同。为此，我们在每一个四位码行业中根据企业在中国入世前一定时期的平均生产率将它们分成四组，分别进行回归。回归结果如表 4 - 6 第（1）～第（4）列所示，核心系数均为负的，只有生产率最低的一个组（Q1）在统计上和经济上都是不显著的。

表 4 - 6　避免竞争效应和偏好效应

	(1) lnpatent Q1	(2) lnpatent Q2	(3) lnpatent Q3	(4) lnpatent Q4
$Tariff01 \times Post02$	−0.010 9 (0.009 1)	−0.039 7*** (0.011 2)	−0.022 8* (0.012 3)	−0.032 6* (0.018 3)
$SOE\ Share01 \times Post02$	0.005 6 (0.007 6)	0.050 1*** (0.012 7)	0.069 5*** (0.014 4)	0.066 1*** (0.016 0)
$FIE\ Share01 \times Post02$	−0.002 2 (0.003 5)	0.003 4 (0.004 5)	0.012 7** (0.006 1)	0.023 8*** (0.005 9)
$\ln Age$	−0.000 2 (0.000 2)	−0.001 0*** (0.000 2)	−0.000 9*** (0.000 3)	−0.001 1*** (0.000 4)
$\ln(Age\ Squared)$	0.000 0* (0.000 0)	0.000 0*** (0.000 0)	0.000 0* (0.000 0)	0.000 0** (0.000 0)
$Exporting\ status$	0.004 3* (0.002 2)	0.003 5 (0.002 6)	0.010 1*** (0.002 6)	0.015 1*** (0.002 8)
$\ln Labor$	0.008 4*** (0.001 2)	0.011 4*** (0.001 6)	0.015 6*** (0.001 6)	0.017 7*** (0.001 8)
$Capital/Labor$	0.002 2*** (0.000 6)	0.003 2*** (0.000 7)	0.002 9*** (0.000 7)	0.004 7*** (0.000 8)

[①]　我们还检验了不同所有权企业的处理效应异质性，见表 A4 - 2 第（1）列到第（3）列。具体而言，我们发现对于国内企业来说，进口竞争产生了负面影响，对民营企业的影响更大。然而对外商投资企业来说，进口竞争对创新的影响在经济上和统计上均不显著。一个可能的解释是，外商投资企业的大部分产品都用来出口，并不明显受到进口竞争加剧的影响，这和熊彼特的解释是一致的。这些结果又进一步产生了一个有趣的问题：企业所有权是否会受进口竞争的影响？为此，我们在第（4）列使用了一个相似的双重差分模型来研究进口竞争是否会增加外商投资企业数量，得到一个数值较小且在统计上不显著的系数，这表明进口竞争并没有使外商投资企业显著增加。

续表

	(1) ln*patent* Q1	(2) ln*patent* Q2	(3) ln*patent* Q3	(4) ln*patent* Q4
Foreign share holding	−0.000 2 (0.004 9)	−0.005 1 (0.006 0)	−0.001 3 (0.005 8)	−0.003 1 (0.005 1)
Gov. share holding	−0.002 7 (0.002 1)	−0.006 5** (0.003 3)	−0.007 0 (0.004 4)	0.001 7 (0.005 8)
观测值数量	176 868	207 345	217 418	214 363
R^2	0.414 1	0.423 2	0.446 5	0.557 3

注：标准误聚类到行业-年份层面。第（1）列到第（4）列的子样本是企业按生产率从低到高的 4 个分位。***、**、* 分别表示在 1%、5% 和 10% 的水平上显著。

我们的研究结果呼应了 Chen and Steinwender（2020）的研究，他们发现进口竞争对最初生产率较低的西班牙家族企业的企业创新有正面影响，但对已经专业化管理的企业有负面影响。然而，同样是在中国的背景下进行研究，我们的研究结果和 Bombardini et al.（2018）不同，他们发现相比生产率较低的企业，进口竞争会促进生产率较高的企业创新。两篇文章结论的不同可能是由于使用了不同的估计策略。[①] 具体来说，Bombardini et al.（2018）采用年度关税水平来反向衡量贸易自由化程度，并使用滞后两年的关税来缓解内生性问题。不同的是，为了解决贸易协定规定的关税下降所产生的潜在内生性问题，我们使用了基于中国入世这一背景的双重差分估计，这和贸易自由化的相关文献广泛使用的方法一致（例如 Goldberg et al.，2010；Topalova and Khandelwal，2011）。

生产率不同的企业回归结果不同，表明存在正向的抵消了部分企业的熊彼特效应的力量。已有文献提出的两个理论可以解释这一点。具体来说，Aghion et al.（2005）证明，在一场旗鼓相当的竞争中，更高水平的竞争会驱使生产率较高的企业开展更多的创新活动，以避免和对手竞争（避免竞争论）。另外，偏好论认为，生产率较低的企业可能会向管理者提供激励从而在与对手的激烈竞争环境中存活下来（Raith，2003）。虽然避免竞争论和偏好论都预测进口竞争会增强企业的创新动机，但它

① 我们用我们的数据复现了他们的模型设定，发现了相似的结果（即在不考虑样本规模的情况下，进口竞争使最有生产力的企业创新增加）。

们对初始生产率水平不同的企业有不同的含义。前者关心创新前的市场收益，也就是说，激烈的进口竞争会降低现有利润，驱使企业创新。由于在中国，外国出口企业通常比国内企业生产率更高，因此旗鼓相当的竞争意味着最初生产率更高的企业有更大的动机进行创新，以逃避来自外国的进口竞争。偏好论则关注企业内部的低效率活动，例如管理松懈，而进口竞争有助于规范低效率活动并增加企业创新。由于最初生产率较低的企业有更大的提高效率的空间，所以偏好效应会在最初生产率较低的企业中产生更大的正向进口竞争效应。我们发现进口竞争对最初生产率较低的企业的负向效应较小，支持了偏好论，不支持避免竞争论。

（二）创新类型异质性

如前所述，中国有三种类型的创新，每一种都有不同的要求。具体来说，根据中国的专利法，申请发明专利要对实用性、新颖性和非显而易见性进行严格审查，并且和现有技术相比，该创新必须具有突出的实质性特点和显著的进步。但实用新型专利和外观设计专利或多或少都是增量创新，不用进行新颖性和非显而易见性的审查，一般来说两者都是通过注册授予的。与只关注外观或形状的外观设计专利的要求相比，申请实用新型专利的要求更加严格，因为实用新型创新还必须具有功能上的实用性，并且与现有技术相比具有实质性特点和进步。因此，研究进口竞争对创新的影响是否因创新类型的不同而不同是有趣的。

对于实证检验，我们的专利数据包含关于专利类型的信息。具体来说，在申请阶段，每项专利都被划分为发明、实用新型和外观设计三类专利中的一类。我们对这三种类型的创新进行分组回归。结果如表 4－7 第（1）～第（3）列所示。有趣的是，我们发现了进口竞争对不同类型的创新有不同的影响，对外观设计创新的影响是正的，但在统计上不显著，而对发明创新和实用新型创新的影响是负的，且在统计上是显著的，其中对发明创新的影响要比对实用新型创新的影响稍强。

表 4－7　溢出效应

	(1) Design	(2) Utility Model	(3) Invention
$Tariff01 \times Post02$	0.008 8 (0.006 7)	−0.010 8** (0.005 3)	−0.015 0*** (0.003 5)

续表

	(1) *Design*	(2) *Utility Model*	(3) *Invention*
ln*Age*	−0.000 2***	−0.000 3***	−0.000 2***
	(0.000 1)	(0.000 1)	(0.000 1)
ln(*Age Squared*)	0.000 0*	0.000 0***	0.000 0***
	(0.000 0)	(0.000 0)	(0.000 0)
Exporting status	0.002 6***	0.003 3***	0.002 1***
	(0.000 8)	(0.000 7)	(0.000 5)
ln*Labor*	0.006 5***	0.007 7***	0.004 2***
	(0.000 5)	(0.000 5)	(0.000 4)
Capital/Labor	0.001 2***	0.001 2***	0.001 2***
	(0.000 2)	(0.000 2)	(0.000 2)
Foreign share holding	−0.001 7	−0.001 7	0.000 5
	(0.002 2)	(0.001 5)	(0.000 8)
Gov. share holding	0.000 1	−0.002 4*	−0.002 2**
	(0.001 1)	(0.001 3)	(0.000 9)
*SOE Share*01×*Post*02	0.013 5***	0.033 0***	0.018 0***
	(0.003 9)	(0.006 1)	(0.003 9)
*FIE Share*01×*Post*02	0.000 4	0.007 5***	0.003 0***
	(0.001 5)	(0.002 0)	(0.001 1)
观测值数量	1 266 895	1 266 895	1 266 895
R^2	0.516 8	0.520 9	0.520 4

注：标准误聚类到行业-年份层面。***、**、*分别表示在1%、5%和10%的水平上显著。

　　进口竞争对不同类型的创新有不同的影响，特别是对外观设计创新有正向影响，表明进口竞争也存在正向的推动作用。进口竞争的一个好处在于，进口产品包含先进的技术或新的产品特征，能够对国内企业产生知识溢出效应，尤其是在发展中国家。为了正式说明这一观点，我们在附录中扩展了标准贸易模型，允许企业对产品质量进行内生选择（也可见 Dhingra，2013）。我们的模型包含了两种贸易对企业创新的影响。第一种是竞争的加剧减少了企业进行创新的未来收益，因此抑制了企业的创新动机，即标准熊彼特效应。第二种是溢出效应，即企业可以通过观察外国产品和同外国产品竞争来共享外国企业所拥有的知识。因此，贸易自由化对企业创新的总体效应取决于这两种效应的相对重要性。我们预计，通过观察外国产品和发现通过专利申请审查的技巧而产生的溢出效应在外观设计创新中最明显，其次才是实用新型创新和发明创新。我们的实证结果支持该溢出效应。它们也和相关文献一致，例如，Gorodnichenko et al.（2010）发现欧洲发展中国家的企业在应对进口时会更多地进行小幅度的创新。

第五节　结　论

长期以来，贸易自由化对经济增长的影响一直是关于全球化的讨论的一个热点问题。在本章，我们研究贸易自由化到底对企业创新产生了正面还是负面的影响，而创新被认为是长期经济增长的关键决定因素之一。为了探究贸易自由化和创新的因果关系，我们基于中国入世这一准自然实验进行了双重差分估计。具体来说，中国入世使不同行业面临异质性的关税削减。在此基础上，我们将经历了更高贸易自由化程度的行业中的企业与经历了较低贸易自由化程度的行业中的企业进行比较。

我们发现贸易自由化对企业创新有负面影响，而且这一发现在经过一系列检验后仍是稳健的。此外，通过充分利用数据的丰富变动性，我们发现了进口竞争对不同生产率企业和不同类型创新的异质性影响。

这些结果支持了偏好效应和溢出效应的观点。我们的研究结果是对现有关于贸易自由化的增长效应的文献的一个补充。虽然我们可能无法完全解决文献发现的不同国家的研究结果不同的问题，但我们的研究结果启发了不同效应对创新影响的潜在异质性。例如，贸易自由化可能由于负的熊彼特效应而对基础创新活动有害，但外国企业可能会对国内企业产生大量的正向溢出效应。

参考文献

Aghion, P., Bloom, N., Blundell, R., Griffith, R., Peter, H., 2005. Competition and innovation: An inverted U relationships. Q. J. Econ. 120 (2), 701-728.

Aghion, P., Blundell, R., Griffith, R., Peter, H., Prantl, S., 2007. Entry, innovation, and growth: Theory and evidence. Review of Economics and Statistics.

Ahn, J., Han, H., Huang, Y., 2018. Trade with benefits: New Insights on competition and innovation. Working Paper.

Autor, D. , Dorn, D. , Hanson, G. , Gary, P. , Shu, P. , 2020. Foreign competition and domestic innovation: Evidence from U. S. Patents. Am. Econ. Rev. : Insights 2 (3), 357 - 374.

Aw, B. , Roberts, M. , Xu, D. , 2011. R & D investment, exporting and productivity dynamics. Am. Econ. Rev. 101 (4), 1312 - 1344.

Bertrand, M. , Duflo, E. , Mullainathan, S. , 2004. How much should we trust differences-in-differences estimates?. Q. J. Econ. 119, 249 - 275.

Bloom, N. , Draca, M. , Van-Reenen, J. , 2016. Trade induced technical change? The impact of Chinese imports on innovation, IT and productivity. Rev. Econ. Stud. 83 (1), 87 - 117.

Bombardini, M. , Li, B. J. , Wang, R. Y. , 2018. Import competition and innovation: Theory and evidence from China. Working Paper.

Bustos, P. , 2011. Trade liberalization, exports, and technology upgrading: Evidence on the impact of MERCOSUR on Argentinian firms. Am. Econ. Rev. 101 (1), 304 - 340.

Chen, C. , Steinwender, C. , 2020. Import competition, heterogeneous preferences of managers, and productivity. NBER Working Paper 25539.

Chen, X. P. , Shao, Y. C. , Zhu, L. M. , 2018. Identifying the knowledge diffusion of multinational firms. Working Paper.

Dhingra, S. , 2013. Trading away wide brands for cheap brands. Am. Econ. Rev. 103 (6), 2554 - 2584.

Goldberg, P. , Khandelwal, A. , Pavcnik, N. , Topalova, P. , 2010. Imported intermediate inputs and domestic product growth: Evidence from India. Q. J. Econ. 125 (4), 1727 - 1767.

Gorodnichenko, Y. , Jan, S. , Terrell, K. , 2010. Globalization and innovation in emerging markets. Am. Econ. J. Macroecon. 2, 194 - 226.

Griliches, Z. , 1990. Patent statistics as economic indicators: A survey. J. Econ. Lit. 28 (4), 1661 - 1707.

Grossman, G. , Helpman, E. , 1993. Innovation and growth in the global economy. MIT Press.

Guadalupe, M. , Wulf, J. , 2010. The flattening firm and product market competition: The effect of trade liberalization on corporate hierarchies. Am. Econ. J. Appl. Econ. 2 (4), 105 - 127.

Hashmi, A. R. , 2013. Competition and innovation: The inverted-U relationship revisited. Rev. Econ. Stat. 95 (5), 1653 - 1668.

Iacovone, L. , Keller, W. , Rauch, F. , 2011. Innovation responses to import competition. Working Paper.

Jovanovic, B. , MacDonald, G. M. , 1994. Competitive diffusion. J. Polit. Econ. 102 (1), 24 – 52.

Lancaster, T. , 2000. The incidental parameter problem since 1948. J. Econom. 95, 391 – 413.

Lileeva, A. , Trefler, D. , 2010. Improved access to foreign markets raises plant-level productivity... For some plants. Q. J. Econ. 125 (3), 1051 – 1099.

Liu, Q. , Ma, H. , 2020. Export uncertainty and innovation: Firm level evidence from China's WTO accession. J. Int. Econ. 127. https://doi. org/10. 1016/j. jinteco. 2020. 103387.

Liu, Q. , Qiu, L. , 2016. Intermediate input imports and innovations: Evidence from Chinese firms' patent filings. J. Int. Econ. 103, 166 – 183.

Liu, R. J. , Trefler, D. , 2011. A sorted tale of globalization: White collar jobs and the rise of service offshoring. NBER Working Paper No. 17559.

Melitz, M. , 2003. The impact of trade on intra-industry reallocations and aggregate industry productivity. Econometrica 71 (6), 1695 – 1725.

Raith, M. , 2003. Competition, risk and managerial incentives. Am. Econ. Rev. 93 (4), 1425 – 1436.

Romer, P. , 1990. Endogenous technological change. J. Polit. Econ. 98 (5), 71 – 102.

Schumpeter, J. , 1942. Capitalism, socialism, and democracy. Harper and Brothers.

Shu, P. , Steinwender, C. , 2019. The impact of trade liberalization on firm productivity and innovation. Innovation Policy and the Economy 19 (1), 39 – 68.

Silva, J. M. C. S. , Tenreyro, S. , 2006. The log of gravity. Rev. Econ. Stat. 88 (4), 641 – 658.

Stock, J. H. , Watson, M. W. , 2012. Introduction to econometrics, third ed. Pearson Education Limited.

Teshima, K. , 2009. Import competition and innovation at the plant level: Evidence from Mexico. Working Paper.

Topalova, P. , Khandelwal, A. , 2011. Trade liberalization and firm productivity: The case of India. Rev. Econ. Stat. 93 (3), 995 – 1009.

Topalova, P. , 2010. Factor immobility and regional impacts of trade liberalization: Evidence on poverty from India. Am. Econ. J. Appl. Econ. 2 (4), 1 – 41.

附　录

对三种不同类型创新的灵活估计结果见表 A4‑1。

表 A4‑1　灵活估计

	(1) ln*invention*	(2) ln*utility*	(3) ln*design*
$Tariff01 \times Y_{1999}$	0.006 1 (0.004 3)	−0.001 4 (0.006 6)	−0.001 2 (0.006 5)
$Tariff01 \times Y_{2000}$	0.004 8 (0.004 2)	0.001 5 (0.005 9)	0.001 7 (0.008 1)
$Tariff01 \times Y_{2001}$	0.003 4 (0.004 5)	−0.004 1 (0.007 3)	0.001 8 (0.007 8)
$Tariff01 \times Y_{2002}$	−0.006 2* (0.003 7)	−0.012 8** (0.006 0)	0.005 8 (0.006 9)
$Tariff01 \times Y_{2003}$	−0.017 1*** (0.004 9)	−0.017 0** (0.007 0)	0.011 5 (0.008 1)
$Tariff01 \times Y_{2004}$	−0.020 2*** (0.005 4)	−0.014 6 (0.009 1)	0.017 7* (0.010 6)
$Tariff01 \times Y_{2005}$	−0.030 1 (0.007 8)	−0.021 6* (0.011 7)	0.011 9 (0.011 4)
ln*Age*	−0.000 2*** (0.000 1)	−0.000 3*** (0.000 1)	−0.000 3*** (0.000 1)
ln(*Age Squared*)	0.000 0*** (0.000 0)	0.000 0*** (0.000 0)	0.000 0** (0.000 0)
Exporter	0.002 1*** (0.000 5)	0.003 2*** (0.000 7)	0.002 7*** (0.000 8)
ln*Labor*	0.004 3*** (0.000 4)	0.007 6*** (0.000 5)	0.006 5*** (0.000 5)
Capital/Labor	0.001 2*** (0.000 2)	0.001 2*** (0.000 2)	0.001 3*** (0.000 2)
Foreign share holding	0.000 5 (0.000 8)	−0.001 5 (0.001 4)	−0.001 4 (0.002 1)
Gov. share holding	−0.002 2** (0.000 9)	−0.002 3* (0.001 3)	0.000 3 (0.001 1)
$SOE\ Share01 \times Post02$	0.016 3*** (0.003 6)	0.030 4*** (0.005 7)	0.011 5*** (0.003 7)

续表

	(1) ln*invention*	(2) ln*utility*	(3) ln*design*
*FIE Share*01×*Post*02	0.003 1*** (0.001 1)	0.007 7*** (0.002 0)	0.000 5 (0.001 5)
观测值数量	1 302 559	1 302 559	1 302 559
R^2	0.517 8	0.519 0	0.513 6

注：标准误聚类到行业-年份层面。***、**、*分别表示在1%、5%和10%的水平上显著。

不同所有权企业的处理效应异质性检验结果见表 A4-2。

表 A4-2　处理效应异质性

	(1) ln*patent* SOE	(2) ln*patent* POE	(3) ln*patent* FIE	(4) ownership
*Tariff*01×*Post*02	−0.013 3 (0.012 9)	−0.023 1** (0.009 7)	0.001 4 (0.021 8)	−0.001 1 (0.002 3)
*SOE Share*01×*Post*02	0.018 5 (0.013 9)	0.042 0*** (0.009 4)	0.079 9*** (0.015 4)	−0.006 5*** (0.001 8)
*FIE Share*01×*Post*02	0.015 5** (0.007 4)	0.008 3** (0.003 7)	0.003 2 (0.004 1)	0.004 4*** (0.000 9)
ln*Age*	−0.001 2*** (0.000 3)	−0.000 2 (0.000 1)	−0.001 2 (0.000 8)	−0.000 5*** (0.000 1)
ln(*Age Squared*)	0.000 0*** (0.000 0)	0.000 0 (0.000 0)	0.000 0 (0.000 0)	0.000 0** (0.000 0)
Exporter	0.015 3*** (0.004 6)	0.006 1*** (0.001 4)	0.006 2*** (0.002 1)	0.004 6*** (0.000 6)
ln*Labor*	0.011 9*** (0.001 7)	0.011 2*** (0.000 9)	0.025 9 (0.002 3)	0.004 8*** (0.000 4)
Capital/Labor	0.002 1** (0.000 9)	0.001 9*** (0.000 4)	0.007 5*** (0.001 4)	0.002 5*** (0.000 2)
Foreign share holding	−0.062 9 (0.039 5)	−0.004 8 (0.008 6)	−0.001 3 (0.002 7)	0.052 6*** (0.002 4)
Gov. share holding	−0.003 2 (0.003 0)	−0.004 8 (0.003 3)	0.002 1 (0.006 5)	−0.004 6*** (0.000 8)
观测值数量	154 974	842 830	269 091	1 266 895
R^2	0.521 8	0.568 2	0.564 7	0.972 6

注：标准误聚类到行业-年份层面。***、**、*分别表示在1%、5%和10%的水平上显著。

我们先给出了前面提到的灵活估计结果和处理效应异质性检验结果，接下来我们用一个简单的模型来说明贸易自由化如何影响企业的创新行为，以及它对不同类型创新的影响有什么不同。具体来说，我们扩展了 Melitz（2003）的模型，允许企业对产品质量进行内生选择（也可见 Dhingra，2013）。

一、模型设定

（1）需求。假设存在连续的存在水平差异的产品。用 Θ 来表示市场上所有可得产品的集合。一个代表性消费者的效用来自国内产品和进口产品。用 D 和 M 来分别表示国内产品和进口产品，并假设它们是不完全替代的，我们就会有以下效用函数：

$$U=(D^{\frac{\mu-1}{\mu}}+M^{\frac{\mu-1}{\mu}})^{\frac{\mu}{\mu-1}} \tag{A4-1}$$

其中，$\mu>1$ 表示国内产品和进口产品的替代弹性。从这一效用函数我们可以推出对国内产品的总需求和对进口产品的总需求：

$$D=\left(\frac{P_D}{P}\right)^{-\mu}\frac{E}{P},\ M=\left(\frac{\tau P_M}{P}\right)^{-\mu}\frac{E}{P} \tag{A4-2}$$

其中，$P=[(P_D)^{1-\mu}+(\tau P_M)^{1-\mu}]^{\frac{1}{1-\mu}}$ 是本国价格指数，P_D 和 P_M 是国内产品和进口产品的价格指数，E 是本国总支出，τ 是进口关税。

我们主要关注国内市场，特别是国内企业对贸易自由化的反应。为此，我们假设合成的国内产品（composite domestic good）如下：

$$D=\left[\int_{i\in\Theta}\theta_i^{\frac{1}{\sigma}}(q_i)^{\frac{\sigma-1}{\sigma}}\mathrm{d}i\right]^{\frac{\sigma}{\sigma-1}},\ \sigma>1$$

其中，i 表示产品，θ_i 表示产品质量。因此，对每种国内产品的需求可表示为：

$$q_i=\theta_i\left(\frac{p_i}{P_D}\right)^{-\sigma}D \tag{A4-3}$$

其中，P_D 为国内产品价格指数，$P_D=\left[\int_{i\in\Theta}\theta_i p_i^{1-\sigma}\mathrm{d}i\right]^{\frac{1}{1-\sigma}}$。

（2）生产。在我们的模型中，劳动是唯一的要素，工资被标准化为 1。每个企业进入市场时都要承担固定的进入成本 f_e。在支付这一进入成本后，企业从分布 $G(\phi)$ 中抽取生产力水平 ϕ。为了便于阐述[①]，我们假定该分布为帕累托分布，即：

$$G(\phi) = \frac{\phi_m^k}{\phi^k}$$

其中，ϕ_m 是生产力水平的下限。

正如其他贸易模型（例如 Melitz，2003），只要企业还在经营，就存在固定的生产成本 f，但这一固定成本和进入成本 f_e 不同。我们假定可变生产成本是企业生产力的倒数，即 $c = \frac{1}{\phi}$，这一可变成本和产品的质量无关。[②]

（3）创新、学习和专利申请。在我们的模型中，我们允许企业在创新方面进行投资以提高产品质量 θ。具体来说，我们依据 Grossman and Helpman（1993）来构造创新的成本：用于提高产品质量的资源（以劳动的形式表示）。虽然高质量产品需要在创新方面进行更多的投资，但我们允许企业通过学习活动来降低创新成本。例如，一个企业可以向其他企业学习以使自身产品更好。

同时，要是担心自己的产品被竞争对手模仿，企业可以申请专利以确保其他企业不能销售相同的产品，从而以垄断竞争的方式维持市场势力。为了获得专利，企业的产品必须通过质量控制测试。如果测试结果为产品质量改善显著，该专利申请将被批准。

创新成本的方程如下所示：

$$I(\theta) = v(\theta) \times f(\alpha, X) \tag{A4-4}$$

其中，$v(\theta)$ 表示质量为 θ 时需要投入的劳动成本。为了阐明我们的观点，我们设 $v(\theta) = \theta^n$ 以及 $n > 1$。方程 $f(\alpha, X)$ 描述的是企业的学习效应，其中 X 表示该企业可以学习的企业或产品，α 是学习参数。[③]

---

① 我们所有的结果都会经过 G（·）的任何一般形式处理。

② 假设生产高质量产品的边际成本更高是很自然的，这一假设并不会改变我们的模型，因为我们总是可以将生产成本纳入需求函数。

③ 注意：这里对质量的投资有两部分，关于我们这样设定的一种解释是，企业可以通过创造新的知识（第一部分）或向他人学习（第二部分）来提高产品的质量。相似的观点可参考 Jovanovic and MacDonald（1994）。

我们假设学习效应可以表示为 $f(\alpha, X)=\alpha^X$，其中 $0<\alpha<1$，X 是外国企业数，取决于能在本国市场经营的外国企业和本国企业的生产力门槛。[①] 根据这一学习效应，外国企业数 X 越大，创新成本越低。

最后，为了将我们的理论和下文的实证检验联系起来，我们需要先将用于产品质量提升的投资和专利数量联系起来。为此，我们假设专利数量是质量水平的一个严格递增函数。这是因为一项突破性的创新能比小的质量提升获得更多的相应专利。为简单起见，我们假设同一类型的所有专利的质量改进程度相同。换句话说，一个企业的专利数量是其用于产品质量提升的投资的线性函数。

二、均衡分析

我们模型中的企业需要做两个决策：如何对产品定价和在产品质量提升上投资多少。在下文我们分别讨论这两个决策。

（1）定价策略。由于产品质量提升不会影响企业的可变成本，企业会在给定的质量水平 θ 下选择定价策略以实现利润最大化。

最大化 $pq-cq-I(\theta)$ 从而得出最优价格，其中需求 q 由方程（A4-3）得出，最优价格可表示为可变成本乘上不变的价格加成：

$$p=\frac{\sigma}{\sigma-1}c \tag{A4-5}$$

（2）质量选择。有了上述定价策略［方程（A4-5）］，一个国内企业的利润可以表示为：

$$\pi_d(\phi_i)=B\theta\phi_i^{\sigma-1}-I(\theta_i) \tag{A4-6}$$

其中，ϕ_i 是企业的生产力水平，以及

$$B=\frac{(\sigma-1)^{\sigma-1}}{\sigma^\sigma}P_D^{\sigma-1}D \tag{A4-7}$$

回顾一下，创新成本为 $I(\theta)=\theta^n\alpha^X$。选择质量水平以最大化企业利

---

① 在实证意义上，我们的设置和 Grossman and Helpman（1993）的设置是同构的。事实上，如果我们取对数，这两种方法都会产生知识存量（X）和学习参数 α 的乘积，两种方法的结果一致。我们之所以选择现在的方法纯粹是因为它允许我们有一个参数 α 的微观基础。

129

润［方程 A(4-6)］，可得：

$$\theta_i = \left(\frac{B\phi_i^{\sigma-1}}{\alpha^X n}\right)^{\frac{1}{\sigma-1}} \tag{A4-8}$$

方程（A4-8）是我们模型的关键理论结果。首先，它描述了规模经济的负面影响。当市场规模大（B 的值大）且生产力水平高时，企业销售额会增加，从而导致更多的投资用于提升产品质量。其次，更重要的是，它通过 α^X 这一项描绘了溢出效应。更确切地说，更多的外国企业（即 X 更大）带来了新产品和新技术，因此本土企业有更多的学习空间，意味着创新成本的下降［见方程（A4-4）］。这种溢出效应解释了进口自由化对创新的正向影响的产生。

（3）市场需求和国内门槛。只要期望收益高于进入成本，企业就会进入市场，这一自由进入条件可表示为：

$$\int_{\phi_0} (B\theta\phi^{\sigma-1} - I(\theta) - f)dG(\theta) = f_e \tag{A4-9}$$

根据定义，边际本土企业（下标为 0）的收益刚好等于其固定生产成本。换句话说，零利润条件可表示为：

$$B\theta_0\phi^{\sigma-1} - I(\theta_0) = f \tag{A4-10}$$

在方程（A4-8）中插入产品质量水平 θ_0，由方程（A4-9）和方程（A4-10）这两个条件可以得到市场需求 B 和本土企业门槛值 ϕ_0。本土企业门槛值 ϕ_0 可表示为：

$$\phi_0 = \left(\frac{n^{\frac{1}{\sigma-1}}}{1-\frac{1}{n}}f\right)^{\frac{\sigma-1}{(\sigma-1)n}} B^{-\frac{1}{\sigma-1}}\alpha^{\frac{X}{(\sigma-1)n}} \tag{A4-11}$$

（4）外国企业门槛值。外国企业门槛值也是由零利润条件决定的，其中固定成本为出口固定成本 f_X^*，市场需求 $B^* = \frac{(\sigma-1)^{\sigma-1}}{\sigma^\sigma}P_M^{\sigma-1}M$。特别地，我们有：

$$\phi_X = \left(\frac{n^{\frac{1}{\sigma-1}}}{1-\frac{1}{n}}f_X^*\right)^{\frac{\sigma-1}{(\sigma-1)n}} B^{*-\frac{1}{\sigma-1}}\alpha^{\frac{X}{(\sigma-1)n}}\tau \tag{A4-12}$$

其中，τ 为从外国到本国的冰山运输成本。

(5) 产品质量的分布。我们可以从方程（A4-8）得出产品质量的分布。结合零利润条件［方程（A4-10）］，一个本土企业的最低产品质量可表示为：

$$\theta_0 = \left[\frac{f}{(n-1)\alpha^X}\right]^{1/n}$$

图 A4-1 描绘了贸易自由化发生之前产品质量的分布情况。分布形式是凸还是凹取决于替代弹性 σ 和用于提升产品质量的投资 n 的凹凸性。特别地，当 $\sigma > n$ 时这一分布是凸的。

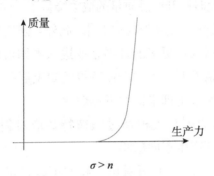

图 A4-1 质量分布

(6) 专利数。本土企业申请的专利总数是企业数量和每个企业的专利数量的乘积。后者显然取决于企业为提高产品质量而进行创新投资的水平，前者则取决于本土企业的门槛值 ϕ_0。

正如 Bustos（2011）和 Dhingra（2013）那样，方程（A4-8）表明，在一个大的市场（B 的值大）中，生产力更高的企业倾向于在创新上投资更多，申请更多的专利。然而，它们的决策也取决于学习效应（α^X），学习范围 X 越大（可供学习的对象越多），创新投资越多，企业申请的专利越多。

三、贸易自由化效应

在这部分，我们分析了本国单边削减关税对国内创新的影响。因为企业层面和行业层面的专利数量取决于有效市场规模 B 和学习范围 X，所以我们重点研究进口关税如何影响这两个变量。

引理 A4.1 降低进口关税会导致国内市场需求减少。

证明 当进口关税被削减时，消费者会转而把钱花在进口产品上〔见方程（A4-2）〕，导致对国内产品的需求减少。因此，有效市场规模 B 下降〔见方程（A4-7）〕。

引理 A4.2 降低进口关税会提高国内企业的学习能力。此外，这一学习效应在发明专利中最不明显，在外观设计专利中最明显。

证明 当贸易自由化发生时，对进口产品的需求会随之上升，方程（A4-12）表明外国企业进入本国市场的门槛值会下降。因此，外国企业的数量 X 增加，这给国内企业带来了更多的信息，帮助它们学习更多的东西。换句话说，此时提升产品质量的成本降低了〔注意，$f(\alpha, X)=\alpha^X$ 随着 X 的增大而减小，因为 $0<\alpha<1$〕。此外，随着外观设计专利和发明专利的参数 α 的增大，更多的外国企业进入本国市场使得申请外观设计专利的企业比申请发明专利的企业获得的知识更多。

我们将用上述两条引理来证明下述命题。

命题 A4.1 单边削减关税通过熊彼特效应对创新产生负向影响，通过溢出效应对创新产生正向影响。

证明 从方程（A4-8）可看出，我们可以将每个企业产品质量的变动分解为两部分：

$$\Delta\log\theta=\frac{1}{n-1}\Delta\log B+\frac{\log\alpha}{n-1}\Delta X$$

进而可得：

$$\frac{\partial\log\theta}{\partial\tau}=\frac{1}{n-1}\frac{\partial\log B}{\partial\tau}+\frac{\log\alpha}{n-1}\frac{\partial X}{\partial\tau}$$

根据引理 A4.1，在降低关税后熊彼特效应会减少专利数量，而根据引理 A4.2，在降低关税后溢出效应会增加专利数量。

由于存在上述两种相反的效应，进口自由化对创新的影响无法直接评估，因为它取决于哪种效应是主导力量。从上面的分解中我们可以看出，溢出效应的强度取决于学习参数 α。当这个参数的值接近 1 时，溢出效应可以忽略不计（$\log\alpha=0$）。在这种情况下，负的熊彼特效应更可能占据主导地位，进口自由化会减少衡量创新水平的专利数量。与之相对，当 α 接近 0 时，溢出效应的强度很大，更有可能占据主导地位。因此，当像中国这样的国家开放市场时，我们预计中国企业会更注重创新，进而使专利数量提高。这使我们提出以下假设：

假设 A4.1 当溢出效应不明显（更明显）时，进口关税的降低会使专利数量减少（增加）。

第五章 中间投入品进口与企业创新：互补还是替代？

内容提要：创新在经济增长中起着关键作用。本章研究降低上游中间投入品关税对国内企业创新活动的影响。上游中间投入品关税的降低对企业的创新决策有两种相反的潜在影响：可能会促进创新，因为创新活动的成本降低；可能会导致创新的减少，因为外国技术变得更便宜。本章使用 1998—2007 年的中国企业层面数据对此影响进行了实证检验，其中 2002 年因中国加入 WTO 中间投入品关税大幅削减。本章发现中间投入品关税的削减导致中国企业的创新活动减少。这些结论是通过双重差分模型得到的，在模型的各种设定检验中结果都是稳健的。本章对此发现提供了一个理论框架进行解释。

第一节 引 言

创新是经济增长的关键决定因素。美国总统奥巴马在 2014 年国情咨文中声称"今天全力以赴进行创新的国家，明天将主导全球经济"。在过去的几十年里，全世界都在争相创新，深化全球化。贸易自由化如何影响企业从事创新活动的动力？大量的文献研究涉及这一重要问题。现有的大多数研究是基于最终产品贸易，并证实贸易是推动创新的最重要因素之一（Kiriyama，2012）。与此相比，本章研究中间投入品关税削减对企业创新活动的影响。本章的研究基于中国企业层面数据。

国际贸易中占比越来越大的是资本品和中间投入品。在全球范围内，资本品占比从 1970 年的 21.0％增加到 2006 年的 26.5％，中间投入品占比同期从 7.5％增加到 13.0％（Onodera，2009）。2000—2006年，中国的资本品和中间投入品的进口总值分别增长了 151％和256％。另一个值得注意的变化是中国日益增长的创新。例如，中国在全球研发中的份额从 2000 年的 2.2％跃升至 2011 年的 14.5％。[①]2011 年中国接受的专利申请量居全球首位。因此，中国是研究中间投入品进口影响创新的良好案例。同时，中国急剧的贸易自由化也使自身成为对此类问题进行有效实证研究的良好案例。一方面，中国的平均中间投入品关税从 1998 年的 13.74％下降到 2007 年的 8.13％，在2001 年成为 WTO 成员后削减幅度最大。另一方面，不同行业的中间投入品关税削减程度也有很大的不同。利用加入 WTO 带来的大规模关税削减以及关税削减的跨行业差异这两个特点，本章使用双重差分（DID）模型来实证评估中间投入品关税削减对国内企业创新活动的影响。

在此背景下，本章的分析表明，中国削减中间投入品关税减少了企业以专利申请量来衡量的创新活动。这种负面效应在统计意义上是显著的，在经济意义上也是重要的：税率每降低 1％，就会导致创新率下降0.15％～0.28％。在不同的模型设定和模型关注点下这一发现都是稳健的。这一发现很有意思，因为它既不明显，也不在预期之内。

中间投入品关税的削减可能鼓励创新也可能阻碍创新。一方面，中间投入品关税的削减使企业能够购买更多品种和更高质量的中间投入品。这会降低企业进行创新的动机，因为企业可以通过更便宜的渠道（即进口中间投入品）提高生产效率或产出质量。另一方面，企业可以通过使用中间投入品进行研发。企业的创新活动可以从进口的中间投入品所蕴含的技术中获益。由此，创新成本的降低或创新效率的提高提升了企业进行创新的动机。本章的实证发现意味着，在中国削减中间投入

---

① Wertime, D., 2014. It's official: China is becoming a new innovation powerhouse. Foreign Policy. Feb. 6, 2014.

品关税对创新的降低效应强于对创新的提高效应。[①] 本章引入一个简单的理论模型来阐明相应的作用机制，发现在一些非常合理的条件下企业会因中间投入品关税的削减而进口更高质量的中间投入品，从而导致创新的减少。

据我们所知，这是第一个基于企业层面数据来研究中间投入品进口对创新的直接影响的研究。现有的相关文献主要分为两类。[②] 在第一类文献中，一些论文研究贸易自由化整体上对创新的影响，并没有特别研究中间投入品进口对创新的影响，因此它们的结论和机制与本章有很大的不同。一般来说，贸易会通过各种渠道对创新产生影响，如转让嵌入式技术、扩大市场规模、改变竞争、实现规模经济和产生溢出效应。这方面的例子包括 Baldwin and Gu（2004）、de Negri and Turchi（2007）、Almeida and Fernandes（2008）、Lileeva and Trefler（2010）、Aw et al.（2011）、Bustos（2011）和 Bloom et al.（2016）。[③] 特别是 Bloom et al.（2016）发现，来自中国的进口竞争导致欧洲企业的更多创新，但来自其他发达国家的进口竞争没有产生显著的影响。Almeida and Fernandes（2008）使用涵盖 43 个发展中国家的企业层面数据表明，平均 53% 的技术创新体现在新的机器或设备中，并通过出口和跨国企业从发达国家转移到发展中国家。de Negri and Turchi（2007）在对巴西和阿根廷的43 595 个企业进行分析后发现，一国的出口企业一般比非出口企业更具创新性，创新比例分别为 48% 和 36%。

第二类文献包括关于中间投入品进口对企业绩效影响的实证研究。[④]

---

① 长虹对进口技术的反应是一个很好的例子。它支持这一普遍的经验发现。长虹是中国的一家大型电视制造商。通过"模仿"，该公司在 20 世纪 80 年代初能够引进许多新的产品线。从 1986 年开始，日本电视制造商向中国市场倾销新一代彩电的生产线和关键部件。作为回应，长虹因为直接进口的成本低，所以停止自主研发，而只是购买日本的技术。

② Grossman and Helpman（1991）对贸易和创新之间的关系进行了非常全面的研究。最近的方法见 Atkeson and Burstein（2010）以及 Burstein and Melitz（2013）。

③ 早期的实证研究是基于国家层面或行业层面的数据。例如，Coe and Helpman（1995）发现，通过贸易产生了强大的国际研发外溢效应，其依据是一国的生产力增长不仅取决于国内的研发资本存量，也取决于外国贸易伙伴的研发资本存量。

④ 理论研究描绘了一幅清晰的图景（如 Ethier，1982）。企业的绩效可以从中间投入品的进口中得到改善，因为中间投入品的种类增加了，而且企业可以利用进口的中间投入品所蕴含的技术。

一些研究［Halpern et al.（2011）关于匈牙利企业的论文；Kasahara and Rodrigue（2008）关于智利企业的论文］发现，中间投入品的进口或关税下降有利于提高生产率。通过进口中间投入品，生产率可以通过三个渠道得到提高：学习、改进中间投入品质量和增加中间投入品种类。Amiti and Konings（2007）使用印度尼西亚制造业工厂层面的数据发现，中间投入品关税下降10%会导致进口企业的生产率提高12%，比产出品关税降低所引起的生产率升幅要高得多。Topalova and Khandelwal（2011）基于印度数据也发现了类似的结果。Goldberg et al.（2010）研究20世纪90年代印度贸易自由化的影响，发现国内企业扩大了产品范围，因为它们可以获得以前无法获得的新的中间投入品种类。大约31%的新产品是中间投入品关税降低的结果。Chevassus-Lozza et al.（2013）使用法国农业食品部门的企业层面数据发现，降低中间投入品关税增加了高生产率企业的出口销售额，但减少了低生产率企业的出口销售额。Bas（2012）表明，经历更大中间投入品关税削减的行业中的阿根廷企业进入出口市场的概率更高。Bas and Strauss-Kahn（2014）使用法国的数据发现，使用更多品种的进口的中间投入品会带来更高的全要素生产率和更大的出口范围。然而，并非所有的结果都是积极的。例如，van Biesebroeck（2003）发现，哥伦比亚企业通过使用进口的中间投入品并没有提高生产率。[①] Muendler（2004）也发现，巴西企业使用外国中间投入品对生产率的影响很小。

与本研究类似，一些研究也考察了中国中间投入品关税削减的影响，但重点不同。Yu（2015）使用2000—2006年的中国企业数据发现，中间投入品关税和产出品关税的降低都能提高加工贸易企业和非加工贸易企业的生产率。特别是中间投入品关税降低对生产率的影响比产出品关税降低对生产率的影响更为强烈。Ge et al.（2011）研究了中间投入品关税削减提高企业生产率的渠道，发现了支持学习、种类和质量机制的证据。Fan et al.（2015）和 Bas and Strauss-Kahn（2015）考察了中国中间投入品关税削减对出口商品质量的影响，发现质量升级明显。Feng et

---

① Zhang（2014）将生产力收益分解为静态收益和动态收益。动态收益来自进口商因进口中间投入品而增加的知识和/或创新。该研究用哥伦比亚的数据表明，动态收益比静态收益更重要。

al. (2016) 基于 2002—2006 年的中国企业层面数据，研究了企业进口和企业出口之间的联系。他们发现扩大中间投入品进口的企业会提高出口量，并扩大出口范围。所有这些研究表明，中间投入品进口影响企业绩效的渠道是进口的中间投入品所包含的技术或质量的提高。[①]

与第二类文献类似，本章也关注中间投入品的进口。然而，与所有这些研究不同的是，本章直接探讨贸易对创新的影响。这使本研究有别于第二类文献。当然，上述论文所研究的绩效指标并不独立于创新。例如，企业推出的新产品可能是企业产品研发的结果，企业产品质量的提高可能是企业专门针对质量提高的创新的结果。然而，这些措施并不等同于创新。这些绩效的改善可能是企业其他努力的结果，例如随着贸易自由化而改进的管理实践或组织形式，或者如 Ethier（1982）所示，由于中间投入品的种类增加和对嵌入进口的中间投入品的技术的利用，绩效的改善可能是中间投入品进口的结果。

即使认为良好的绩效是（或部分是）创新的结果，本研究的发现也与上述所有研究不同。例如，印度企业产品范围的扩大可以归因于企业更多的产品研发，印度尼西亚进口商的生产率提高是它们进行更多工艺研发的结果。虽然上述所有研究都发现中间投入品关税降低时创新会增加［除两个结果不明显的案例，即（van Biesebroeck，2003）和（Muendler，2004）］，但相比之下，本研究直接表明中国企业专利申请量的减少。这表明创新与其他绩效指标不同，单独探究贸易对企业创新的影响是很重要的。

创新是包括经济学和管理学在内的许多学科的一个重要课题。关于创新的文献强调的其中两个方面是创新的激励和创新的溢出/扩散。影响激励和溢出的因素包括知识产权保护、市场竞争、教育水平和制度。本章研究的问题可以被看作来自上游（中间投入品）的技术如何通过扩散影响下游的创新激励。从这个角度出发，本研究也与工业组织和管理文献讨论的"MAKE or BUY"问题有一定的联系。在 MAKE 决策中，

---

① Liu and Buck（2007）使用新产品销售作为创新的衡量标准，表明中国企业在进口更多的技术时增加它们的创新。Connolly（2003）使用 86 个国家 1965—1995 年的数据发现，从发达国家进口的高技术会增加国内的创新（也许通过最初的模仿），特别是对发展中国家而言。该研究认为这可能是通过逆向工程实现的创新。

企业在内部进行研发，开发自己的技术；在 BUY 决策中，企业从外部获得技术。Veugelers and Cassiman（1999）对这类文献进行了有益的回顾。一方面，MAKE 决策和 BUY 决策之间存在着替代性。这种观点是在交易成本经济学（Williamson，1985）和产权理论（Grossman and Hart，1986）的基础上形成的。使用外部技术有成本也有好处，因为它有助于降低创新成本和赢得时间，但不可避免地会产生交易成本或代理成本。另一方面，MAKE 决策和 BUY 决策之间存在着互补性。有人认为，内部研发可能有助于吸收、修改和改进企业购买的外部技术（Cohen and Levinthal，1989）。在现有文献中可以找到替代性和互补性的证据（Cassiman and Veugelers，2006；Lyons，1995）。在本研究中起作用的机制与 "MAKE or BUY" 的机制相关，但不完全相同。更廉价的中间投入品可以使 MAKE 决策的吸引力降低，因为进口商可以直接使用中间投入品所蕴含的技术，也可以使 BUY 决策的吸引力降低，因为研发成本变得更低。

本章的其余部分组织如下：第二节描述背景、所使用的估计策略和数据；第三节进行实证分析并讨论研究结果；第四节探讨基本机制；第五节提供结论性意见。

第二节　背景、实证策略与数据

一、中国的专利申请

与令人印象深刻的经济增长类似，中国国家知识产权局（SIPO）收到的专利申请也经历急剧的增长。根据世界知识产权局（WIPO）的数据，中国的专利申请量从 1985 年的 8 558 件增加到 2014 年的 928 177 件。尽管专利申请起步较晚且基数较小，但自 2011 年以来，中国已成为接受专利申请最多的国家，分别在 2010 年超过日本，在 2011 年超过美国。许多研究都试图为中国专利申请的爆炸式增长提供解释。Hu and Jefferson（2009）提出并检验解释专利申请量上升的五个因素，包括研发的强化、外商直接投资（FDI）的增长、专利法的修正、所有权的改革和产业结构的转变。

事实上，自1984年中国通过第一部专利法以来，除根据《与贸易有关的知识产权协定》（TRIPS）所做的修订外，中国还对该法进行了多次修正，包括1992年、2000年、2008年和2020年。有趣的是，早在加入WTO之前，中国在1992年对专利法的修正就将发明专利的保护期从15年延长到20年，即TRIPS的主要要求。因此，TRIPS发生作用的时间并不完全与中国加入WTO后的2002年关税降低的时间相吻合。

根据Future（2012）的定量研究，从1986年到2010年，国家知识产权局公布了210.6万件发明专利的申请，其中约53%来自中国境内的实体。2000—2010年的增长更为惊人，年均增长率为28.4%。国有企业在20世纪90年代中期之前是主要的企业发明者，但私营企业在后期成为主要的企业发明者。在地理上，创新的重心早年集中在三个城市（北京、上海和深圳），但后来扩散到全国各地。Future（2012）将中国专利申请现象级增长的驱动力归结为政策激励、研发支出增加、教育水平提高和众多行业的自由化等因素。

二、中国加入WTO

中国于20世纪70年代末开始进行经济改革并采取开放政策。在改革之初，经济仍然非常封闭。为了开放经济，中国政府推出一系列贸易自由化政策，包括下放外贸决策权，允许制造业企业直接从事进出口业务，减少进出口管制，取消进口配额，降低税率。为全面融入全球市场，对贸易自由化做出强有力的承诺，中国在20世纪80年代申请"复关"，并最终在2001年获准加入WTO。在漫长的谈判期间，中国曾多次单方面削减关税，而在加入WTO后的2002年，中国的关税削减幅度也非常大。中国的平均关税（包括中间投入品和最终产品）从1992年的42.9%下降到1996年的26.6%、2000年的17%，到加入WTO后的9.8%。

图5-1显示了1996—2007年中国中间投入品平均关税变化的时间趋势。图中显示，关税在1997年大幅下降，1997—2001年基本保持不变，2002年开始下降，直到2005年达到稳定状态。图5-1显示了所有行业中间投入品关税变化的一般趋势，在图5-2可以看到不同行业的

明显异质性。图 5-2 基于中国的 2002 年投入产出表对行业进行定义，显示了 2001 年中间投入品关税与入世前（1998—2001 年）和入世后（2002—2007 年）各行业中间投入品平均关税下降之间的关系。显然，由于加入 WTO，初始关税水平和关税变化之间存在着强烈的正相关关系，即初始关税水平较高的行业有较大的降幅。因此，入世后各行业的中间投入品关税水平较入世前更加趋向一致。

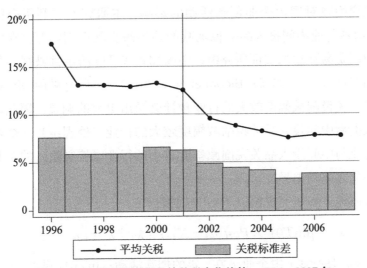

图 5-1　中国中间投入品的关税变化趋势：1996—2007 年

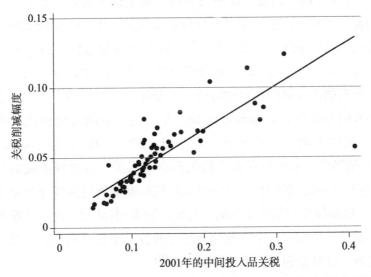

图 5-2　不同行业（投入产出表定义下）的中间投入品关税与关税削减幅度

中国的中间投入品关税削减为我们提供了一个很好的机会，来研究中间投入品关税削减在不同时期和不同行业的差异对企业行为的影响。

三、模型设定

本研究的分析基于 1998—2007 年这一时间段，目标是估计中间投入品关税削减对国内企业创新活动的影响。本研究通过利用中国加入WTO 后各行业中间投入品关税削减的差异来克服识别问题。在大多数使用中国贸易数据的实证研究中，中国加入 WTO 的事件被视为外生冲击（如 Fan et al.，2015；Bloom et al.，2016）。本研究采用 DID 模型进行估计。关税削减幅度较大的行业预计会做出更大的调整。因此，我们研究入世后中间投入品关税削减幅度较大的行业（处理组）的企业创新活动变化与中间投入品关税削减幅度较小的行业（控制组）的企业创新活动变化之间的差异。

具体地，本研究提出以下 DID 模型：

$$y_{fit} = \beta \ln T01_i \times Post02_t + X'_{fit}\gamma + \lambda_f + \lambda_t + \varepsilon_{fit} \tag{5-1}$$

其中，y_{fit} 是行业 i 中企业 f 在 t 年的创新活动；$\ln T01_i$ 是 2001 年行业 i 在生产中使用的中间投入品平均关税。鉴于这一初始关税水平与关税削减的程度正相关，它被用来衡量行业 i 因加入 WTO 而降低的中间投入品关税程度（见图 5-2）。$Post02_t$ 是入世后的指标，如果 $t \geqslant 2002$，则等于 1，否则为 0。λ_f 是企业固定效应，用于控制企业（以及行业和地区）所有的不随时间变化的特征。λ_t 是年份固定效应，用于控制所有行业共有的年度冲击，如经济周期。X_{fit} 是一组随时间变化的企业特征。ε_{fit} 是误差项。按照 Bertrand et al.（2004）和 Amiti and Konings（2007）的做法，我们将标准误聚类到企业层面，以处理潜在的异方差和序列相关问题。我们控制可能影响创新活动的随时间变化的企业特征（X_{fit}）。这些特征包括企业年龄、规模、资本-劳动比、出口状况和外国投资者拥有的股权。一个企业的创新可能有一个生命周期，因此，除线性项之外，还特别包括企业年龄的平方项。

我们的主要兴趣集中在参数 β 上。β 为正值表明中间投入品关税削减增加了企业的创新活动，β 为负值则表示相反的效果。从上述模型设定中得到主要的实证结果后，我们将进行一系列稳健性检验以证实这些发现。

四、关键变量

我们的实证模型（5-1）有两个关键的变量：企业层面的创新活动（因变量）和行业层面的中间投入品关税（关键解释变量）。

创新活动可以通过使用创新投入（如研发支出）或创新产出（如专利申请）来衡量。每种衡量方法都有不同的缺点和优点。专利申请通常被认为是衡量创新活动的更好方法，因为它能捕捉到创新努力的效率（包括可观察的投入和不可观察的投入），而研发支出只是创新的一种特定（可观察）投入，不能捕捉到创新的质量。按照一些研究（如 Aghion et al.，2009；Hashmi，2013；Hu and Jefferson，2009）的做法，本研究使用专利申请作为创新的衡量标准。

因变量是企业在某一年申请的专利数量。在处理过程中我们遇到大量的零专利申请的观测值，因为许多企业在某些年份没有申请任何专利。我们构建并使用经下列转换后的衡量标准作为因变量，即 $y_{fit} = \ln[Y_{fit} + (Y_{fit}^2 + 1)^{1/2}]$，其中 Y_{fit} 是行业 i 中的企业 f 在 t 年的专利申请总数，以避免存在过多观测值为零的问题。这种转换使我们能够保留所有零专利申请的观测值，并将 β 解释为专利申请的百分比变化。相对于如 $\ln(Y_{fit} + 1)$ 的其他对数转换，我们因 $\ln[Y_{fit} + (Y_{fit}^2 + 1)^{1/2}]$ 具有灵活性而更偏好这种转换。使用 $\ln(Y_{fit} + 1)$ 作为因变量的结果仍然是稳健的。[①]

关键解释变量是行业层面的中间投入品关税。我们按照 Amiti and Konings（2007）、Goldberg et al.(2010) 以及 Topalova and Khandelwal (2011) 使用投入产出表的方法来对指标进行衡量。具体来说，t 年行业 i（根据投入产出表的分类）的中间投入品关税被定义为行业 i 中间投入品关税的加权平均值，即：

---

① 我们的结果对使用替代变量的估计方法也是稳健的。这种方法特别适用于处理存在许多零专利申请的问题。这将在后面的稳健性检验中说明。

$$\ln T_{it} = \sum_j CostShare_{ij} \times OutT_{jt}$$

其中，$\ln T_{it}$ 是行业 i 在 t 年的中间投入品关税，$OutT_{jt}$ 是行业 j 在 t 年的产出品关税（按行业 j 所涵盖的 HS 六位码产品关税的简单平均计算），$CostShare_{ij}$ 是行业 j 在行业 i 的商品生产中所占的成本份额。$CostShare_{ij}$ 根据中国的 2002 年投入产出表计算。因此，我们的行业分类也是按照 2002 年投入产出表定义的。我们使用 2002 年的数据是因为中国的投入产出表每五年才发布，而 2002 年是样本期的中间年份。在此构建的基础上，我们定义 2001 年行业 i 的中间投入品关税为 $\ln T01_i \equiv \ln T_{i2001}$，作为实证研究的主要变量。①

正如 Amiti and Konings（2007）所指出的，使用投入产出表来构建中间投入品关税的一个缺点是，该表的行业分类是在高度综合的水平上进行的，因此所得到的中间投入品关税将是同一高度综合的水平。因此，为获得更细化的中间投入品关税，我们根据中国海关数据构建 $\ln T_{it}$，用行业 j 的进口占行业 i 总进口的份额来代表 $CostShare_{ij}$。在后一种衡量方法中，行业被定义为中国行业分类（CIC）的四位码水平。虽然这种衡量方法有其他缺点（例如，中间投入品的进口受到关税的影响，而且份额没有考虑到来源于国内的中间投入品），但它的优点是更加细化，因此被用于稳健性检验。

五、数 据

我们的实证分析基于企业层面经营信息、企业层面创新信息和行业层面中间投入品关税等。为此，我们人工组合三个数据来源来构建独特的数据集。

第一个数据来源是国家统计局的制造业企业年度调查。该数据集包括 1998—2007 年的所有年份，是中国最全面的企业层面数据集，涵盖

---

① 在本研究考虑的时期内，中国普遍存在中间投入品补贴。然而，如果不了解补贴的细节，就无法构建精确或有效的中间投入品关税。可能是因为这个困难，所有其他关于中国（和许多其他发展中国家）的论文都简单地忽略了补贴，本研究也如此。然而，只要补贴与关税削减不密切相关，结果就不会有系统性的偏差。补贴问题导致我们在样本中排除了加工贸易企业，因为它们以关税豁免的形式获得了最大的补贴。

所有年销售额超过 500 万元（约 80 万美元）的国有企业和大型非国有企业。该数据集的企业数量变化范围从 20 世纪 90 年代末的 14 万多个到 2007 年的 33.6 万多个。企业来自中国 31 个省份和所有制造业行业。该数据集提供每个企业的详细信息，包括正式名称、行业和地点，以及基于企业财务报表的企业经营和业绩的大部分指标，如年龄、就业、资本、中间投入品、新产品销售和所有权。

按照 Cai and Liu（2009）的做法，我们根据公认会计原则的基本规则剔除观测数据来清理这个数据集。特别地，我们将观察到以下情况的企业从数据中剔除：（1）流动资产大于总资产；（2）固定资产总额大于总资产；（3）固定资产净值大于总资产。我们剔除了工人少于 8 人的企业，因为它们属于不同的法律制度（Brandt et al.，2012），成立年份明显错误的公司（例如，晚于 2007 年或早于 1900 年），以及非制造业企业（即根据中国行业分类系统，属于采矿、烟草和公用事业行业的企业）。

加工贸易在中国很普遍。然而，我们将加工贸易企业从数据中删除，原因有二。首先，根据政府的政策，加工贸易被免除中间投入品和材料的进口关税。无论是在入世前还是在入世后，加工贸易企业的有效中间投入品关税都是零。因此，中间投入品关税的降低对它们没有直接影响。其次，加工贸易企业可能有非常不同的生产函数、进出口行为和创新动机，因为它们由外方提供技术、中间投入品或产品设计。[1] 不同企业从事加工贸易的程度不同。我们剔除加工出口占总出口比例高于 0.5 的制造业企业。[2]

第二个数据来源是国家知识产权局。国家知识产权局数据集包含自

---

[1]　Ge et al.（2011）和 Yu（2015）在研究中国中间投入品关税削减的生产力效应时，将加工贸易企业作为 DID 估计的控制组。我们认为就创新而言，加工贸易企业并不是其他制造业企业的适当控制组，因为这两类企业在本质上没有可比性，应该不存在共同的创新趋势。因此，使用加工贸易企业作为控制组将导致有偏估计。例如，如果加工贸易企业不进行任何创新，而其他制造业企业的创新存在上升趋势，那么使用加工贸易企业作为控制组将大大高估关税削减的影响，甚至可能使估计值的符号由负转正。

[2]　一个企业的加工出口比例是使用中国海关数据计算的。该数据报告了每个出口商的出口类型信息。我们在计算中把一个企业在 2000—2006 年的出口集中在一起，以获得平均加工出口比例。我们的结果对使用年度比例（而不是平均比例）来识别加工贸易企业是稳健的。剔除那些加工出口比例高于 0.9 的制造业企业，结果也是稳健的。

1985 年以来每项专利申请的详细信息，包括申请日期、申请人的正式名称和地址、专利名称以及根据中国专利法分类的专利，即申请的是发明专利、实用新型专利还是外观设计专利。

关于使用国家知识产权局数据的一些评述是必要的。一般来说，衡量创新活动是困难的。OECD（2009）的报告很好地描述了使用专利作为衡量创新的优势和劣势。除专利申请数据外，还有其他类型的数据可用来衡量创新，但有些数据几乎不可能获得，而有些数据甚至不如专利申请数据令人满意。

首先，研发支出可以衡量创新投入，但研发支出数据只有 2001—2003 年和 2005—2007 年的，因此不利于我们的 DID 估计，因为加入WTO 前的数据只有一年。[1] 此外，当提供各种补贴计划时，研发支出数据也会严重失真，中国的情况就是如此。专利申请活动确实可能被政府政策所扭曲，但出现这种问题的程度是相对小的。对专利的激励方面，Li（2012）对专利补贴计划等区域层面的各种政策举措进行了描述。补贴计划最重要的部分是对专利申请的补贴，不同地区的补贴额度不同，但平均来说，每项专利申请的补贴额度只有几百元（此时 1 美元兑 6.7 元）。相比之下，政策对研发具有巨大的激励作用。例如，被列为高新技术企业的企业可以获得企业所得税税率从标准税率 25％降至仅15％的优惠。此外，符合标准的企业可以获得 150％的符合条件的研发费用的企业所得税税前扣除。根据普华永道（2015），研发行为的轻微改变可能会导致更多符合条件的研发税收优惠。因此，我们预计研发支出数据的失真要比专利申请数据严重得多。[2]

其次，中国在国外的专利申请和/或授予是一个很好的替代方案。因为正如 Holmes et al.（2015）所认为的那样，它可能反映更多天才式

---

① 尽管研发支出数据存在这一缺陷，我们仍尝试在同一回归模型中用研发支出代替专利申请，发现研发支出对进口关税削减的反应与专利申请具有相同的符号（负），但在统计上不显著。然而，我们不想根据这一分析得出任何结论，除非有更长时期的研发支出数据。这要留待可获得数据的未来进行研究。

② 在中国，关于研发和专利之间的关联性一直存在争议。Hu and Jefferson（2009）发现专利和研发之间的联系很弱，但 Dang and Motohashi（2015）认为，专利数量与研发投入和财务产出相关，因此专利统计数据是创新的有意义的指标。依照这次讨论，我们也根据样本检验企业的研发支出和专利申请之间的关系，发现企业的研发投资增加了它们的专利申请。

的创新。这类数据可以在 WIPO 数据集中获取。然而，将 WIPO 的数据与国家统计局的数据联系起来几乎是不可能的。[①] 事实上，在总体水平上，我们发现中国居民在国外申请的专利总数与中国居民申请的所有专利的比例在一段时间内非常稳定，而且非常小，在 1999—2013 年，最低为 3.50%，最高为 5.70%，平均为 4.66%。此外，Wunsch-Vincent et al.(2015) 表明，中国的外国专利集中在少数技术领域和少数企业，主要是在信息技术领域。因此，在研究中使用这些数据的价值并不高。

我们利用国家统计局和国家知识产权局数据中的共同信息进行匹配。具体来说，我们使用企业的正式名称合并这两个数据集，然后使用企业的位置信息对匹配结果进行二次检验。我们的匹配结果相当好，原因有二。首先，根据国家统计局的报告，在 2004—2006 年中国约有 8.8% 的制造业企业申请专利。在同一时期，我们的匹配数据集中的企业数量约占国家统计局数据集中企业总数的 4%。这是一个相当好的匹配，因为国家统计局的数据集非常大（清理后有超过 130 万个观测值）。其次，我们的匹配技术是基于企业的名称和位置，而且对所有行业和整个样本期（入世前后）都使用相同的技术。因此，各行业的不匹配程度似乎与各行业的中间投入品关税降低程度不相关。这在很大程度上缓解了在匹配过程中可能产生的估计偏差。

第三个数据来源是世界综合贸易解决方案（WITS）数据库。该数据库由世界银行维护，包含 HS 六位码水平的关税数据。[②] 该数据在不同年份采取不同版本的 HS 编码，我们使用联合国统计司的匹配表将数据统一转换成 HS02 版本。我们利用这个数据集和中国的 2002 年投入产出表来计算行业层面的中间投入品关税。

我们通过合并这三个数据集来构建独特的数据集。匹配的数据集为 337 257 个企业的非平衡面板，共有约 130 万个观测值，包括 1998—2007 年详细的专利申请信息和企业特征。

在稳健性检验中，我们需要确定企业的加工贸易状态（即企业是否为加工贸易企业）和进口状态（即企业是否直接进口中间投入品），这

---

① 这两个数据集没有共同的标识符；WIPO 只包含英文名称，国家统计局只包含中文名称。

② WITS 数据库没有提供 2002 年的数据，我们从 WTO 获得 2002 年的数据。

需要从另一个数据来源即中国海关数据（2000—2006 年）中获取信息。因此，我们也采用与 Yu（2015）相同的方法将中国海关数据与国家统计局数据合并。中国海关数据包含中国企业进行的每一笔国际贸易交易的最详细信息，包括 HS 六位码水平的产品编码、价值和数量。这些数据也使我们能够进行机制检验。

Ge et al.（2011）和 Yu（2015）使用中国海关和国家统计局的合并数据，而我们只是用合并数据进行稳健性检验。具体来说，它们的分析局限于直接进口的制造业企业，我们称之为直接进口商。它们的研究忽略了大量不直接进口的制造业企业，我们称之为非直接进口商。非直接进口商可能从中间商那里购买进口的中间投入品，并在生产中使用这些中间投入品。正如 Goldberg et al.（2010）所指出的，使用直接进口商样本可能会导致偏差。在主要分析中，我们使用国家统计局的整个数据集。因此，我们的分析将提供一幅更完整的中间投入品关税削减如何影响企业创新的图景。[1]

表 5-1 列出了本研究使用的主要变量的描述性统计。总的来说，一家中国制造业企业平均每年申请 0.15 项专利。从入世前到入世后，专利申请明显增加。由于加入 WTO，中间投入品和产出品的关税明显下降。几乎所有的企业层面表现和行业特征都得到改善。2001 年后，行业竞争程度也有所增加。

表 5-1　描述性统计

	全样本(1)	入世前(2)	入世后(3)	二者之差(3)-(2)	定义
Patent	0.150 7 (0.008 9)	0.069 8 (0.003 7)	0.178 7 (0.012 0)	0.108 9 (0.020 5)	专利总数
Invention	0.046 5 (0.008 0)	0.007 3 (0.001 5)	0.060 1 (0.010 7)	0.052 8 (0.021 83)	发明专利数量
Utility	0.046 7 (0.001 2)	0.022 5 (0.001 3)	0.055 1 (0.001 5)	0.032 6 (0.002 7)	实用新型专利数量

[1] 使用整个样本的一个相关问题是一些非进口商可能不使用任何进口的中间投入品。这种可能性会使中间投入品进口的影响向下偏移。我们确实发现对进口商的影响比对非进口商的影响更大，如本章第三节所示。

续表

	全样本 (1)	入世前 (2)	入世后 (3)	二者之差 (3)−(2)	定义
Design	0.057 4 (0.001 6)	0.040 0 (0.002 1)	0.063 4 (0.002 0)	0.023 4 (0.003 7)	外观设计专利数量
Input tariff	0.099 6 (0.000 9)	0.128 5 (0.001 6)	0.082 1 (0.000 9)	−0.046 4 (0.001 7)	中间投入品关税
Age	10.102 2 (0.010 2)	13.790 3 (0.024 9)	8.826 4 (0.010 3)	−4.963 9 (0.022 8)	企业年龄
Age squared	234.009 7 (0.515 6)	393.757 6 (1.316 0)	178.750 2 (0.511 7)	−215.007 4 (1.164 5)	企业年龄的平方项
Exporting	0.278 4 (0.000 4)	0.265 1 (0.000 8)	0.283 0 (0.000 5)	0.017 9 (0.000 9)	企业出口状态指标
ln*Labor*	4.784 1 (0.001 0)	5.009 6 (0.002 0)	4.706 2 (0.001 1)	−0.303 5 (0.002 2)	企业雇佣量的对数
ln(*Capital/ labor*)	3.293 6 (0.001 2)	3.052 9 (0.002 4)	3.376 4 (0.001 4)	0.323 5 (0.002 8)	资本-劳动比的对数
Foreign share	0.064 1 (0.001 2)	0.051 8 (0.000 3)	0.068 3 (0.000 2)	0.016 4 (0.000 5)	外国投资者的股权
TFP	2.468 8 (0.001 1)	2.203 1 (0.002 1)	2.561 0 (0.001 2)	0.357 9 (0.002 4)	企业生产率
Output tariff	0.132 8 (0.001 6)	0.170 0 (0.003 0)	0.110 2 (0.001 6)	−0.059 8 (0.003 1)	产出品关税
SOE share	0.167 2 (0.003 2)	0.286 3 (0.005 5)	0.094 9 (0.002 8)	−0.191 4 (0.005 6)	国企比例
ln(*FIE no.*)	3.719 5 (0.027 0)	3.380 5 (0.043 9)	3.920 9 (0.033 4)	0.540 5 (0.055 0)	外企数量的对数
HHI	0.052 0 (0.001 5)	0.054 7 (0.002 5)	0.050 4 (0.001 9)	−0.004 3 (0.003 1)	赫芬达尔-赫希曼指数

注：括号内为标准误。

一个潜在的担心是关键解释变量，即 2001 年的中间投入品关税对个别企业来说是否为外生的。这种担心通常是合理的，但我们通过对中国贸易自由化实际进程的观察而使其得到缓解。如图 5-1 所示，在 1998—2001 年平均关税和关税标准差都变化甚微。这一特点意味着关税的稳定性不仅适用于行业平均水平，也适用于个别行业。因此，2001 年的中间投入品关税主要是由 1997 年的前一轮贸易自由化决定的。也就是说，2001 年的关税是在我们的样本期之前预先确定的，似乎并没有受到入世前创新活动的影响。这一发现可以从数据中得到证实。按照 Goldberg et al. (2010) 的做法，我们将入世前的行业创新活动对 2001 年的关税进行回归，发现 2001 年的关税与创新活动不相关 [见表 5 - 2 的第 (1) 列]。如第 (2) ～第 (5) 列所示，其他工业表现也与 2001 年的中间投入品关税不相关。这一独立结果对入世后的中间投入品关税削减（而不是 2001 年的初始关税）也是成立的。这一观察结果意味着，要么进口中间投入品的使用者在 1998—2001 年没有投入足够的精力进行游说，要么进口中间投入品使用者的游说是无效的。

表 5 - 2　中间投入品关税与入世前工业指标的关系

	(1) ln(patent)	(2) Output	(3) Output share of domestic firms	(4) Value-added per capita	(5) Capital-labor ratio
2001 年中间 投入品关税	−1.674 8 (1.271 3)	−0.063 6 (0.111 8)	−0.007 2 (0.035 3)	0.035 7 (0.077 6)	−0.104 1 (0.089 7)
观测值数量	280	280	280	280	280
R^2	0.005 8	0.001 0	0.000 2	0.000 7	0.003 1
中间投入品 关税削减	0.220 4 (3.312 5)	0.383 3 (0.344 9)	−0.013 0 (0.084 1)	0.021 1 (0.180 7)	−0.145 1 (0.278 6)
观测值数量	280	280	280	280	280
R^2	0.000 0	0.004 7	0.000 1	0.000 0	0.000 8

注：各列的因变量为 1998—2001 年相应的工业业绩指标增长率。括号内为稳健标准误。

中国加入 WTO 的事件通常被认为是一个外生的冲击，至少对单个企业来说如此。因此，一些研究如 Fan et al. (2015) 和 Bloom et al. (2016) 将其作为外生变量来代表中国的贸易自由化。我们也采取这种方法。

第三节　实证分析和结论

一、主要结果

表 5 - 3 列出了基于 DID 设定 [见公式 (5 - 1)] 的回归结果，并逐步

表5-3　基准回归结果

	(1) ln(patent)	(2) ln(patent)	(3) ln(patent)	(4) ln(patent)	(5) ln(patent)	(6) ln(patent)	(7) ln(patent)	(8) ln(patent)
lnT01×Post02	−0.155 5*** (0.018 9)	−0.156 1*** (0.019 0)	−0.151 6*** (0.019 4)	−0.188 6*** (0.020 3)				
DlnT×Post02					−0.284 7*** (0.054 9)			
Input tariff						0.185 3*** (0.040 5)		
lnTA01×Post02							−0.028 6** (0.011 6)	
FIT01×Post02								−0.023 1** (0.010 9)
企业层面控制变量								
Age		−0.001 4*** (0.000 3)	−0.001 4*** (0.000 3)	−0.001 1*** (0.000 2)	−0.001 1*** (0.000 2)	−0.001 1*** (0.000 2)	−0.001 1*** (0.000 3)	−0.000 8*** (0.000 2)
Age squared		0.000 0*** (0.000 0)	0.000 0*** (0.000 0)	0.000 0*** (0.000 0)	0.000 0*** (0.000 0)	0.000 0*** (0.000 0)	0.000 0*** (0.000 0)	0.000 0*** (0.000 0)
Exporting		0.011 0*** (0.001 6)	0.011 0*** (0.001 6)	0.010 9*** (0.001 6)	0.010 9*** (0.001 6)	0.010 9*** (0.001 6)	0.010 9*** (0.001 7)	0.010 7*** (0.001 8)
ln(Labor)		0.022 5*** (0.001 1)	0.022 5*** (0.001 1)	0.022 8*** (0.001 1)	0.022 8*** (0.001 1)	0.022 8*** (0.001 1)	0.021 4*** (0.001 1)	0.019 6*** (0.001 1)
ln(Capital/labor)		0.004 7*** (0.000 5)	0.004 7*** (0.000 5)	0.004 7*** (0.000 5)	0.004 7*** (0.000 5)	0.004 7*** (0.000 5)	0.004 4*** (0.000 5)	0.003 9*** (0.000 5)

续表

	(1) ln(patent)	(2) ln(patent)	(3) ln(patent)	(4) ln(patent)	(5) ln(patent)	(6) ln(patent)	(7) ln(patent)	(8) ln(patent)
Foreign share		-0.001 0 (0.003 5)	-0.001 0 (0.003 5)	-0.001 2 (0.003 5)	-0.001 2 (0.003 5)	-0.001 3 (0.003 5)	-0.002 2 (0.003 7)	0.000 2 (0.004 6)
行业层面控制变量								
Output tariff			0.015 1 (0.013 2)	-0.002 4 (0.013 3)	0.003 9 (0.013 3)	-0.009 0 (0.014 7)	0.017 2 (0.013 5)	0.014 8 (0.013 2)
SOE share				-0.088 9*** (0.011 4)	-0.078 5*** (0.011 1)	-0.078 1*** (0.011 1)	-0.071 2*** (0.011 7)	-0.065 3*** (0.011 4)
ln(FIE no.)				0.000 6 (0.001 0)	0.001 0 (0.001 0)	0.000 4 (0.001 0)	0.000 7 (0.001 1)	0.000 7 (0.001 1)
企业固定效应	Yes	Yes	Yes	Yes	Yes	Yes	Yes	Yes
年份固定效应	Yes	Yes	Yes	Yes	Yes	Yes	Yes	Yes
观测值数量	1 280 731	1 270 473	1 270 473	1 268 326	1 268 326	1 268 326	1 162 812	1 084 519
R^2	0.511 7	0.513 2	0.513 2	0.514 1	0.514 0	0.514 0	0.514 9	0.507 8

注：括号内为聚类到企业层面的稳健标准误。*** 和 ** 分别表示 1% 和 5% 的显著性水平。

引入控制变量。所有的估计结果都表明，中间投入品关税降低导致企业创新下降。第（1）列只控制企业固定效应和年份固定效应，我们发现 $\ln T01_i \times Post02_t$ 的系数在统计意义上显著为负。负号表明，在中国入世后，中间投入品关税削减更多（$\ln T01_i$ 更高）行业的企业进行的创新更少。在第（2）列，我们纳入一些可能影响创新活动的随时间变化的企业特征，如年龄、规模、资本-劳动比、出口状况和外国投资者的股权。显而易见，中间投入品关税削减对创新的负面影响在这些额外的控制下是非常稳健的。至于控制变量的影响，我们发现历史较短、雇佣量较大或资本-劳动比较高的企业有更多的创新。出口商也比非出口商有更多的创新，这与现有文献的结论一致（例如，Baldwin and Gu，2004）。然而，外资控股的影响在统计意义上并不显著。在第（3）～第（8）列，在引入其他控制变量和使用关键解释变量的替代指标时，这些结论也是稳健的。

中国加入 WTO 带来中间投入品和产出品关税的变化。产出品关税的变化可能会影响中国的市场竞争，从而影响企业的创新动力。在第（3）列，我们增加对产出品关税的控制。我们发现，$\ln T01_i \times Post02_t$ 的系数仍然是负的，而且在统计上显著，幅度与第（1）～第（2）列非常相似。产出品关税对创新的影响在统计上是不显著的，即使引入额外的控制变量和使用关键解释变量的替代指标［在第（5）～第（8）列］也是如此。[①] 换言之，中间投入品关税削减比产出品关税削减对企业创新活动的影响更强。这种比较与研究企业生产率的文献相似。例如，Amiti and Konings（2007）将降低中间投入品关税的效果与降低产出品关税的效果分开，发现在印度尼西亚中间投入品关税降低的效果至少是产出品关税降低的两倍。

如果中国在加入 WTO 时期存在其他任何政策改革，可能会对我们的处理组和控制组产生不同的影响。这些政策改革的效果将被 DID 估计包含。在这种情况下，公式（5-1）的回归结果将不是纯粹的中间投入

---

① 最终产品的进口竞争如何影响创新是一个不同的研究主题。Bloom et al.（2016）对这一研究思路进行了很好的回顾。该研究通过实证研究发现，贸易自由化导致欧洲从中国进口更多，会增加欧洲企业的创新。由于效果取决于竞争的来源，即出口国，我们的发现（不显著的结果）只代表产出品关税下降的平均效果。

品关税削减的效果。事实上，在 21 世纪初发生了两项重要的改革：国有企业改革和放宽外商直接投资准入。这些改革是持续进行的，分别在20 世纪 80 年代和 90 年代开始，并在中国加入 WTO 后加速。国有企业改革导致大规模的私有化，关闭小型国有企业，并提高保留的（大型）国有企业的效率。新的外商直接投资法规放宽了外资准入要求，减小了限制外资投资的行业范围。这些改革可能会对处理组和控制组产生不同的影响。然而，为控制这两项政策改革可能带来的混杂影响，我们在DID 估计中加入两个额外的控制变量：国企比例（国有企业数量占国内企业总数的比例）和外企数量的对数。第（4）列的回归结果表明，中间投入品关税降低对创新的负面效应仍然存在。国企比例较高的行业的企业往往进行较少的创新，可能是因为国有企业平均进行较少的创新，或者国有企业在市场上的存在挤占私营企业的创新活动。然而，外资企业的存在对国内企业的创新活动没有显著影响。

到目前为止，我们用 2001 年的中间投入品关税 $\ln T01_i$ 来表示中国加入 WTO 后的关税削减程度。[①] 我们有充分的理由使用这一衡量指标作为关键的解释变量，而不是将年度中间投入品关税或实际中间投入品关税削减与 $Post02_t$ 交互。首先，入世后的关税削减时间表是在 2002 年发布的，该时间表可能是内生的，因此，淘汰过程可能被企业所利用（Guadalupe and Wulf，2010）。其次，中国的初始中间投入品关税是预先确定的。因此，在分析中，Amiti and Konings（2007）也采用初始关税作为实际关税变化的工具变量。然而，尽管我们对 $\ln T01_i$ 的选择是合理的，我们仍然想检验如果使用这些替代指标，结果是否会有质的不同。我们首先用实际的中间投入品关税变化来代替 $\ln T01_i$，表示为 $D\ln T_i$。我们定义 $D\ln T_i = \ln T_{i1998-2001} - \ln T_{i2002-2007}$，其中 $\ln T_{i1998-2001}$ 是 1998—2001 年的中间投入品平均关税，而 $\ln T_{i2002-2007}$ 是 2002—2007 年的中间投入品平均关税。在第（5）列，我们用 $D\ln T_i \times Post02_t$ 代替 $\ln T01_i \times Post02_t$ 来进行回归。中间投入品关税下降的效果在统计上仍然是显著为负的，甚至比使用 $\ln T01_i$ 的效果更强。然后，我们用年度中间投入品关税（表示为 $Input\ traiff$）来作为关键回归变量，即用

① 使用 1998—2001 年的平均关税或 1998 年的关税会产生类似的结果。这些结果可应要求提供。

Input traiff 取代 $\ln T01_i \times Post02_t$，进行简单的 OLS 回归。第（6）列显示了回归结果。$\ln T_{it}$ 的系数是正的，而且在统计上显著。这表明较低的中间投入品关税导致创新的显著减少。这两个结果与主要 DID 估计在定性上是一致的。

本章遵循文献的一个普遍做法（如 Goldberg et al.，2010），利用中国的投入产出表来计算行业层面的中间投入品关税。然而，正如前面所指出的，这种方法是有局限性的，因为得到的中间投入品关税只是高度综合的水平。我们需要找到一种不依赖投入产出表的方法来获得更细化的按行业分类的中间投入品关税。我们采取的方法是使用根据中国海关数据构建的进口份额作为权重，而不是使用根据投入产出表构建的成本份额，来计算 CIC 四位码行业水平的加权平均中间投入品关税，表示为 $\ln TA01_i$。用 $\ln TA01_i$ 代替 $\ln T01_i$，用这个新的 $\ln TA01_i$ 进行回归。第（7）列报告了回归结果。中间投入品关税的降低对创新的影响仍然是负的，而且在统计上显著。

虽然行业层面的中间投入品关税通常被用来代表贸易自由化，但企业的生产和相应的决策不会受到生产不使用的中间投入品的关税变化的影响。出于这个原因，使用特定企业的（或企业层面的）中间投入品关税是可取的，即只考虑与企业相关的关税。我们遵循 Yu（2015）的做法，计算每个企业的加权平均中间投入品关税（$FIT01_i$），其中企业在最初一年的每项投入的进口被用来构建权重。[①] 然而，这一方法只适用于直接进口商。对于非直接进口商，我们使用 CIC 四位码行业中同一行业的所有直接进口商的特定企业中间投入品关税的平均值，同时放弃所有的加工贸易企业。我们使用加入 WTO 前特定企业关税（即 2000 年和 2001年的特定企业关税）的平均值作为初始关税，以保留尽可能多的特定企业关税观测值。我们用 $FIT01_i \times Post02_t$ 来代替 $\ln T01_i \times Post02_t$ 作为感兴趣的回归变量。第（8）列报告了回归结果。主要结果是稳健的。[②]

---

①　有关构造的详情参见 Yu（2015）。

②　然而，在这种方法中直接进口商只占整个样本企业的 1% 左右。这个直接进口商样本如此小，是因为这些企业必须在 2000 年或 2001 年就存在并直接进口（2001 年之后有许多新的企业），而许多中国企业通过中间商使用进口的中间投入品。例如，我们的样本显示，在 2000—2006 年 22.73% 的中国普通进口是通过中间商进行的。因此，我们认为在主要分析中使用这 1% 的企业的关税是不具有代表性的。

综上所述，我们发现中间投入品关税的削减会减少企业的创新。这一发现在统计上是显著的，并且对各种模型设定和不同的中间投入品关税衡量指标是稳健的。这种影响在经济上也是显著的。例如，在以实际关税削减作为关键回归变量的设定中系数为 -0.2847，由中国入世导致的平均 4.64% 的中间投入品关税削减使企业的专利申请量减少 0.0132。这种减少是相当显著的，因为整个样本的平均专利申请量为 0.1507。也就是说，由于中间投入品关税削减，企业的专利申请量下降了 8.76%。

二、DID 设定的有效性

表 5-3 报告的估计值的可靠性取决于 DID 设定的有效性。我们在此进行一系列有效性检验。表 5-4 展示了这些检验的回归结果，以证实 DID 设定的有效性。

表 5-4 不同模型设定的有效性

	(1) $\ln(patent)$ 灵活估计设定	(2) $\ln(patent)$ 特定行业时间趋势	(3) $\ln(patent)$ 入世前时期	(4) $\ln(patent)$ 加工贸易企业 1	(5) $\ln(patent)$ 加工贸易企业 2
$\ln T01 \times Post02$		-0.1981^{***} (0.0215)		-0.3630 (0.6725)	-0.2775 (0.2099)
$Input\ tariff$			-0.0485 (0.0535)		
$\ln T01 \times Year_{1999}$	0.0263 (0.0224)				
$\ln T01 \times Year_{2000}$	0.0101 (0.0230)				
$\ln T01 \times Year_{2001}$	-0.0739^{***} (0.0255)				
$\ln T01 \times Year_{2002}$	-0.1275^{***} (0.0272)				
$\ln T01 \times Year_{2003}$	-0.1645^{***} (0.0280)				
$\ln T01 \times Year_{2004}$	-0.2133^{***} (0.0313)				

续表

	(1) ln(patent) 灵活估计设定	(2) ln(patent) 特定行业时间趋势	(3) ln(patent) 入世前时期	(4) ln(patent) 加工贸易企业 1	(5) ln(patent) 加工贸易企业 2
$\ln T01\times$ $Year_{2005}$	$-0.270\,4^{***}$ $(0.032\,6)$				
$\ln T01\times$ $Year_{2006}$	$-0.341\,4^{***}$ $(0.033\,5)$				
$\ln T01\times$ $Year_{2007}$	$-0.393\,8^{***}$ $(0.034\,9)$				
企业层面 控制变量	Yes	Yes	Yes	Yes	Yes
行业层面 控制变量	Yes	Yes	Yes	Yes	Yes
企业固定 效应	Yes	Yes	Yes	Yes	Yes
年份固定 效应	Yes	Yes	Yes	Yes	Yes
观测值 数量	1 268 326	1 268 326	323 879	89 316	131 293
R^2	0.514 2	0.514 1	0.612 7	0.814 5	0.650 0

注：括号内为聚类到企业层面的稳健标准误。 *** 表示1%的显著性水平。

（一）灵活估计设定

在主要的 DID 模型中，我们使用一个时间虚拟变量 $Post02_t$ 来区分入世前和入世后，根据交互项 $\ln T01_i\times Post02_t$ 的系数可以得到平均处理效果。它比较处理组和控制组在入世前和入世后的平均差异。这种方法的一个缺点是没有考虑年与年之间的变化。因此，我们现在比较整个时期内每年处理组和控制组之间的差异，以弥补这一缺陷。具体来说，我们使用一种灵活估计设定，用 $\ln T01_i$ 和年度虚拟变量之间的一系列交互项取代交互项 $\ln T01_i\times Post02_t$，即 $\ln T01_i\times Year_t$，t 表示 1999 年至 2007 年。表 5-4 第（1）列报告了结果。2001 年以前的估计系数在统计上是不显著的，但从 2001 年开始，每年的系数都变为负数，并且在统计上显著，幅度也变得更大。这些结果清楚地表明了入世前两组的相似性、中间投入品关税削减的创新减少效应以及该效应的增加趋势。

（二）特定行业时间趋势

在 DID 估计中，我们假设在 $(X_{fit}, \lambda_f, \lambda_t)$ 不变的条件下处理组和控制组的创新活动遵循相同的时间趋势。这一假设使我们能够将控制组的创新活动作为入世后处理组的反事实。然而，不同行业（或不同组别）的创新趋势可能是不同的，因为它们可能受到特定行业混杂因素的影响。在通常情况下，这个问题可以通过控制行业-年份固定效应来处理，但在这里不能这样做。因为我们的实证模型的关键回归变量（即 $\ln T01_i \times Post02_t$）仅仅定义在行业-年份层面，所以排除将行业-年份固定效应纳入回归的可能性。同时为检验未观察到的特定行业因素是否会使我们的估计出现偏差，我们在模型（5-1）中加入一个特定行业的线性时间趋势 $\lambda_i \times t$，以控制所有未观察到的以线性时间趋势的形式影响企业创新的行业特征。关键解释变量的回归结果在表 5-4 的第（2）列给出。系数为 -0.1981，且在统计上显著。因此，我们的估计值不受任何未观察到的行业趋势影响。

（三）安慰剂检验一：入世前时期

根据 Topalova（2010）的做法，我们进行第一个安慰剂检验，检验入世前时期（1998—2001 年）的中间投入品关税对企业创新的影响。检验成功的前提是，由于关税在这一时期没有太大的变化，不应发现中间投入品关税对创新有任何显著影响；如果结果相反，则表明存在一些潜在的混杂的行业因素（除入世外）在推动创新。因此，我们在公式（5-1）中用 *Input tariff* 代替 $\ln T01_i \times Post02_t$，并对入世前的样本进行回归。表 5-4 的第（3）列给出了回归结果。*Input tariff* 的系数在统计上并不显著。因此，我们可以排除存在潜在的驱动创新可能性的混杂因素。

（四）安慰剂检验二：加工贸易企业样本

在第二个安慰剂检验中，我们使用加工贸易企业样本来运行回归模型（5-1）。由于加工贸易企业在整个时期享有零中间投入品关税，它们的创新决策应该不会受到中国入世后中间投入品关税削减的影响，使用加工贸易企业样本来估计的关税削减效应应该不明显。我们使用两个标准来定义加工贸易企业。一个是所有加工出口与总出口平均比例大于90%的企业，另一个是所有加工出口与总出口平均比例大于50%的企业。加工出口比例是根据中国海关数据计算出来的。

第（4）列和第（5）列分别给出以90%和50%为标准的回归结果。显然，$\ln T01_i \times Post02_t$的系数在这两种情况下都非常不显著，假设得到证实。这一检验表明，入世后，当且仅当进口的中间投入品确实受到关税下调的影响时，制造业企业才会调整其创新活动以应对中间投入品关税下调。

三、稳健性检验

我们进一步检验结果的稳健性以解决可能存在的其他问题。大部分结果在表5-5给出。

（一）产业竞争

市场竞争会影响创新活动这一事实在关于创新的文献中是众所周知的。在主模型中，我们已经考虑中国降低产出品关税导致的进口竞争的变化。我们通过在模型中加入赫芬达尔-赫希曼指数（HHI）来进一步控制整体的行业竞争。新的变量HHI_{it}是行业i在t年的HHI。第（1）列显示结果对包含这个竞争变量是稳健的。

（二）出口机会

在1998—2007年，中国进行大规模的贸易自由化，其他国家也出现贸易自由化。当外国降低对中国产品的关税时，中国出口商的市场机会就会增加，这也可能促使它们调整创新决策。我们以两种方式处理这个问题。首先，通过增加一个行业层面的出口总额项来控制出口扩张机会。回归结果在第（2）列报告。我们发现，行业出口对企业创新活动的影响是积极和显著的（系数为0.004 2）。更重要的是，关键变量$\ln T01_i \times Post02_t$的系数仍然是负的，并且在统计上显著。其次，为分离出口扩张效应，使用非出口企业样本进行回归。结果见第（3）列。主要结果对这部分企业也是成立的。

（三）知识产权保护

在主要分析中，我们已经控制国有企业私有化和外商直接投资准入

表 5－5　稳健性检验

	(1) ln(patent) 全样本	(2) ln(patent) 全样本	(3) ln(patent) 非出口企业	(4) ln(patent) 产品生命周期	(5) ln(patent) 生产单一行业产品	(6) ln(patent) 长期存活企业	(7) ln(patent) 两期估计	(8) ln(patent) 企业生产率	(9) ln(patent) 企业规模
$\ln TO1 \times Post02$	-0.1887^{***} (0.0203)	-0.1851^{***} (0.0205)	-0.1151^{***} (0.0185)	-0.1971^{***} (0.0227)	-0.1737^{***} (0.0210)	-0.2000^{***} (0.0203)	-0.1627^{***} (0.0273)	-0.1919^{***} (0.0212)	-0.1776^{***} (0.0202)
HHI	-0.0037 (0.0402)								
$IndExp$		0.0042^{***} (0.0013)							
$T_i \times Post02$				-0.0087^{***} (0.0031)					
$Post02$							0.0210^{***} (0.0039)		
$\ln(Output/labor)$								0.0131^{***} (0.0007)	
企业层面控制变量	Yes	Yes	Yes	Yes	Yes	Yes	Yes	Yes	Yes
行业层面控制变量	Yes	Yes	Yes	Yes	Yes	Yes	Yes	Yes	Yes
企业固定效应	Yes	Yes	Yes	Yes	Yes	Yes	Yes	Yes	Yes
年份固定效应	Yes	Yes	Yes	Yes	Yes	Yes	Yes	Yes	Yes
观测值数量	1 268 326	1 267 582	913 640	973 993	1 174 680	572 405	475 172	1 195 919	1 268 326
R^2	0.514 1	0.514 1	0.511 0	0.519 5	0.510 0	0.449 7	0.791 3	0.513 6	0.515 6

注：括号内为聚类到企业层面的稳健标准误。第（9）列的回归包含一系列初始劳动力规模与年份虚拟变量的交互项。*** 表示 1% 的显著性水平。

放松管制的情况。这些情况发生在中国加入 WTO 期间，可能会影响估计结果。同期的另一个重要政策变化对创新的影响更为明显。那就是按照 TRIPS 的要求加强知识产权保护。可能有人认为 TRIPS 对创新的平均影响已经被年份虚拟变量所控制，但我们仍然可以探讨该政策对不同行业的差异性影响。如 Bilir（2014）所示，一个行业受知识产权保护变化影响的程度与行业的产品生命周期长度相关。受这一观察的启发，我们通过加入产品生命周期长度和入世虚拟变量的交互项来控制 TRIPS 的行业差异效应。产品生命周期长度的数据可以从 Bilir（2014）获得，但我们需要将 Bilir（2014）的 SIC 行业代码与 CIC 行业代码进行匹配。由于 Bilir（2014）对产品生命周期长度的测量只适用于有限的行业，所以当我们加入这个控制变量时会损失大量的观测值。

根据 Bilir（2014）的做法，我们在检验中也使用不同产品生命周期长度的衡量标准，即平均生命周期长度，基于每个引用滞后分布的第 75 个和第 85 个百分位的生命周期长度。第（4）列报告了使用平均生命周期长度的结果。我们的结果是稳健的，使用其他产品生命周期长度指标得到的结果也是稳健的，表中省略了这些指标。

（四）多产品企业

许多企业生产跨越不同行业的产品。[①] 因此，我们的因变量（即企业的专利申请总数）可能涵盖经历不同程度的中间投入品关税削减的行业。因此，原有的分析将造成对中间投入品关税削减对企业创新影响的不精确估计。所以，为检验我们的结果是否受到这个问题的干扰，我们把分析限制在所生产的产品都属于同一三位码行业的企业样本上。[②] 我们根据这个"生产单一行业产品"的企业样本运行模型（5-1），发现中间投入品关税削减对创新的影响仍然是负的，并且在统计上显著，如第（5）列所示。[③]

---

① 请注意，每个企业在国家统计局的调查中只报告所属的一个行业，即使它是一个横跨多个行业的多产品企业。

② 我们从国家统计局获得了 2000—2006 年的产品层面数据，其中包含了每个企业生产的每种产品（定义为五位码产品水平）的信息。由于产品层面的数据和国家统计局的数据使用相同的企业身份，我们可以很容易地匹配这两个数据集，并识别出生产的所有产品均只属于一个三位码水平行业的企业。

③ 一些企业可能会在样本期改变地点或行业归属。尽管这些企业非常少，而且我们已经控制企业固定效应，但我们单独对没有这种变化的企业样本进行回归时发现结果类似。

（五）长期存活企业

我们从表5-1的汇总统计中注意到，企业的平均年龄有所下降。这一观察意味着大量的企业在2001年后进入。我们从数据中也观察到有大量的企业退出。如果新进入的企业和/或退出的企业有不同的专利申请行为，先前的估计结果也可能捕捉到企业的选择效应，而不是中间投入品关税削减的真实效应。因此，为检验我们的估计是否由企业的进入和退出驱动，我们把重点放在长期存活企业样本上（即入世前和入世后都存在的企业）。结果见第（6）列。我们仍然发现了中间投入品关税削减的负效应，而且幅度变得更大，这意味着进入和退出的选择并没有推动我们的研究结果。如果有的话，它最多会导致估计值有向下的偏差。

（六）两期估计

DID估计和由此产生的统计推断关键取决于标准误的准确性。我们的主要回归遵循Bertrand et al.(2004)的做法，将标准误聚类到企业层面。作为稳健性检验，我们使用另一种方法，但也是根据Bertrand et al.(2004)的建议来计算标准误。我们首先将面板结构分成两个时期（入世前和入世后），然后使用White-robust标准误。回归结果见第（7）列。结果与之前得到的结果在定性上一致。

（七）企业生产率

具有不同生产率水平的企业可能有不同的能力或动机进行创新。回顾一下，在主要分析中，我们在所有的回归中包括企业固定效应，即控制所有企业层面的不随时间变化的特征，包括初始生产率和其他可能影响创新的因素（如企业文化）。然而，生产率随着时间的推移而变化。因此，为进一步控制生产率对创新的影响，我们还在模型中引入企业的当期生产率。在这个稳健性检验中，我们使用劳动生产率（产出/劳动的对数）来代表企业的生产率。结果报告在第（8）列。我们的关键发现仍然是稳健的，且结果还显示生产率较高的企业更具有创新性，与已有文献的结论一致。

（八）企业规模

由于投资回报不同，不同规模的企业可能有不同的激励来进行创新。不同规模的企业也可能有不同的创新趋势。因此，为检验引入对不同规模的不同趋势的控制是否会影响我们的估计，我们在回归中加入一系列初始劳动力规模（以反映企业规模）和年份虚拟变量的交互项。结果在第（9）列报告。我们发现核心估计值在考虑规模因素后依旧是稳健的。[①]

（九）替代估计方法

在主模型中，我们使用 OLS 方法来估计中间投入品关税削减对企业创新的影响。现在我们用其他估计方法来检验我们的结果。

第一，使用固定效应泊松模型。表 5-6 的第（1）列报告了结果（系数为发生率比率）。我们仍然得到了中间投入品关税削减对企业专利申请的显著负效应。然而，只有 98 868 个观测值（约占整个样本的7.8%）留在回归中，因为在面板数据的这种非线性回归中所有只有一个观测值的企业或所有专利申请为零的企业都被自动剔除。

第二，为弥补固定效应泊松模型带来的严重数据损失问题，我们也使用随机效应泊松模型，保留所有的观测值。检验结果与主回归结果非常相似，如表 5-6 第（2）列所示。

第三，企业可能会以一种先后顺序的方式做出创新决策。也就是说，它们首先决定是否创新，然后再决定创新程度。在这种情况下，两阶段模型更合适。我们要检验结果对这种两阶段模型是否为稳健的。要做到这一点，需要一个影响企业创新决策但不影响企业创新程度决策的排除变量。按照 Sanyal aand Ghosh（2013）的做法，我们在第一阶段固定效应 Logit 回归中使用每个企业自 1995 年以来的专利存量（用$lnpatentr95$ 表示）作为排除限制，以专利指标为因变量。然后，在第二阶段中，我们加入第一步中的逆米尔斯比率来修正回归潜在的选择偏差。两阶段模型的结果在表 5-6 的第（3）列和第（4）列报告。结果显示，过去的创新行为会影响当前的创新决策，并且存在创新的选择效应。最重要的是，中间投入品关税的削减明显降低创新的可能性和强度。然而，该检验存在一个与固定效应泊松模型类似的问题，就是在第一阶段回归中遇到显著的观测值损失。

---

① 请注意，在表 5-5 的第（9）列我们没有报告新引入的交互项的系数，否则，表格会太长。回归结果显示，所有这些交互项的系数都是正的，而且在统计上显著。这意味着大企业总是更有创新性。

表 5 - 6 替代估计方法

	(1) Patent FE Poisson	(2) Patent RE Poisson	(3) Patent indicator 1st step	(4) ln(patent) 2nd step	(5) ImpStart 1st step	(6) ln(patent) 2nd step
lnT01×Post02	-3.321 8*** (1.160 9)	-3.504 0*** (0.786 2)	-2.051 5*** (0.566 0)	-0.827 5** (0.328 2)	0.038 4*** (0.014 6)	
ImpStart						-3.322 3*** (1.161 4)
Age	-0.016 (0.011 9)	-0.011 6 (0.009 7)	-0.031 1*** (0.005 7)	-0.013 1*** (0.003 2)	0.001 7*** (0.000 2)	0.004 6*** (0.001 4)
Age squared	0.000 2 (0.000 2)	0.000 2 (0.000 2)	0.000 4*** (0.000 1)	0.000 2*** (0.000 1)	-0.000 0*** (0.000 0)	-0.000 1*** (0.000 0)
Exporting	-0.021 7 (0.061 4)	0.040 2 (0.056 3)	-0.005 6 (0.043 2)	0.001 (0.023 1)	0.023 1*** (0.001 5)	0.075 9*** (0.017 6)
ln(Labor)	0.644 6*** (0.083 7)	0.779 5*** (0.053 2)	0.175 8*** (0.033 7)	0.154 4*** (0.019 4)	0.022 0*** (0.001 0)	0.080 8*** (0.016 6)
ln(Capital/labor)	0.105 0*** (0.040 6)	0.236 1*** (0.030 6)	-0.013 7 (0.019 8)	0.040 3*** (0.011 8)	0.003 5*** (0.000 4)	0.013 6*** (0.002 8)
Foreign share	-0.335 9* (0.197 4)	-0.200 4 (0.162 7)	-0.148 9 (0.095 2)	0.034 6 (0.049 3)	0.017 6*** (0.005 0)	0.052 3*** (0.014 9)
Output tariff	0.082 1 (1.121 9)	0.007 1 (0.768 6)	0.848 5** (0.413 5)	-0.253 4 (0.241 3)	-0.011 7 (0.010 6)	-0.023 8 (0.024 2)
SOE share	-1.160 8* (0.612 2)	-1.010 4** (0.501 1)	-0.116 1 (0.253 8)	-0.427 5*** (0.146 0)	0.145 2*** (0.010 0)	0.375 9*** (0.107 6)

续表

	(1) Patent FE Poisson	(2) Patent RE Poisson	(3) Patent indicator 1st step	(4) ln(patent) 2nd step	(5) ImpStart 1st step	(6) ln(patent) 2nd step
ln(FIE no.)	−0.090 8 (0.072 0)	−0.129 1*** (0.045 8)	0.042 4 (0.027 7)	0.028 4* (0.015 8)	0.003 8*** (0.000 9)	0.010 7*** (0.003 2)
lnpatentr95			4.584 6*** (0.043 2)			
Lambda				−0.678 2*** (0.033 9)		
观测值数量	98 868	1 268 326	96 201	31 127	870 661	870 661
R^2				0.763 8	0.663	
企业数量	17 241	335 998	16 446			309 713

注：括号内为聚类到企业层面的稳健标准误。***、** 和 * 分别表示 1%、5%和 10%的显著性水平。

165

综上所述，我们的研究结果对替代的非线性回归模型是稳健的，尽管使用这种回归的成本很高（即观测值的大量损失）。

（十）进口行为

在关注中间投入品贸易自由化对创新的影响之后，我们现在转向中间投入品进口和创新之间的直接关系。具体来说，我们检验专利申请的减少是否发生在企业开始进口之后，或者换句话说，中间投入品关税的削减是否通过企业进口行为的变化来影响企业创新。因此，我们使用两阶段的 IV 回归方法来研究中间投入品关税削减是否影响企业的进口行为（第一阶段回归），以及改变后的进口行为是否反过来影响企业的创新行为（第二阶段回归），用中间投入品关税削减作为进口行为的工具变量。由于需要企业的进口行为信息来实施这一方法，我们将国家统计局的数据与 2000—2006 年的海关数据结合起来，从海关数据中确定每个企业每年的进口状况，并定义一个虚拟变量 $ImpStart_{ft}$，表示企业 f 在 t 年是否开始进口中间投入品。该虚拟变量在企业开始进口之前的年份等于 0，之后等于 1。我们将样本限制在最初的非直接进口商，也就是在进入样本的第一年没有进口的企业。表 5-6 的第（5）列和第（6）列报告了 IV 回归的结果。第一阶段和第二阶段的结果显示，中间投入品关税削减增大了进口中间投入品的可能性，但接下来进口中间投入品可能性的增大减少了创新。

四、异质性影响

企业在许多方面是异质的，企业创新也是如此。我们接下来探讨中间投入品关税削减可能对创新产生的异质性影响。结果见表 5-7。

（一）创新的类型

我们的数据包含关于创新类型的详细信息。中国专利法将专利分为三类，即发明专利、实用新型专利和外观设计专利。获得这三种专利的要求不同。获得发明专利最难，获得外观设计专利最容易。因此，提出中间投入品关税的削减对这些创新的影响是否有明显差异这样的问题也是合理的。第（1）～第（3）列报告了基于三种创新中每一种的回归结果。我们发现中间投入品关税的削减会大大减少所有类型的创新。

表5-7 异质性影响

	(1) Invention 全样本	(2) Utility 全样本	(3) Design 全样本	(4) ln(patent) 低资本-劳动比	(5) ln(patent) 高资本-劳动比	(6) ln(patent) 低企业生产率
lnT01×Post02	-0.082 1*** (0.008 2)	-0.102 7*** (0.010 9)	-0.046 4*** (0.016 0)	-0.096 1 (0.064 3)	-0.356 4*** (0.053 3)	-0.026 7 (0.022 8)
企业层面控制变量	Y	Y	Y	Y	Y	Y
行业层面控制变量	Y	Y	Y	Y	Y	Y
企业固定效应	Y	Y	Y	Y	Y	Y
年份固定效应	Y	Y	Y	Y	Y	Y
观测值数量	1 268 326	1 268 326	1 268 326	357 154	334 867	112 972
R^2	0.487 1	0.492 8	0.469 0	0.483 7	0.563 0	0.376 0

	(7) ln(patent) 高企业生产率	(8) ln(patent) 国企	(9) ln(patent) 私企	(10) ln(patent) 外企	(11) ln(patent) 直接进口商	(12) ln(patent) 非直接进口商
lnT01×Post02	-0.296 3*** (0.051 6)	-0.127 2*** (0.046 6)	-0.147 6*** (0.023 0)	-0.267 8*** (0.060 5)	-0.324 6*** (0.119 2)	-0.092 8*** (0.018 0)
企业层面控制变量	Y	Y	Y	Y	Y	Y
行业层面控制变量	Y	Y	Y	Y	Y	Y
企业固定效应	Y	Y	Y	Y	Y	Y
年份固定效应	Y	Y	Y	Y	Y	Y
观测值数量	771 325	116 023	902 130	250 173	112 983	843 283
R^2	0.553 5	0.499 6	0.525 9	0.547 2	0.687 2	0.546 2

注：括号内为聚类到企业层面的稳健标准误。*** 表示1%的显著性水平。

167

（二）资本密集度

不同行业在许多方面存在差异，可能会影响企业对中间投入品关税削减的反应。资本-劳动比（简称资本密集度）是创新的一个决定因素，在不同行业之间有很大的差异。我们通过分别使用高资本密集度的行业样本和低资本密集度的行业样本重新进行回归来确定我们的主要结果是否对行业的资本密集度敏感。我们计算入世前每个 CIC 四位码行业的资本-劳动比（这些年比率的简单平均值）来构建这两个样本。低资本密集度行业组包括所有资本密集度低于整个样本第 25 个百分位的行业，高资本密集度行业组包括所有资本密集度高于整个样本第 75 个百分位的行业。第（4）列报告低资本密集度行业组的回归结果，第（5）列报告高资本密集度行业组的回归结果。我们发现中间投入品关税的降低对两组企业的创新都有负面影响。对高资本密集度行业的企业的影响比对低资本密集度行业的企业强。这种比较与高资本密集度行业的企业进行更多的创新从而受减税影响更大的事实是一致的。

（三）与技术前沿的距离

Aghion et al.（2009）认为，与世界技术前沿的距离是决定企业应对市场竞争做出创新决策的一个重要因素。我们探讨中间投入品关税的降低是否也会导致与世界技术前沿有不同距离的企业做出不同的反应。

我们根据入世前企业的平均全要素生产率（TFP）将样本分为五个量级。[①] 分位数的构建基于 CIC 四位码行业水平。我们分别对第一分位数企业样本（即远离前沿的企业）和第五分位数企业样本（即接近前沿的企业）进行回归。第（6）列和第（7）列报告了回归结果。我们发现，对于低生产率企业来说，中间投入品关税的降低对创新的影响是不显著的，而对于高生产率企业来说，其影响是显著为负的。造成这种差异的一个可能的原因是，低生产率企业在生产中不会使用很多进口的中间投入品，也不积极从事创新。因此，它们的创新活动对中间投入品关税的变化不敏感。

[①] 全要素生产率是使用 Levinsohn and Petrin（2003）的方法在 CIC 二位码行业水平上进行估计的，并有附加值、就业、固定资产和中间投入的信息。所有名义变量都使用 Brandt et al.（2012）的平减指数进行平减。

（四）所有权类型

就所有权结构而言，中国主要存在三种类型的企业：国有企业、私营企业和外商投资企业。外商投资企业是指部分或全部由外国资本在中国设立的所有商业实体。它们包括中外合资企业和外商独资企业。确定不同所有权结构的企业是否对降低中间投入品关税有不同的反应将是一项有趣的检验。第（8）～第（10）列分别显示国有企业、私营企业和外商投资企业的结果。所有类型的企业在面临中间投入品关税降低时都大幅减少创新：对国有企业的负面效应是最弱的，也许是因为国有企业的创新动机对市场和成本条件的反应较弱；对外商投资企业的影响最强，可能是因为它们在生产和创新方面更依赖进口的中间投入品。

（五）直接进口商和非直接进口商

我们将企业分为直接进口商和非直接进口商。直接进口商是指直接进口中间投入品的企业。直接进口商直接受到中间投入品关税削减的影响，非直接进口商可能间接受到影响，因为后者可能向中介机构购买进口的中间投入品。Amiti and Konings（2007）表明，印度尼西亚的直接进口商比非直接进口商受关税削减的影响更大。我们通过分别使用直接进口商和非直接进口商的样本进行回归，研究在印度尼西亚企业中观察到的差异是否也存在于中国企业。第（11）～第（12）列分别显示对直接进口商和非直接进口商的影响。我们发现这两类企业都减少了创新，而直接进口商比非直接进口商减少得更多。

第四节　一个简单的模型和证据

为什么中间投入品的关税削减会减少企业创新？为理解这一有趣的观察，我们先从高度简化的虚构模型中推导出一个解释。我们把平衡分析（结果的证明）放到了附录。然后，我们进行进一步的实证分析，发现结果与模型的主要预测一致，为模型提供支持。[①]

[①]　Kugler and Verhoogen（2012）提出的内生投入和产出质量选择模型也可以修改，为关于企业如何通过调整决策来应对中间投入品关税削减提供解释。

一、模型和结果

假设一个企业的产品需求为 $P(y)$，其中 y 是数量，P 是价格，$P'(y)<0$。生产需要国内的中间投入品，表示为 d，也需要进口的中间投入品，表示为 x。假设生产函数的形式如下：$y=f(x, d)\theta(\beta, r)$，其中 $f(\cdot)$ 是一个通常的生产函数，$\theta(\cdot)$ 代表生产率，是进口中间投入品质量 β 和企业创新 r 的增函数。令 P^d 为国内中间投入品的价格，令 $P^x(\beta)$ 为进口中间投入品的价格，是产品质量的增函数。P^r 为创新活动的进口中间投入品价格，τ 为中间投入品关税。

给定 $P^x(\beta)$、P^r、P^d 和 τ，企业的优化问题是：

$$\max_{\{\beta, r, x, d\}} \left[P(y)y - \tau P^x(\beta)x - \tau P^r r - P^d d \right]$$

假设优化的二阶条件成立，我们用下标来表示偏导数。

命题 5.1： 假设 θ_r 或 $\dfrac{P^{x'}}{P^x}$ 足够小，且 $\theta_{\beta\beta}>0$，那么，中间投入品关税（τ）的降低将导致进口中间投入品质量（β）的提高，但将导致创新（r）的减少。企业的生产率（θ）将提高。

当 τ 减小时，三个决策变量，即 x、β 和 r，存在许多可能的最佳反应组合。由于价格效应（现在更便宜），所有三个变量都增大的可能性是非常大的。然而，我们发现了一个有趣的（有点令人惊讶的）结果：r 减小。这种减小伴随着 β 的增大。直觉实际上是非常清楚的。从推论的分析中可以看出 θ_r 的条件和 $\dfrac{P^{x'}}{P^x}$ 的条件是相对的。因此，根据 θ_r 和 $\dfrac{P^{x'}}{P^x}$ 都小的条件来理解这个结果是一个更好的选择。在这种情况下，虽然所有的东西（x 和 r）都比较便宜，但把钱最有效地用于提高产出和利润仍然是一个关切的问题。因为增加创新对生产率的边际改善（θ_r）很小，质量较高的进口中间投入品的价格提高的百分比 $\left(\dfrac{P^{x'}}{P^x}\right)$ 也很小，但使用质量较高的进口中间投入品来进一步提高生产率的效果会增加（$\theta_{\beta\beta}>0$）。通过减少创新来提高中间投入品的质量会提高利润，因为相当于这些中间投入品在提高生产率过程中对创新起到替代作用。

提高进口中间投入品质量（β）和进口数量（x）对减少创新的影响不太清楚。随着生产率的提高（$\theta_\tau < 0$），增加投入的边际收入会上升，因此 x 应该上升。然而，如果进口成本（τP^x）也因为更高质量的进口中间投入品而增加，那么 x 将有下降的趋势。我们的分析表明，在命题5.1所述的条件下，为应对关税削减，x 可能增大或减小。

二、经验证据：质量还是数量？

我们现在转向进一步的实证分析，以确定上面提出的机制是否模拟了企业的中间投入品进口如何对关税削减做出反应。具体而言，我们探究中间投入品关税削减如何影响中间投入品进口的价值（不包括关税）、数量和质量（或价格，不包括关税）。

我们可以从海关数据中获得 HS 六位码水平的详细进口信息，因此我们的回归是在一个更细分的水平上进行的。在进行回归之前，我们首先剔除所有的加工品进口，进行数据的处理。然后，我们使用联合国统计司的 BEC 分类来确定中间投入品的进口。这种分类法要求我们用联合国统计司的协调表将2002年以前所有年份的产品归属转换为HS02 版本。

按照 Goldberg et al.（2010）的做法，我们根据以下模型进行回归分析（针对进口价格、数量和价值）。

$$y_{ijt} = \alpha Tariff01_i \times Post02_t + \lambda_i + \lambda_t + \lambda_j \times t + \varepsilon_{ijt}$$

其中，y_{ijt} 是 t 年行业 j（HS 二位码水平）的进口中间投入品 i（HS 六位码水平）价格、数量和价值的对数；$Tariff01_i$ 是 2001 年中间投入品 i 的关税；$Post02_t$ 是前面定义的加入 WTO 的虚拟变量；ε_{ijt} 是稳健误差项。我们在所有回归中都控制产品固定效应（λ_i）和年份固定效应（λ_t）。由于各行业可能有不同的时间趋势，我们进一步控制 HS 二位码水平的特定行业线性时间趋势（$\lambda_j \times t$）。

回归结果在表 5-8 中报告。对于每个因变量，我们分别对中国从所有国家、从经合组织成员和从非经合组织成员进口的中间投入品总额进行回归。

表 5-8 对进口价格、数量和价值的影响

	Import price			Import quantity				Import value			
	(1)	(2)	(3)	(4)	(5)	(6)	(7)	(8)	(9)	(10)	(11)
	全样本	OECD 成员	非 OECD 成员	全样本	OECD 成员	非 OECD 成员	OECD 成员占比	全样本	OECD 成员	非 OECD 成员	OECD 成员占比
$Tarif01 \times Post02$	0.004 6***	0.006 3***	0.006 3***	−0.012 3***	−0.012 9***	−0.021 8***	0.000 4	−0.007 2***	−0.006 3**	−0.013 5***	0.000 7**
	(0.001 4)	(0.001 5)	(0.001 4)	(0.003 0)	(0.003 0)	(0.003 8)	(0.000 4)	(0.002 8)	(0.003 1)	(0.003 7)	(0.000 3)
年份固定效应	Y	Y	Y	Y	Y	Y	Y	Y	Y	Y	Y
HS 六位码产品固定效应	Y	Y	Y	Y	Y	Y	Y	Y	Y	Y	Y
HS2 趋势项	Y	Y	Y	Y	Y	Y	Y	Y	Y	Y	Y
观测值数量	25 212	24 845	23 533	25 212	24 845	23 533	24 855	25 233	24 876	23 576	24 876
R^2	0.967 6	0.964 2	0.945 9	0.924 0	0.917 6	0.891 4	0.666 6	0.905 8	0.905 6	0.849 9	0.687 0

正如命题 5.1 所预测的，如果 θ_r 或 $\dfrac{P^{x\prime}}{P^x}$ 足够小，我们认为这对中国来说是相当合理的。那么，为应对中间投入品关税的削减，企业可能会从进口低质量的中间投入品转为进口高质量的中间投入品。在这种情况下，进口价格会更高，因为质量高意味着价格高。这一观点得到第（1）~第（3）列的证实。[①] 然而，对进口数量的预测就没那么清楚了。这取决于其他条件。我们的结果显示，进口数量会下降，如第（4）~第（6）列所报告的。由于价格提高而数量减少，价值的变化一般是模糊的。然而，我们发现，进口价值也在下降，如第（8）~第（10）列所示。

另一种表示中间投入品质量的方法是看出口方。经合组织成员的出口代表更高的质量。虽然数量和价值都在下降，但从经合组织成员进口的中间投入品份额在数量上〔第（7）列〕和价值上〔第（11）列〕都在增加，为质量升级提供了进一步的支持。

由于中间投入品在 BEC 分类中被分为中间产品和资本产品，我们也分别检验这两类中间投入品，结果相似。

第五节 总 结

长期以来，贸易对创新的影响一直是学术界和政策界的一个热门话题。中间投入品的贸易在世界经济中变得越来越重要。我们研究中间投入品贸易自由化对企业创新的影响。这是对新兴文献的补充。这些文献从生产率、产品范围和产品质量等不同角度研究中间投入品贸易自由化对企业绩效的影响。

我们利用中国在 2001 年加入 WTO 的准自然实验和中国企业的丰富数据，发现中国的中间投入品关税削减减少了中国企业的创新。这一结果对一系列模型设定是稳健的，而且在统计上和经济上都显著。

中间投入品进口对企业创新产生负面效应的驱动力是高质量的中间

---

① 这一发现是对 Bas and Strauss-Kahn（2015）的补充，但有一个重要的区别。Bas and Strauss-Kahn（2015）发现，相对于加工贸易企业，普通贸易企业在贸易自由化后会提高进口质量。在这里，我们表明，在普通贸易企业中，那些面临更高的贸易自由化强度的企业会更多地提高它们的进口质量。

投入品进口会替代企业的内部创新。从理论上讲，中间投入品进口可以成为内部创新的补充，因为高质量的中间投入品有助于降低创新成本。相反，来自国外的更便宜的中间投入品可以作为对企业创新的替代，因为企业可以购买而不是制造这些中间投入品。我们的经验证据表明，中间投入品关税的削减导致企业选择更少进口，但会选择更高质量的中间投入品，从而减少创新。

虽然这些结果有些令人惊讶，但它们与其他关于中间投入品关税削减对中国企业其他方面绩效的影响的研究结果并不冲突，如生产率（Yu，2015）和出口质量（Bas and Strauss-Kahn，2015；Fan et al.，2015）。一个能够产生所有这些结果并提供一个明确机制的一般理论框架具有令人瞩目的潜力。这样一个模型也将有助于预测我们发现的负面效应能否在其他国家发现。我们也鼓励对其他国家关于中间投入品贸易自由化对创新影响的经验进行进一步的实证研究，如 Goldberg et al.（2010）关于印度的研究。

参考文献

Aghion, P., Blundell, R., Griffith, R., Howitt, P., Prantl, S., 2009. The effects of entry on incumbent innovation and productivity. Rev. Econ. Stat. 91 (1), 20 - 32.

Almeida, R., Fernandes, A. M., 2008. Openness and technological innovations in developing countries: Evidence from firm level surveys. J. Dev. Stud. 44 (5), 701 - 727.

Amiti, M., Konings, J., 2007. Trade liberalization, intermediate inputs, and productivity: Evidence from Indonesia. Am. Econ. Rev. 97, 1611 - 1638.

Atkeson, A., Burstein, A., 2010. Innovation, firm dynamics, and international trade. J. Polit. Econ. 118, 433 - 484.

Aw, B. Y., Roberts, M. J., Daniel, Y. U., 2011. R&D investment, exporting, and productivity dynamics. Am. Econ. Rev. 101, 1312 - 1344.

Baldwin, J., Gu, W., 2004. Trade liberalization: Exporting-market participation, productivity growth and innovation. Economic Analysis Research Paper Series No. 027,

Bas, M., 2012. Input-trade liberalization and firm export decisions: Evidence from Argentina. J. Dev. Econ. 97, 481 - 493.

Bas, M., Strauss-Kahn, V., 2014. Does importing more inputs raise exports? Firm-level evidence from France. Rev. World Econ. 150 (2), 241 - 475.

Bas, M., Strauss-Kahn, V., 2015. Input-trade liberalization, export prices and quality upgrading. J. Int. Econ. 95 (2), 250 – 262.

Bertrand, M. , Duflo, E. , Mullainathan, S. , 2004. How much should we trust Differences-in-Differences estimates? Q. J. Econ. 119, 249 – 275.

Bilir, L. K. , 2014. Patent laws, product lifecycle lengths, and multinational activity. Am. Econ. Rev. 104 (7), 1979 – 2013.

Bloom, N. , Draca, M. , Reenen, J. V. , 2016. Trade induced technical change: The impact of Chinese imports on innovation, diffusion and productivity. Rev. Econ. Stud. 83 (1), 87 – 117.

Brandt, L. , Biesebroeck, J. V. , Zhang, Y. , 2012. Creative accounting or creative destruction? Firm-level productivity growth in Chinese manufacturing. J. Dev. Econ. 97 (2), 339 – 351.

Burstein, A. , Melitz, M. , 2013. Trade liberalization and firm dynamics. In Advances in economics and econometrics: Tenth World Congress. vol. 2. Cambridge University Press.

Bustos, P. , 2011. Trade liberalization, exports, and technology upgrading: Evidence on the impact of MERCOSUR on Argentinian firms. Am. Econ. Rev. 101, 304 – 340.

Cai, H. , Liu, Q. , 2009. Competition and corporate tax avoidance: Evidence from Chinese industrial firms. Econ. J. 119 (537), 764 – 795.

Cassiman, B. , Veugelers, R. , 2006. In search of complementarity in innovation strategy: Internal R&D and external knowledge acquisition. Manag. Sci. 52 (1), 68 – 82.

Chevassus-Lozza, E. , Gaigne, C. , Mener, L. L. , 2013. Does input trade liberalization boost downstream firms' exports? Theory and firm-level evidence. J. Int. Econ. 90, 391 – 402.

Coe, D. , Helpman, E. , 1995. International R&D spillovers. Eur. Econ. Rev. 39, 859 – 887.

Cohen, W. , Levinthal, D. , 1989. Innovation and learning: The two faces of R&D. Econ. J. 99, 569 – 596.

Connolly, M. , 2003. The dual nature of trade: Measuring its impact on imitation and growth. J. Dev. Econ. 72, 31 – 55.

Dang, J. , Motohashi, K. , 2015. Patent statistics: A good indicator for innovation in China? Patent subsidy program impacts on patent quality. China Econ. Rev. 35, 137 – 155.

de Negri, J. A. , Turchi, L. M. , 2007. Technological innovation in Brazilian and Argentine firms. IPEA, Brasilia.

Ethier, W. J. , 1982. National and international returns to scale in the modern theory of international trade. Am. Econ. Rev. 72 (3), 389 – 405.

Fan, H. , Li, A. , Yeaple, S. , 2015. Trade liberalization, quality, and export price. Rev. Econ. Stat. 97 (5), 1033 – 1051.

Feng, L., Li, Z., Swenson, D. L., 2016. The connection between imported intermediate inputs and exports: Evidence from Chinese firms. J. Int. Econ. 101, 86 – 101.

Future, K., 2012. China's three waves of innovation: A quantitative study of China's new invention landscape. Sweden.

Ge, Y., Lai, H., Zhu, S., 2011. Intermediates import and gains from trade liberalization. Working Paper.

Goldberg, P. K., Khandelwal, A. K., Pavcnik, N., Topalova, P., 2010. Imported intermediate inputs and domestic product growth: Evidence from India. Q. J. Econ. 125 (4), 1727 – 1767.

Grossman, G., Helpman, E., 1991. Innovation and growth in the global economy. The MIT Press.

Grossman, S., Hart, O., 1986. The costs and benefits of ownership: A theory of vertical and lateral integration. J. Polit. Econ. 94, 691 – 719.

Guadalupe, M., Wulf, J., 2010. The flattening firm and product market competition: The effect of trade liberalization on corporate hierarchies. Am. Econ. J. Appl. Econ. 2, 105 – 127.

Halpern, L., Koren, M., Szeidl, A., 2011. Imported inputs and productivity. CeFiG Working Papers 8.

Hashmi, A. R., 2013. Competition and innovation: The inverted-U relationship revisited. Rev. Econ. Stat. 95 (5), 1653 – 1668.

Holmes, T. J., McGratten, E. R., Prescott, E. C., 2015. Quid pro quo: Technology capital transfers for market access in China. Rev. Econ. Stud. 82 (3), 1154 – 1193.

Hu, A. G., Jefferson, G. H., 2009. A great wall of patents: What is behind China's recent patent explosion? J. Dev. Econ. 90 (1), 57 – 68.

Kasahara, H., Rodrigue, J., 2008. Does the use of imported intermediates increase productivity? J. Dev. Econ. 87, 106 – 118.

Kiriyama, N., 2012. Trade and innovation: Synthesis report. OECD Trade Policy Papers, No. 135.

Kugler, M., Verhoogen, E., 2012. Prices, plant size, and product quality. Rev. Econ. Stud. 79 (1), 307 – 339.

Levinsohn, J., Petrin, A., 2003. Estimating production functions using inputs to control for unobservables. Rev. Econ. Stud. 70 (2), 317 – 341.

Li, X., 2012. Behind the recent surge of Chinese patenting: An institutional view. Res. Policy 41, 236 – 249.

Lileeva, A., Trefler, D., 2010. Improved access to foreign markets raises plant-level productivity... for some plants. Q. J. Econ. 125 (3), 1051 – 1099.

Liu, X., Buck, T., 2007. Innovation performance and channels for international technology spillovers: Evidence from Chinese high-tech industries. Res. Policy 36, 355 – 366.

Lyons, B., 1995. Specific investment, economies of scale, and the make-or-buy decision: A test of transaction cost theory. J. Econ. Behav. Organ. 26 (3), 431 – 443.

Muendler, M.-A., 2004. Trade, technology, and productivity: A study of Brazilian manufacturers, 1986 – 1998. Working Paper.

OECD, 2009. Patent statistics manual. OECD Publications.

Onodera, O., 2009. Trade and innovation: A synthesis. OECD J. Gen. Pap. 2008 (4), 7 – 63.

PWC, 2015. China research & development tax services: An opportunity for tax savings. http://www.pwccn.com.

Sanyal, P., Ghosh, S., 2013. Product market competition and upstream innovation: Evidence from the US electricity market deregulation. Rev. Econ. Stat. 95 (1), 237 – 254.

Topalova, P., 2010. Factor immobility and regional impacts of trade liberalization: Evidence on poverty from India. Am. Econ. J. Appl. Econ. 2 (4), 1 – 41.

Topalova, P., Khandelwal, A., 2011. Trade liberalization and firm productivity: The case of India. Rev. Econ. Stat. 93 (3), 995 – 1009.

van Biesebroeck, J., 2003. Revisiting some productivity debates. NBER Working Paper No. 10065.

Veugelers, R., Cassiman, B., 1999. Make and buy in innovation strategies: Evidence from Belgian manufacturing firms. Res. Policy 28 (1), 63 – 80.

Williamson, O., 1985. The economic institutions of capitalism, firms, markets, relational contracting. The Free Press.

Wunsch-Vincent, S., Kashcheeva, M., Zhou, H., 2015. International patenting by Chinese residents: Constructing a database of Chinese foreign-oriented patent families. China Econ. Rev. 36, 198 – 219.

Yu, M., 2015. Processing trade, tariff reductions, and firm productivity: Evidence from Chinese firms. Econ. J. 125, 943 – 988.

Zhang, H., 2014. Static and dynamic gains from importing intermediate inputs: Theory and evidence. Working Paper.

附　录

在对命题 5.1 的证明中，我们减少决策变量的数量，使我们的观点尽可能简单。为此，我们有两个简化的假设。首先，我们假设所有的研发投入都是进口的。其次，为专注于进口决策，假设 $f(\cdot)$ 采取 Leontief 形式，并且国内投入的价格足够低，以至企业总是选择与进口投入相等的国内投入水平。这一步使我们可以在生产函数中省略国内投入，在利润中忽略国内投入的成本而不会影响定性结果。经过进一步简化，我们可以把生产函数写成 $y=x\theta(\beta, r)$。我们将在后面的讨论放松这两个假设。放松假设不会改变结果的本质，甚至可能会加强。因此，企业的优化问题变成：

$$\max_{(\beta, r, x)}\left[P(y)y-\tau P^x(\beta)x-\tau P^r r\right]$$

使用下标表示偏微分，得到一阶导条件：

$$P'x^2\theta\theta_\beta+Px\theta_\beta-\tau P^{x'}x=0$$
$$P'x^2\theta\theta_r+Px\theta_r-\tau P^r=0$$
$$P'x\theta^2+P\theta-\tau P^x=0$$

以上式子经过整理可以得到：

$$P'x\theta+P=\tau P^{x'}\frac{1}{\theta_\beta} \tag{A5-1}$$

$$P'x\theta+P=\tau P^r\frac{1}{\theta_r}\frac{1}{x} \tag{A5-2}$$

$$P'x\theta+P=\tau P^x\frac{1}{\theta} \tag{A5-3}$$

将公式（A5-1）分别与公式（A5-2）及公式（A5-3）结合，可以得到：

$$x=\frac{P^r}{P^{x'}}\frac{\theta_\beta}{\theta_r} \tag{A5-4}$$

$$\theta=\frac{1}{P^{x'}}P^x\theta_\beta \tag{A5-5}$$

我们关注一个简单的例子，$P''=0$，$P^{x''}=0$。令公式（A5-5）对 τ 微分并使用 $\theta_\tau=\theta_\beta\beta_\tau+\theta_r r_\tau$，可得：

$$\beta_\tau=Ar_\tau, A\equiv\frac{\theta_r}{\theta_{\beta\beta}}\left(\frac{P^{x'}}{P^x}-\frac{\theta_{\beta r}}{\theta_r}\right) \tag{A5-6}$$

类似地，令公式（A5-4）对 τ 微分并使用公式（A5-6），可得：

$$x_\tau = Br_\tau,\ B \equiv \left[\frac{P^r}{P^x} - \frac{x}{\theta_r}(A\theta_{\beta r} + \theta_{rr})\right] \qquad (A5-7)$$

令公式（A5-1）对 τ 微分，可得：

$$2P'[x(\theta_\beta\beta_\tau + \theta_r r_\tau) + \theta x_\tau] = P^{x'}\left[\frac{1}{\theta_\beta} - \frac{\tau}{\theta_\beta^2}(\theta_{\beta\beta}\beta_\tau + \theta_{\beta r}r_\tau)\right]$$

将公式（A5-6）与公式（A5-7）代入上述方程并合并同类项可得：

$$\left[2P'\underbrace{\left(Ax\theta_\beta + x\theta_r + B\theta\right)}_{C} + \underbrace{\tau\left(\frac{P^{x'}}{\theta_\beta}\right)^2\frac{\theta_r}{P^x}}_{D}\right]r_\tau = \frac{P^{x'}}{\theta_\beta}$$

因此，如果 $C<0$，则由于 $D>0$ 可得 $r_\tau>0$。使用公式（A5-4）~（A5-7），并重新合并同类项可得：

$$C = \frac{P^x P^r}{\theta_{\beta\beta}}\left(\frac{\theta_\beta}{P^{x'}}\right)^2\left[\left(\frac{\theta_{\beta r}}{\theta_r} - \frac{P^{x'}}{P^x}\right)^2 - \frac{\theta_{\beta\beta}\theta_{rr}}{\theta_r^2}\right] + x\theta_r + \frac{P^r}{P^{x'}}\theta_\beta \quad (A5-8)$$

经过一些变换可得 $C<0$，当且仅当：

$$(\theta_{\beta\beta}\theta_{rr} - \theta_{\beta r}^2)\frac{1}{\theta_r^2} > \frac{P^{x'}}{P^x}\left[\frac{P^{x'}}{P^x} - 2\left(\frac{\theta_{\beta r}}{\theta_r} - \frac{\theta_{\beta\beta}}{\theta_\beta}\right)\right] \qquad (A5-9)$$

由公式（A5-6）可得，如果 $A>0$，则 β_τ 和 r_τ 符号相反；如果 $\theta_{\beta\beta}>0$，则 $A<0$，当且仅当：

$$\frac{P^{x'}}{P^x} < \frac{\theta_{\beta r}}{\theta_r} \qquad (A5-10)$$

由以上分析可以得到下列引理。

引理 A5.1： 假设 $\theta_{\beta\beta}>0$，则条件（A5-9）~（A5-10）是 $\beta_\tau<0$ 且 $r_\tau>0$ 的充分条件。

让我们进一步假设 $\theta_{\beta\beta}\theta_{rr} - \theta_{\beta r}^2 > 0$ 以获得更有意义的条件。那么，公式（A5-9）的 LHS 随 θ_r 递减，而 RHS 随 θ_r 递增。此外，当 θ_r 非常小时，LHS 可以非常大。因此，公式（A5-9）在 θ_r 非常小的情况下成立。即使 θ_r 不是非常小（所以 LHS 也不是非常大），如果 $\frac{P^{x'}}{P^x}$ 足够

小，公式（A5 - 9）仍然成立。一个有趣的观察是公式（A5 - 10）也要求 θ_r 足够小或 $\dfrac{P^{x\prime}}{P^x}$ 足够小。因此，关税对中间投入品质量和创新活动的影响得到确立。

我们再来看看对生产率的影响。注意到 $\theta_\tau = \theta_\beta \beta_\tau + \theta_r r_\tau$。因此，当 θ_r 足够小时，也有 $\theta_\tau < 0$，因为根据命题 5.1，虽然 $r_\tau > 0$，但 $\beta_\tau < 0$。另外，利用 $\beta_\tau = A r_\tau$ 和 $\theta_r > 0$ 的事实以及 $r_\tau > 0$ 的结果，我们可以很容易地表明 $\theta_\tau < 0$ 的充分必要条件：

$$\frac{P^{x\prime}}{P^x} < \frac{\theta_{\beta r}}{\theta_r} - \frac{\theta_{\beta\beta}}{\theta_\beta} \tag{A5 - 11}$$

因此，我们有一个类似于命题 5.1 的关于生产率的结果；也就是说，当 θ_r 或 $\dfrac{P^{x\prime}}{P^x}$ 足够小时，中间投入品的关税（τ）下降将导致更高的生产率（θ）。

注意，条件（A5 - 11）比条件（A5 - 10）更强。因此，命题 5.1 的条件应该是满足公式（A5 - 11）的条件。

回顾一下我们为进行上述分析所施加的两个简化的假设。如果企业同时使用国内投入和进口投入进行研发，当进口投入变得更便宜时，企业将用进口投入替代国内投入。然而，与没有国内投入的情况相比，由 τ 的减小所导致的研发成本的减少是比较小的。因此，考虑到命题 5.1 的条件，企业将有更大的动力来减少研发。也就是说，命题 5.1 所述的结果被强化。

如果在国内投入和进口投入之间进行替代生产，那么国内投入（d）的水平将被优化选择。作为一个直接的影响，关税下降将明显减少对国内投入的使用。企业在选择其他三个变量 x、β 和 r 时也会面临类似的情况。我们预期不会看到命题 5.1 发生质的变化。由更大的 β 所导致的生产率提高可能会推动对国内投入的使用，这是间接的影响。对国内投入的使用是上升还是下降仍然是无法确定的。

第三编

跨国投资

第六章　合资企业是否带来技术扩散？

内容提要： 本章通过考虑外商直接投资项目的所有权结构，采用详细的中国数据，研究了外商直接投资中的国际技术扩散。研究发现，中外合资企业会产生显著的正向技术扩散效应，而外商独资企业会产生显著的负向竞争效应。我们的工具变量估计表明，合资企业和独资企业的差异化影响是稳健的、异质性的和有因果关系性质的。就机制而言，有证据表明合资企业为东道国带来了更好的技术，且在研发和员工培训方面投入更多，也比独资企业更容易为当地企业提供技术。

第一节　引　言

中外合资企业是否比外商独资企业向东道国企业扩散了更多的技术？如果是的话，是否因为合资企业给东道国带来了更好的技术或使东道国更容易获得技术？在许多国家（如中国、印度、印度尼西亚、巴西、墨西哥、韩国、土耳其、菲律宾和泰国）的外商直接投资政策以及国际投资谈判的辩论中，外商直接投资项目的所有权结构在技术传播中的作用是核心问题（Karabay，2010；Holmes，McGrattan，and Prescott，2015）。这种所有权限制政策的一个基本假设是，当地参与有助于展现和扩散技术给国内企业，以产生溢出效应（Blomström and Sjöholm，1999）。然而，支持这一假设的证据很少（Javorcik and Spatareanu，2008）。

从理论上讲，外商直接投资（无论是合资企业还是独资企业）对东道国企业产生了两种相反的行业内影响（Aitken and Harrison，1999）。

一种是由于市场份额的丧失和规模经济的降低而产生的负面竞争效应，这将降低国内企业的生产率。只要它们在东道国市场经营，无论外商直接投资项目的所有权结构如何，负面影响都会持续存在。另一种是积极的技术扩散效应，受一些因素影响，合资企业和独资企业的技术扩散效应可能有很大的不同。首先，合资企业可能比独资企业给东道国带来更多（Van Reenen and Yueh，2012）或更少（Desai，Fritz Foley，and Hines，2009）的技术。其次，合资企业可能比独资企业更有效地向东道国企业扩散技术。例如，国内外共享所有权有助于向国内企业展现外国投资者的专有技术（Blomström and Sjöholm，1999；Van Reenen and Yueh，2012）；合资企业的当地合作伙伴可以在不涉及外国股东的其他业务中使用从外国投资者那里获得的知识。当由当地合作伙伴负责雇用劳动力时，它们可能没有能力或动机来限制知识泄漏或员工流失，这有利于技术扩散到东道国企业（Javorcik and Spatareanu，2008）；合资企业更有可能外包投入品的生产给当地供应商，从而有助于向当地供应商转化更多的技术（Javorcik，2004；Javorcik and Spatareanu，2008；UNCTAD，2001）。因此，我们预计，就净效应而言，合资企业与独资企业不同，合资企业可能会产生更积极的技术扩散效应。[1]

本章试图利用中国的数据来研究 FDI 的技术扩散效应。我们偏离了传统的 FDI 溢出效应文献（因此对这类文献有所贡献），明确考虑了 FDI 项目的所有权结构。我们将流入中国的 FDI 分为中外合资企业（JV）和外商独资企业（WFO），并研究中外合资企业和外商独资企业对中国企业的潜在不同影响。我们的经验证据表明，FDI 项目的所有权结构对技术扩散有着深刻的影响。与独资企业相比，合资企业对向中国企业的技术扩散的促进作用更大。根据我们首选的模型设定，合资企业的存在每增加一个标准差，就会使中国企业的全要素生产率提高1.92%，而独资企业的存在每增加一个标准差，就会使中国企业的全要素生产率下降 7.99%。

---

[1] 在实证分析中，我们无法区分 FDI 影响的正负两面。我们估计了合资企业和独资企业对中国企业的净效应。有了这个告知，为了简洁起见，当溢出效应为正时，我们称溢出效应为技术扩散效应，当溢出效应为负时，我们称溢出效应为竞争效应，以免引起误解。

合资企业的正向影响和独资企业的负向影响在一系列检验中是稳健的。我们发现基准回归结果对企业生产率的其他衡量标准以及独资企业和合资企业的其他定义不敏感；为了排除潜在的样本选择问题，我们对企业的进入和退出进行了单独的回归。除了识别横向溢出效应之外，我们还检验了合资企业和独资企业的纵向溢出效应；国内企业的所有权结构和外商直接投资企业的位置也在其他回归分析中被考虑。正如本章所示，合资企业和独资企业对本地企业的差异化效应也表现出异质性，这进一步支持了我们的研究结果的可靠性，并具有政策意义；也就是说，合资企业的好处不是无条件的。正如我们的工具变量估计所显示的那样，合资企业和独资企业的不同影响是有因果关系的，其中的工具变量是利用中国的 FDI 政策变化来构造的。我们还检验了合资企业和独资企业的不同影响背后的潜在机制。我们发现，在全要素生产率、研发活动、员工培训和新产品开发方面，合资企业比独资企业表现得更好，而且我们发现合资企业的优异表现并不是因为外国投资者和中国本土合作伙伴之间的潜在互补性。我们还发现，相对于独资企业，合资企业的技术扩散效应对影响本地企业学习/准入成本的制度（如本地金融发展和知识产权保护）更为敏感。这些结果可能意味着，合资企业比独资企业给中国企业带来了更好的技术，而中国企业向合资企业学习要比向独资企业学习容易。

我们的研究对几个方面的文献有所贡献。首先，技术是决定长期经济增长的一个关键因素，发展中国家广泛采用对价型 FDI 政策来促进发达国家向发展中国家的技术转让（Karabay，2010；Holmes，McGrattan，and Prescott，2015）。然而，很少有实证研究对合资企业产生的技术扩散效应进行评估（Van Reenen and Yueh，2012）。Van Reenen and Yueh（2012）以及 Holmes、McGrattan and Prescott（2015）对这一所有权结构问题的研究兴趣不断上升，这两篇论文都研究了从跨国企业到合资企业的技术转移。Jiang、Keller、Qiu and Ridley（2017）研究了与外国企业组建合资企业对中国本土合作伙伴的母公司创新的影响。与这些论文不同的是，我们研究了合资企业和独资企业对中国本土企业的差异化溢出效应，并为理解中国企业快速增长的竞争力提供了实证证据。

其次，我们的研究对大量的 FDI 溢出效应文献做出了贡献。在这类文献中，有些人发现了正的溢出效应［例如 Castellani and Zanfei（2003）对意大利的研究；Görg and Strobl（2005）对爱尔兰的研究；Haskel、Pereira and Slaughter（2007）对英国的研究；Keller and Yeaple（2009）对美国的研究］，而另一些人发现了负的溢出效应［例如 Haddad and Harrison（1993）对摩洛哥的研究；Aitken and Harrison（1999）对委内瑞拉的研究；Djankov and Hoekman（2000）对捷克的研究；Konings（2001）对保加利亚、罗马尼亚和波兰的研究；Javorcik（2004）对立陶宛的研究］，结论并不明确。在中国也发现了混合证据。例如，Buckley、Clegg and Wang（2002）和 Liu、Ruosi and Zhang（2014）发现了正的溢出效应，而 Lin、Liu and Zhang（2009）和 Lu、Tao and Zhang（2017）发现了负的溢出效应。

鉴于对价型 FDI（合资企业）在全球范围内的流行，令人惊讶的是，在这一大批 FDI 溢出效应文献中，FDI 项目的所有权结构没有被考虑在内，只有 Blomström and Sjöholm（1999）以及 Javorcik and Spatareanu（2008）等例外。Blomström and Sjöholm（1999）研究了具有多数和少数外资占比的合资企业之间的差异，但在印度尼西亚的横截面数据中发现没有差异。Javorcik and Spatareanu（2008）发现在罗马尼亚合资企业和独资企业都有负面的行业内溢出效应，合资企业的负面效应弱于独资企业。我们使用中国企业层面的面板数据，发现了合资企业的正效应和独资企业的负效应，这为 FDI 的技术扩散效应提供了新的证据。

本章的其余部分组织如下：第二节介绍了模型设定、所使用的数据和变量；第三节报告了实证结果，包括基准回归、稳健性检验、异质性影响、工具变量估计和机制检验；第四节是结论。

第二节 模型设定、数据和变量

一、模型设定

为了研究合资企业和独资企业对中国企业的差异化技术扩散效应，我们采用以下模型进行估计。

$$TFP_{ijt} = \beta_0 + \beta_1 FDIJV_{jt-1} + \beta_2 FDIWFO_{jt-1} + X'_{ijt-1}\lambda +$$
$$D_i + D_t + \varepsilon_{ijt} \qquad\qquad (6-1)$$

其中，i、j 和 t 分别表示企业、中国行业分类（CIC）的四位码行业和年份；TFP_{ijt} 表示行业 j 的国内企业 i 在 t 年的全要素生产率。$FDIJV_{jt-1}$ 衡量 $t-1$ 年行业 j 中存在的合资企业，$FDIWFO_{jt-1}$ 衡量 $t-1$ 年行业 j 中存在的独资企业。X 是可能影响企业生产率的、随时间变化的企业和行业特征向量，包括企业年龄的对数和企业年龄对数的平方项以对企业绩效的生命周期做出解释，以及资本-劳动比的对数和国家持有的股权。为了说明市场结构对企业生产率的影响，我们遵循文献（例如Kokko，1994；Javorcik and Spatareanu，2008）的做法将四位码行业的竞争程度纳入 X，用赫芬达尔-赫希曼指数（HHI）来衡量，即该部门所有企业的市场份额的平方之和。这个指数的取值范围从 0 到 1，数字越大表示市场集中程度越高（即竞争程度越低）。我们还控制了企业固定效应 D_i，用来解释不随时间变化的企业特征，以及年份固定效应 D_t 以解释影响所有企业的任何时间特定因素，如经济周期。ε 是聚类到行业-年份层面的稳健标准误，因 FDI 是一个随时间变化的行业层面变量（Javorcik，2004；Javorcik and Spatareanu，2008）。我们对系数 β_1 和 β_2 感兴趣，它们分别反映了合资企业和独资企业对中国企业的溢出效应。

二、数据和变量

我们使用的面板数据是国家统计局 1998—2007 年的工业企业年度调查（ASIF）。这是中国最全面的企业层面的数据集，因为它涵盖了所有国有企业和所有年销售额超过 500 万元（约 65 万美元）的非国有企业。每年调查覆盖的企业数量平均为 301 232 家。数据集涵盖了所有的制造业行业和 31 个省份，这确保了其代表性。

该数据集提供了详细的企业特征，如行业归属、地点，以及财务报表中的所有经营和业绩项目，包括产出、增加值、资产、就业、中间投入、研发支出，这为我们细致估计企业的生产率提供了依据。特别是，这个数据集提供了所有企业的详细所有权结构信息，即国家、外国投资者和国内私人投资者持有的股权。基于这些独特的所有权结构信息，我们可以区分国内企业和外商投资企业（FIE），而对于外商投资企业，我们可以进一步区分合资企业和独资企业。

按照文献中的标准程序，我们根据公认会计原则的基本规则，通过剔除观测值来清洗这个数据集。如果观察到以下情况，我们将企业从数据中剔除：（1）流动资产大于总资产；（2）固定资产总额大于总资产；（3）固定资产净值大于总资产。我们进一步剔除工人少于 8 人的企业，因为它们属于不同的法律制度（Brandt，Van Biesebroeck，and Zhang，2012），剔除成立年份明显有错的企业（如晚于 2007 年或早于 1900 年）和非制造业企业（即根据中国行业分类系统判定的采矿、烟草和公用事业行业企业）（Liu and Qiu，2016）。

我们的因变量是企业生产率，主要用全要素生产率（TFP）来衡量。我们首先使用 Levinsohn and Petrin（2003）提出的半参数方法来计算企业全要素生产率（TFPLP），该方法解决了传统的索洛残差法全要素生产率测算中的同步性偏差问题。我们使用增加值、就业、固定资产和中间投入，在二位码的行业水平上对每个企业的 TFPLP 进行细致的估计。这允许每个行业有不同的生产函数。我们还使用 Olley and Pakes（1996）提出的生产率测量方法和劳动生产率（每个工人的增加值）方法作为替代来进行稳健性检验。

方程（6-1）中的 FDIJV 和 FDIWFO 是指每个 CIC 四位码行业中存在的合资企业和独资企业。根据中国的外商直接投资法，外商投资企业是指那些外国投资者持有至少 25％股权的企业。我们将外资持股比例低于 25％的企业归为内资企业，其余为外商投资企业。在外商投资企业中，当外资持股比例在 25％和 95％之间时，我们将其定义为合资企业，其余为独资企业。然后，我们按照 Aitken and Harrison（1999）的方法，计算每个四位码行业的外商直接投资，即以工人数量加权的行业平均外资份额。特别地，我们采用以下公式来计算合资企业的存在和独资企业的存在。

$$FDIJV_{jt} = \frac{\sum_i FSJV_{ijt} \times Labor_{ijt}}{\sum_i Labor_{ijt}} \qquad (6-2)$$

$$FDIWFO_{jt} = \frac{\sum_i FSWFO_{ijt} \times Labor_{ijt}}{\sum_i Labor_{ijt}} \qquad (6-3)$$

其中，$Labor_{ijt}$ 衡量 t 年行业 j 的企业 i 雇用的工人数量，$FSJV_{ijt}$ 是合资企业 i 的外资份额，$FSWFO_{ijt}$ 是独资企业 i 的外资份额。

由于我们的研究涉及外商直接投资对国内企业的溢出效应，我们在构建了所有必要的变量后，将回归样本限制在国内企业。表 6-1 列出了关键变量的汇总统计和定义，其中 A 组为企业层面变量，B 组为行业层面变量。我们发现，因变量和自变量有很大的差异，这为我们的实证识别提供了一个良好的环境。特别是，从 B 组中我们可以看到，不同行业的外商直接投资有很大的差异，而行业内两种类型的外商直接投资的存在也有很大的差异。例如，合资企业的平均值为 0.050，标准差为 0.048。独资企业的平均值为 0.141，标准差为 0.162。

表 6-1　统计量概要

变量	定义	观测值数量	平均值	标准差
A 组：企业层面变量				
$TFPLP$	全要素生产率（LP）	1 003 614	2.558	1.156
$TFPOP$	全要素生产率（OP）	966 523	2.733	1.165
$\ln VADPC$	单位工人增加值的对数	1 003 614	-0.705	1.107
$\ln Sale$	企业年销售额的对数	1 084 864	10.023	1.269
$\ln (Capital/Labor)$	资本—劳动比的对数	1 094 361	3.194	1.335
$State\ share$	国家持有的股权	1 094 781	0.117	0.311
Age	企业年龄	1 094 703	11.986	12.495
$Age\ squared$	企业年龄的平方	1 094 703	299.784	654.420
B 组：行业层面变量				
$FDIJV$	合资企业的存在（四位码层面）	4 852	0.050	0.048
$FDIWFO$	独资企业的存在（四位码层面）	4 852	0.141	0.162
$Concentration$	HHI	4 852	0.017	0.032

续表

变量	定义	观测值数量	平均值	标准差
EquityLib	股权自由化指数	485	0.899	0.301
EntryLib	进入自由化指数	485	0.251	0.605

注：A组报告了企业层面变量的定义、观测值数量、平均值和标准差。B组报告了行业层面变量的定义、观测值数量、平均值和标准差。

第三节　实证结果

一、基准回归结果

表6-2显示了基准回归结果。我们发现合资企业对中国企业的生产率有明显的正向影响，而独资企业则有负向影响。在第（1）列，我们简单地将企业生产率与合资企业和独资企业的存在进行比较，并加上企业和年份固定效应。然后我们在第（2）列和第（3）列逐步加入企业特征和行业控制变量。很明显，我们一直发现合资企业的正向影响和独资企业的负向影响，而且合资企业和独资企业的影响大小在不同的估计中都非常稳定。这些影响在经济意义上也是显著的。根据第（3）列，也就是我们偏向的模型设定，粗略的计算表明合资企业的存在每增加一个标准差，中国企业的全要素生产率就会提高1.92%，而独资企业的存在每增加一个标准差，中国企业的全要素生产率就会下降7.99%。

表6-2　基准回归结果

	(1) TFPLP	(2) TFPLP	(3) TFPLP	(4) TFPLP	(5) TFPLP
$FDIJV_{t-1}$	0.343 *** (0.129)	0.385 *** (0.129)	0.399 *** (0.129)	0.649 *** (0.121)	
$FDIWFO_{t-1}$	−0.512 *** (0.067)	−0.501 *** (0.067)	−0.493 *** (0.066)		−0.530 *** (0.064)
Age		0.077 *** (0.006)	0.077 *** (0.006)	0.078 *** (0.006)	0.076 *** (0.006)
Age squared		−0.016 *** (0.001)	−0.016 *** (0.001)	−0.016 *** (0.001)	−0.016 *** (0.001)

续表

	(1) *TFPLP*	(2) *TFPLP*	(3) *TFPLP*	(4) *TFPLP*	(5) *TFPLP*
$\ln (Capital/Labor)_{t-1}$		-0.012^{***} (0.001)	-0.012^{***} (0.001)	-0.012^{***} (0.001)	-0.012^{***} (0.001)
State share		-0.031^{***} (0.006)	-0.032^{***} (0.006)	-0.034^{***} (0.006)	-0.032^{***} (0.006)
$Concentration_{t-1}$			-0.354^{***} (0.094)	-0.397^{***} (0.096)	-0.343^{***} (0.094)
观测值数量	1 003 614	994 674	994 674	994 674	994 674
R^2	0.083	0.084	0.084	0.083	0.084

注：所有的回归都控制了企业和年份的固定效应；括号内的数值是行业-年份层面的稳健标准误。 ***、** 和 * 分别表示在 1%、5% 和 10% 的水平上显著。

回归的一个问题是我们的关键解释变量 *FDIJV* 和 *FDIWFO* 之间可能存在多重共线性。*FDIJV* 和 *FDIWFO* 之间的相关性为 0.343，*FDIJV* 和 *FDIWFO* 的 VIF（方差膨胀因子）分别为 1.24 和 1.35，远远低于 10，这是广泛接受的判断多重共线性的临界点。我们在第（4）列和第（5）列分别用一个关键解释变量进一步进行回归。我们仍然发现 *FDIJV* 和 *FDIWFO* 的正向效应和负向效应。这些结果表明，我们的关键解释变量之间不存在严重的多重共线性。

控制变量的估计值也是直观的。例如，我们发现全要素生产率和企业年龄之间存在倒 U 形关系，表明起步阶段和成熟阶段的企业生产率相对较低。国家持股比例较高的企业和在竞争较少的行业经营的企业显示出较低的生产率。

二、稳健性检验

我们从几个方面进一步检验了我们的研究结果的稳健性。

（一）合资企业和独资企业的其他定义

在基准回归中，我们将外资持股比例超过 95% 的外商投资企业定义为独资企业，将其余的外商投资企业定义为合资企业。现在我们改变两类企业的分界点来检验结果的稳健性；也就是说，我们将独资企业定义为外资持股 100% 的企业，其余外商投资企业为合资企业。回归结果见

表 6-3 第（1）列。我们发现，回归结果对这种新的分类并不敏感。

（二）更改行业层面独资和合资变量构造时权重的定义

在基准回归中，FDI 的存在是按企业工人数量加权的（Aitken & Harrison，1999）。现在我们通过使用企业的资产、产出或销售作为权重来重新计算行业层面 FDI 存在变量以检验结果的稳健性。我们发现，结果对所有这些替代性测量方法都是稳健的，第（2）列报告了针对资产的回归结果（其他结果可应要求提供）。

（三）生产率的其他衡量标准

要研究外商直接投资对企业生产率的影响，前提是要正确衡量生产率。在基准回归中，我们使用 Levinsohn and Petrin（2003）的方法细致估计了企业生产率。在第（3）、第（4）和第（5）列，我们用企业生产率的其他测量方法来检验我们的结果的稳健性。第（3）列报告了用 Olley and Pakes（1996）方法估计的全要素生产率结果，在第（4）列，我们采用了企业生产率的直接衡量方法，即劳动生产率（每个工人的增加值）。在这两列中，结果显示合资企业的存在提高了中国企业的生产率，独资企业的存在则降低了中国企业的生产率。由于生产率较高的企业通常会产生较大的销售额，我们在第（5）列检验了两种类型的 FDI 对企业销售额的影响。我们仍然发现，合资企业对中国企业的销售额有类似的正向影响，独资企业则有负向影响。

（四）多数股权和少数股权

通过区分独资企业和合资企业，基准回归结果表明，外商直接投资项目的所有权结构对溢出效应很重要。然而，由于外资持股比例的不同，外资参与的程度在不同合资企业中也有差异，因此有必要检验溢出效应是否受到合资企业中外资持股规模的影响。从理论上讲，相对于外国投资者的少数股权，外国投资者的多数股权会导致对合资企业利润的更大控制权，这反过来又可能为外国企业向子公司转让技术和管理技能提供更大的激励，从而导致对中国企业更大的溢出效应（Blomström and Sjöholm，1999）。我们通过将合资企业进一步划分为外资多数股权合资企业（外资持股比例超过50%）和外资少数股权合资企业（外资持股比例在25%和50%之间）来检验这种可能性。然后，我们将这两

表 6 - 3 稳健性检验

	(1) 合资企业与独资企业的不同定义	(2) 资产加权 FDI	(3) 全要素生产率 (OP)	(4) 单位工人的增加值	(5) 销售额	(6) 多数和少数股权	(7) 均衡样本
$FDIJV_{t-1}$	0.391*** (0.125)	0.460*** (0.078)	0.219** (0.097)	0.623*** (0.113)	0.424*** (0.097)		1.127*** (0.196)
$FDIWFO_{t-1}$	−0.505*** (0.067)	−0.138*** (0.051)	−0.317*** (0.060)	−0.690*** (0.060)	−0.297*** (0.065)	−0.506*** (0.066)	−0.484*** (0.099)
$FDIJVMIN_{t-1}$						0.424 (0.290)	
$FDIJVMAJ_{t-1}$						0.488** (0.197)	
观测值数量	994 674	994 674	966 523	994 680	1 084 864	994 674	145 272
R^2	0.084	0.084	0.076	0.104	0.182	0.084	0.149

	(8) 私营企业	(9) 国有企业	(10) 纵向溢出效应	(11) 入世后时期	(12) 剔除加工贸易企业	(13) 本地与非本地 FDI
$FDIJV_{t-1}$	0.509*** (0.133)	0.366** (0.269)	0.380*** (0.125)	0.481*** (0.159)	0.378*** (0.131)	
$FDIWFO_{t-1}$	−0.485*** (0.070)	−0.685*** (0.132)	−0.504*** (0.066)	−0.399*** (0.090)	−0.490*** (0.067)	
$FDIJVbackward_{t-1}$			3.259*** (0.578)			

续表

FDIWFObackward$_{t-1}$			−0.068 (0.065)		
FDIJV_Nonlocal$_{t-1}$					0.259** (0.111)
FDIJV_Local$_{t-1}$					−0.031 (0.032)
FDIWFO_Nonlocal$_{t-1}$					−0.178*** (0.058)
FDIWFO_Local$_{t-1}$					−0.062*** (0.021)
观测值数量	878 842	116 571	994 547	768 985	978 197	994 664
R^2	0.096	0.022	0.084 3	0.080	0.084	0.084

注：括号内的数值为行业–年份层面的稳健标准误。***、**和*分别表示在1%、5%和10%的水平上显著。所有的回归都控制了企业和年份的固定效应，并且同表6–2的基准回归一样包括了企业和行业层面控制变量。

种类型的合资企业都纳入回归。结果显示在第（6）列。我们发现，外资多数股权合资企业的影响显著为正，而外资少数股权合资企业的影响则不显著，这与 Blomström and Sjöholm（1999）的观点略有不同，该研究认为两类合资企业的影响是无差别的。对独资企业的估计仍然是显著的负值。

（五）均衡样本

在样本期内，有大量的中国企业进入和退出，这可能会因为选择问题而使我们的估计值出现偏差。在研究贸易自由化对企业生产率的影响时，Pavcnik（2002）发现退出企业的生产率低于存续企业。在这里，我们测试了我们的结果在整个时期内存活企业的均衡样本中是否仍然稳健。第（7）列显示了这一做法的结果。我们仍然发现了合资企业的正向影响，而且合资企业的系数比基准回归结果要大，这表明在整个样本期存活的国内企业从合资企业的存在中受益更多。独资企业存在的系数仍然是负的，而且是显著的，这与我们之前的结果相似。

（六）中国企业的所有权类型

中国经济的一个重要特征是国有企业的普遍存在。我们检验了合资企业和独资企业的差异化效应对不同所有权类型的中国企业是否成立。在第（8）列我们展示了私营企业的结果，在第（9）列我们显示了国有企业的结果。我们发现，和之前一样，合资企业带来了正的技术扩散效应，独资企业则对私营企业产生了负的竞争效应。然而，对国有企业的技术扩散效应消失了，对国有企业的竞争效应甚至比对私营企业更强。这一发现是很直观的，因为相对于私营企业，国有企业的激励机制比较僵化：一方面，国有企业可能不太愿意利用技术扩散的好处；另一方面，国有企业在市场竞争中比较被动，从而会失去更多的市场份额给外国企业。

（七）纵向溢出效应

文献显示，由于外国子公司和当地供应商之间的接触，存在着 FDI 的纵向溢出效应（Javorcik，2004）。虽然我们侧重于 FDI 的横向溢出效应，但在这里我们将检查我们的发现是否对纵向溢出效应的考虑具有稳健性。

我们按照 Javorcik（2004）的方法构建 $FDIJVbackward_{jt}$ 和

$FDIWFObackward_{jt}$，它们旨在反映外资在部门 j 下游行业的存在。具体来说，$FDIJVbackward_{jt}$ 定义如下：

$$FDIJVbackward_{jt} = \sum_{k,\, k \neq j} \alpha_{jk} \times FDIJV_{kt}$$

其中，α_{jk} 是 j 部门的产出被 k 部门购买的比例，取自 2002 年的中国投入产出表。[①] $FDIWFObackward_{jt}$ 以相似的方式构造。我们将这两个纵向 FDI 变量加入模型（6-1），回归结果显示在第（10）列。我们发现，合资企业在横向和纵向上都提高了本土企业的生产率，而独资企业仍然发挥着横向的竞争效应，纵向的竞争效应则不明显。总之，FDI 的纵向溢出效应与文献的结论是一致的，合资企业和独资企业的横向溢出效应是稳健的。

(八) 中国入世后的时期

合资企业和独资企业之间的组织形式选择是由跨国企业以及中国的政策限制决定的。政策限制可能会扭曲跨国企业的最佳决策。在此我们使用中国入世后的样本来进一步检验我们主要结果的稳健性。在 2001 年入世之前，中国对外商直接投资的进入有明显的限制，在 2001 年入世之后，这些限制大大放宽了；因此，在 2001 年之后，外商直接投资项目的组织形式在很大程度上由跨国企业的利润优化行为决定。在这种情况下，合资企业的存在和独资企业的存在受政府政策的扭曲程度较低。第（11）列展示了入世后样本的回归结果。我们发现，就系数的符号和大小而言，与我们的基准回归结果非常相似；也就是说，合资企业的存在提高了国内企业的生产率，独资企业的存在则降低了国内企业的生产率。

(九) 剔除加工贸易企业

加工贸易在中国很受欢迎。加工贸易企业的生产和/或创新行为可能与一般贸易企业有很大的不同。虽然在我们的样本期[②]大多数加工贸易企业是外商投资企业，并被排除在我们的回归样本之外，但仍有一些

---

① 我们使用 2002 年的中国投入产出表是因为其五年颁布一次且 2002 年恰好是我们样本期的中间年份。

② 例如，2003 年接近 83% 的加工贸易企业都是由外国投资者投资的。

由国内投资者投资的加工贸易企业。在进一步剔除这些国内加工贸易企业后，结果仍然稳健。[①] 第（12）列显示，在剔除国内加工贸易企业后，我们的结果仍然稳健。

（十）本地与非本地 FDI

少数研究表明，外国子公司和国内企业之间的地理距离对竞争效应和技术溢出效应的产生很重要（Audretsch and Feldman，2004；Javorcik and Spatareanu，2008），而文献的发现是混合的。例如，Xu and Sheng（2012）和 Lu et al.（2017）发现，国内企业从位于附近的跨国企业中受益，但它们受到位于更远地区的 FDI 项目的影响；Aitken and Harrison（1999）以及 Bwalya（2006）发现，几乎没有证据表明本地 FDI 的溢出效应；Javorcik and Spatareanu（2008）发现，国内企业从位于同一地区和其他地区的垂直共同拥有的子公司中受益，而位于同一地区和其他地区的 FDI 的横向溢出效应大多为负。

我们遵循这一思路，研究国内企业和外商投资企业之间的地理距离对合资企业和独资企业的不同影响是否重要。为了做到这一点，我们为每个省份的行业计算了省内合资企业的本地存在，以及省外合资企业的非本地存在，同样，我们也计算了本地和非本地的独资企业存在。然后，我们将这四种 FDI 存在的衡量标准纳入我们的回归，在回归中进一步控制省份–年份固定效应，以考虑省一级的时间变量因素。我们的结果见第（13）列。基本上，我们仍然发现了合资企业的正效应和独资企业的负效应。具体来说，我们发现非本地合资企业有正的溢出效应，而本地合资企业的效应不显著。本地合资企业的溢出效应不明显可能是由于本地合资企业的监督效应削弱了知识泄露。对于独资企业，我们发现本地和非本地的独资企业都带来了明显的负面竞争影响，就像 Javorcik and Spatareanu（2008）的观点。

三、异质性影响

（一）技术差距

外商投资企业和国内企业之间的技术差距是影响外国技术扩散的一

---

① 如果一个企业的加工出口占总出口的比例超过 10%，我们便把它定义为加工贸易企业。

个重要因素，尽管从理论上看这种关系并不明显。关于这种关系有两种主要的论点。一方面，"适当性"论点指出，如果外商投资企业带来的技术过于先进，无法被本地企业模仿，那么外商投资企业在东道国产生积极的外部性方面几乎没有任何作用。因此，技术溢出与外商投资企业和本地企业之间的技术差距大小负相关（Blalock and Gertler，2009）。另一方面，"必要性"论点指出，一定程度的技术差距是技术溢出的必要条件，因为较大的差距意味着国内企业向外商投资企业学习的空间较大（Blomström and Wang，1992）。

为了研究技术差距在影响外溢程度方面的作用，我们分别构建了合资企业、独资企业与中国企业之间的四位码行业水平的技术差距。例如基于 Kokko（1994），对于合资企业（或独资企业），技术差距被定义为合资企业（或独资企业）每个工人的增加值与国内企业每个工人的增加值之比。具体来说，行业 j 中的合资企业与国内企业的技术差距为：

$$TechGapJV_j = \frac{\sum\limits_{f \in JV_j} valueadded_{fj} \Big/ \sum\limits_{f \in JV_j} labor_{fj}}{\sum\limits_{d \in D_j} valueadded_{dj} \Big/ \sum\limits_{d \in D_j} labor_{dj}} \tag{6-4}$$

其中，f 表示合资企业，JV_j 表示行业 j 的合资企业集合，d 表示国内企业，D_j 表示行业 j 的国内企业集合。我们构建了 1998—2000 年每年的技术差距（我们使用样本期的最初 3 年以避免潜在的内生性问题），然后取平均值作为每个行业的技术差距。独资企业的技术差距（$TechGapWFO_j$）也是类似的构造。

我们在方程（6-1）中加入了两个交互项，即 $FDIJV \times TechGapJV$ 和 $FDIWFO \times TechGapWFO$，以研究技术差距如何影响合资企业和独资企业的溢出效应。回归结果见表 6-4 的第（1）列。合资企业仍然产生积极的外溢效应，独资企业则产生消极的外溢效应。更重要的是，我们发现 $FDIJV \times TechGapJV$ 的系数明显为正，这意味着合资企业与中国企业之间的技术差距越大，正溢出效应就越大。$FDIWFO \times TechGapWFO$ 的系数也为正，但不显著。$FDIJV \times TechGapJV$ 和 $FDIWFO \times TechGapWFO$ 之间的这种差异是直观的。对于独资企业来说，"适当性"论点和"必要

"论点可能相互抵消。然而,对于合资企业来说,无论技术差距有多大,外商投资企业都必须与当地合作伙伴分享技术。然后,技术可能会通过劳动力流动、技术泄露或其他学习活动传播给当地企业。在这种情况下,"必要性"论点更有可能主导"适当性"论点。

(二) 市场竞争

我们感兴趣的是,当考虑到 FDI 项目的所有权结构时,行业特征特别是市场竞争如何影响 FDI 的外溢程度。市场结构应该在溢出效应中发挥重要作用。较高程度的市场竞争可能会迫使跨国企业在东道国采用更好的技术,这意味着东道国企业有更好的知识来源(Sjöholm,1999)。更激烈的市场竞争也使东道国企业更有动力去学习新的技术。因此,我们预计市场竞争会加强跨国企业向东道国企业的技术扩散。

我们使用 HHI 来衡量市场集中度(市场竞争的反向衡量)。HHI 越高,市场集中度就越高(即市场竞争程度越低)。第(2)列的结果显示,合资企业仍然产生正的溢出效应,而独资企业则产生负的溢出效应。更有趣的是,与我们的预测一致,合资企业的正向溢出效应在竞争更激烈的行业中更强($FDIJV \times Concentration$ 的系数为负),而独资企业的负向溢出效应在竞争更激烈的行业中更弱($FDIWFO \times Concentration$ 的系数为负,但在统计上不显著)。

表 6 - 4　异质性影响

	(1) TFPLP 技术差距	(2) TFPLP 集中度	(3) TFPLP 吸收能力	(4) TFPLP 信贷约束	(5) TFPLP 所有因素
$FDIJV_{t-1}$	0.048 (0.180)	0.530*** (0.164)	0.316** (0.157)	0.228* (0.128)	−0.229 (0.231)
$FDIWFO_{t-1}$	−0.520*** (0.081)	−0.473*** (0.080)	−0.564*** (0.081)	−0.489*** (0.066)	−0.561*** (0.108)
$FDIJV_{t-1} \times TechGapJV$	0.184*** (0.070)				0.270*** (0.087)
$FDIWFO_{t-1} \times TechGapWFO$	0.021 (0.022)				0.014 (0.022)
$FDIJV_{t-1} \times Concentration$		−2.457** (1.209)			−2.994* (1.690)

续表

	(1) TFPLP 技术差距	(2) TFPLP 集中度	(3) TFPLP 吸收能力	(4) TFPLP 信贷约束	(5) TFPLP 所有因素
$FDIWFO_{t-1} \times Concentration$		−0.393 (0.569)			−0.407 (0.912)
$FDIJV_{t-1} \times R\&D2001$			0.692*** (0.225)		0.627*** (0.234)
$FDIWFO_{t-1} \times R\&D2001$			0.124* (0.074)		0.122* (0.073)
$FDIJV_{t-1} \times Liquidity$				3.022*** (0.133)	3.285*** (0.170)
$FDIWFO_{t-1} \times Liquidity$				0.068* (0.036)	0.113** (0.051)
观测值数量	989 478	994 673	524 281	994 640	521 561
R^2	0.084	0.084	0.079	0.087	0.083

注：括号内为行业-年份层面的稳健标准误。 ***、 ** 和 * 分别表示在 1%、5%和10%的水平上显著。所有回归都控制了企业和年份的固定效应。

(三) 国内企业的吸收能力

虽然文献发现国内企业的吸收能力对从 FDI 的存在中获得正向溢出效应非常重要 (Blalock and Gertler，2009；Lin et al.，2009)，但人们对吸收能力是否对不同类型的 FDI 发挥不同作用知之甚少。我们用 2001 年的企业研发信息来代表国内企业的吸收能力（即企业在 2001 年是否从事研发活动）进而进行这个测试。许多研究表明，从事研发活动的企业能够更好地识别和利用外部信息，这意味着吸收能力可以随着企业的研发投资增加而增强 (Aghion and Jaravel，2015；Lane，Salk，and Lyles，2001)。[①]

结果在第 (3) 列展示。我们发现，即使我们考虑到 FDI 项目的所有权结构，吸收能力也确实像传统文献显示的那样重要。$FDIJV_{t-1} \times R\&D2001$ 和 $FDIWFO_{t-1} \times R\&D2001$ 的系数都是正的，而且很显著，说明企业的吸收能力会增强企业的学习效果。

---

① 我们使用 2001 年的企业研发信息，因为这是企业研发信息可用的第一年，我们使用这个初始信息来减轻 FDI 对企业研发的潜在反向影响。

（四）国内企业的信贷约束

我们进一步检验受到不同程度信贷约束的国内企业是否从两种类型的 FDI 项目中获得不同的利益。由于前期成本的相对重要性以及生产费用发生的时间和收入实现的时间之间的滞后性的变化，企业依靠外部资本来运营（Manova and Yu，2016）。信贷约束在影响企业的市场行为和绩效方面的作用已被广泛研究；例如 Agarwal、Milner and Riano（2014）发现信贷约束阻碍了企业采用和模仿新技术。

我们的假设是，财务状况较好的国内企业会有更强的能力去学习或与外国子公司竞争，因此，积极的技术扩散效应会更强，消极的竞争效应会更弱。根据文献，我们使用流动资产和流动负债之间的差额占总资产的比例作为我们对企业层面信贷约束（流动性）的衡量指标（Manova and Yu，2016）。对于流动性比率较高的企业来说，对外部资本的融资能力较强，或者说面临的信贷约束较小。

回归结果见第（4）列。我们在回归中加入了财务状况指标与两类 FDI 指标之间的交互项。这两个交互项的系数都是正的，而且很有意义。这意味着财务状况较好的国内企业从合资企业中学习到了更多的东西和/或更好地缓解了独资企业带来的竞争效应。

最后，在第（5）列，我们在一个回归中包括了所有的调节因素，我们发现与第（1）~第（4）列的单独回归一样，结果非常稳健。关于不同类型 FDI 的异质性影响的研究结果与传统文献的直觉一致，这进一步支持了我们对合资企业和独资企业的不同研究结果的可靠性。

四、工具变量估计

方程（6-1）中的系数 β_1 和 β_2 的无偏性取决于这样的假设：感兴趣的回归因子（FDIJV 和 FDIWFO）与控制变量条件下的误差项不相关。这一假设可能不成立，因为外资的进入决策和/或进入模式决策（即在合资企业和独资企业之间的选择）可能与中国企业的竞争力有关。尽管我们已经使用了滞后一年的 FDI 变量，并在方程（6-1）中加入了企业固定效应，但人们仍然可以质疑两个 FDI 变量的外生性。在此处，我们进一步构建了 FDI 的产业层面的工具变量，以检验不同影响的因果关系。

为了改善我们的识别策略，我们利用了中国加入 WTO 后 FDI 监管政策的变化，这被广泛认为是一个准自然实验（Bloom，Draca，and Van Reenen，2016；Liu and Qiu，2016）。Lu et al.（2017）在识别中国 FDI 的整体溢出效应因果关系时也采用了这一策略，不过它只考虑了 FDI 进入监管，而我们的研究则同时考虑了 FDI 进入和外资持股监管。

中国政府通过发布《外商投资产业指导目录》（以下简称《目录》）来规范 FDI 进入和外资持股。对于 FDI 的进入，《目录》将行业划分为四类：鼓励外商直接投资的行业；限制外商直接投资的行业；禁止外商直接投资的行业；允许外商直接投资的行业（《目录》未列出允许的行业）。至于外资持股，《目录》规定了对特定产品或行业的外资持股限制〔例如，在 1997 年的版本中，聚氯乙烯树脂和乙烯（属于石油、石化和化学工业）的生产不允许有外商独资子公司〕。在 FDI 自由化的过程中，中国在 2002 年、2004 年调整并公布了新的《目录》，并在随后的几年里不断大幅放宽规定。在样本期的这些调整中，2004 年的修订是一个小调整。根据中国政府在 2001 年入世谈判中的承诺，2002 年版的《目录》相对于 1997 年的版本进行了大幅修订。正如 Lu et al.（2017）所展示的那样，2002 年的政策变化具有合理的外生性，因为入世谈判是一个非常漫长和不确定的政治过程。因此，通过比较 1997 年版《目录》和 2002 年版《目录》，我们可以确定中国加入 WTO 后各行业的 FDI 法规变化。

具体来说，我们从两个方面探讨政策改革：一个是 FDI 进入自由化，另一个是外资持股自由化。为了构建 FDI 进入自由化的程度，我们在每个版本的《目录》中为鼓励性行业设定 4 的数值，为允许性行业设定 3 的数值，为限制性行业设定 2 的数值，为禁止性行业设定 1 的数值，然后取 2002 年版本中每个行业的数值与 1997 年版本中每个行业的数值之差。差值（$EntryLib$）越大，该行业因加入 WTO 而对 FDI 进入的自由化程度越高。同样，为了确定任何一个行业是否发生了外资持股自由化，如果该行业至少有一种产品的生产不允许有独资企业，我们就给该行业赋值为 1，给其余行业赋值为 0，然后取每个行业在 1997 年版《目录》和 2002 年版《目录》中的差值。差值（$EquityLib$）越大，说明该行业因加入 WTO 而对外资开放的程度越高。有了这些放松管制变量

EntryLib 和 *EquityLib*，我们为两个潜在的内生变量 *FDIJV* 和 *FDIWFO* 构建两个工具变量（IV），将它们与入世后指标（*Post*02）交互。

有了这两个工具变量，我们再进行 2SLS 回归，以检验合资企业和独资企业的不同影响的因果关系。第一阶段的回归模型设定为：

$$FDIJV_{jt}=\beta_1(EquityLib_j\times Post02_t)+\beta_2(EntryLib_j$$
$$\times Post02_t)+X'_{ijt-1}\eta+\alpha_i+\alpha_t+\varepsilon_{ijt} \tag{6-5}$$
$$FDIWFO_{jt}=\beta_1(EquityLib_j\times Post02_t)+\beta_2(EntryLib_j$$
$$\times Post02_t)+X'_{ijt-1}\eta+\alpha_i+\alpha_t+\varepsilon_{ijt} \tag{6-6}$$

表 6-5 报告了 2SLS 回归的结果。第（1）~第（2）列的第一阶段回归结果表明，外资持股自由化减少了合资企业的存在，但增加了独资企业的存在，而 FDI 进入自由化则增加了合资企业和独资企业的存在。[①] 这些结果有很大的意义。第（3）列的第二阶段回归结果显示，在经过工具变量估计后，合资企业提高了中国企业的生产率，而独资企业降低了中国企业的生产率，证实了之前 OLS 回归结果的因果关系。

表 6-5　工具变量估计

	(1) $FDIJV_{t-1}$	(2) $FDIWFO_{t-1}$	(3) $TFPLP$
$(EquityLib\times Post02)_{t-1}$	−0.007 *** (0.001)	0.020 *** (0.008)	0.316 ** (0.157)
$(EntryLib\times Post02)_{t-1}$	0.004 *** (0.001)	0.026 *** (0.002)	−0.564 *** (0.081)
$FDIJV_{t-1}$			5.327 *** (1.667)
$FDIWFO_{t-1}$			−0.761 *** (0.268)
观测值数量	994 357	994 357	994 357
R^2	0.031	0.492	0.076
无法识别检验（Kleibergen-Paap rk LM 统计量）			1 083.704

① 无法识别检验和弱识别检验证实了我们的工具变量的有效性。

续表

	(1) $FDIJV_{t-1}$	(2) $FDIWFO_{t-1}$	(3) $TFPLP$
弱工具稳健推断（Anderson-Rubin Wald test）	$p=0.005\ 0$		
弱识别检验（Kleibergen-Paap rk Wald F 统计量）			655.867

注：第（1）列和第（2）列是第一阶段的回归结果，第（3）列是第二阶段的回归结果。括号内的数值是行业-年份层面的稳健标准误差。所有的回归都包含了企业和行业层面的控制变量，并且控制了企业和年份的固定效应。***、** 和 * 分别表示在1%、5%和10%的水平上显著。

五、机制检验

从理论上讲，无论是合资企业还是独资企业，都会对中国企业产生积极的技术扩散效应和消极的竞争效应。任何类型的外商直接投资的净效应都取决于技术扩散效应和竞争效应之间的比较。只要外商投资企业在中国市场经营，合资企业和独资企业的竞争效应就可能是相似的。然而，要使技术扩散效应产生并有效，需要满足两个条件（Szulanski，1996；Kotabe et al.，2003），而合资企业和独资企业可能有很大的不同：（1）有多少技术需要扩散；（2）扩散的效果如何。鉴于合资企业会带来正的净影响而独资企业会带来负的净影响，我们从这两个方面来研究合资企业和独资企业；也就是说，合资企业是否比独资企业给中国企业带来更好的技术（"技术来源"机制），以及合资企业是否比独资企业更好地向中国企业扩散技术（"技术扩散/泄露"机制）。此外，我们还展示了竞争机制的一些证据。

（一）合资企业和独资企业的绩效比较

从理论上讲，合资企业可能比独资企业给东道国带来更多（更好）或更少的技术。一方面，跨国企业可能向独资企业转让更多的技术，而不是向合资企业转让技术，因为它们担心合资企业向在东道国的合作伙伴泄露知识产权，不愿意与当地的合作伙伴分享技术利益等（Desai et al.，2009）。另一方面，跨国企业可能会给合资企业带来更好的技术，以吸引当地企业参与合作，或更好地利用当地合作伙伴提供的当地资源，或当地合作伙伴可能会在 FDI 项目的谈判中明确要求跨国企业在合

资企业中采用先进技术，因此合资企业可能比独资企业拥有更好的技术
（Van Reenen and Yueh，2012）。因此，合资企业或独资企业是否为东
道国带来更多（更好）的技术是一个实证性的问题。

　　为了检验合资企业还是独资企业是中国企业学习的更好技术来源，
下面我们比较了合资企业和独资企业在几个方面的表现，包括全要素生
产率、研发支出、员工培训支出和新产品销售，均以对数计算。表 6 - 6
的 A 组报告了在控制企业规模和行业-年份固定效应之后，我们将企业
绩效指标与合资企业指标进行回归的结果。因此，合资企业指标的系数
显示了合资企业和独资企业之间的行业内绩效差异。很明显，在所有这
些衡量标准中，合资企业的表现都优于独资企业。合资企业有更高的全
要素生产率和新产品销售，也在研发和员工培训方面投入更多。

表 6 - 6　机制检验：合资企业与独资企业的绩效比较

	(1) 全要素 生产率	(2) 研发支出	(3) 员工培训 支出	(4) 新产品 销售
A 组：所有外商投资企业样本				
JV	0.125 *** (0.006)	0.416 *** (0.012)	0.599 *** (0.011)	0.642 *** (0.017)
logLabor	0.546 *** (0.003)	0.358 *** (0.007)	0.448 *** (0.006)	0.366 *** (0.010)
观测值数量	359 500	316 763	224 805	347 825
R^2	0.330	0.117	0.132	0.062
B 组：成为外商投资企业的第一年				
JV	0.156 *** (0.007)	0.300 *** (0.012)	0.497 *** (0.015)	0.463 *** (0.017)
logLabor	0.432 *** (0.004)	0.228 *** (0.007)	0.366 *** (0.008)	0.314 *** (0.010)
观测值数量	100 444	72 407	51 105	90 762
R^2	0.228	0.082	0.109	0.057
C 组：成为外商投资企业的前两年				
JV	0.142 *** (0.006)	0.323 *** (0.011)	0.496 *** (0.013)	0.497 *** (0.015)

续表

	（1） 全要素 生产率	（2） 研发支出	（3） 员工培训 支出	（4） 新产品 销售
log*Labor*	0.466*** (0.003)	0.251*** (0.007)	0.378*** (0.007)	0.318*** (0.009)
观测值数量	170 756	125 513	89 514	162 538
R^2	0.254	0.086	0.107	0.055
D组：新成立的外商投资企业的第一年				
JV	0.081*** (0.025)	0.229*** (0.033)	0.299*** (0.039)	0.460*** (0.070)
log*Labor*	0.386*** (0.013)	0.180*** (0.019)	0.297*** (0.021)	0.241*** (0.037)
观测值数量	9 146	8 306	6 570	8 157
R^2	0.206	0.083	0.086	0.076
E组：新成立的外商投资企业的前两年				
JV	0.102*** (0.014)	0.243*** (0.021)	0.422*** (0.025)	0.438*** (0.040)
log*Labor*	0.419*** (0.007)	0.219*** (0.012)	0.339*** (0.013)	0.271*** (0.022)
观测值数量	30 898	27 964	21 457	27 855
R^2	0.219	0.078	0.090	0.051

注：所有回归均包含了行业-年份固定效应。所有因变量均为对数形式。括号内的数值为稳健标准误。***、**和*分别表示在1%、5%和10%的水平上显著。

合资企业的优异表现可能意味着合资企业的技术更好。然而，这一结果可能是由跨国企业和当地合作伙伴在合资企业中的互补性所驱动的。为了验证这一点，我们使用成为外商投资企业第一年的绩效来进行比较。我们的想法是，互补性需要时间来发挥作用。如果合资企业最初一年的绩效仍然好于独资企业最初一年的绩效，那么我们可以得出结论，合资企业更好的绩效（至少一部分）是由于合资企业的技术优势，而不是跨国企业和当地合作伙伴在合资企业中的互补性。B组和C组分别报告了成为外商投资企业第一年和前两年的绩效比较。我们仍然发现，合资企业的表现比独资企业好。

另一个潜在的问题是，在B组和C组的样本中，外商投资企业可能是新成立的,也可能是被跨国企业收购的中国企业。对于被收购的中国企业来说,本身的技术可能并不完全由跨国企业的技术转让决定,因此这些企业的表现可能不是技术转让的一个好指标,那么,我们进一步将样本限制在新成立的外商投资企业。D组和E组分别报告了这些新成立的外商投资企业在第一年和前两年的绩效比较。我们可以看到,合资企业仍然明显优于独资企业;也就是说,合资企业在全要素生产率和新产品销售方面优于独资企业,而且在研发和员工培训方面的投入也高于独资企业。

总而言之,我们发现了严格的证据,证明了合资企业的技术优于独资企业的技术,而这种优势很可能是由于跨国企业向中国企业进行了更好技术的转让。[①] 虽然令人惊讶,但这一发现与其他研究,如 Van Reenen and Yueh(2012)以及 Greenaway、Alessandra and Yu(2014)针对不同中国企业样本所发现的一致。

(二)安慰剂检验:FDI 来源(港澳台 vs. 外国)

我们通过考虑 FDI 来源的差异来进一步检验技术来源机制。在 1998—2007 年,流入的 FDI 中约有 40% 来自香港、澳门和台湾。港澳台 FDI 的一个突出特点是,相对于来自 OECD 成员的 FDI,它的技术含量较低(Lin et al. ,2009)。因此,如果合资企业和独资企业对中国企业的不同影响(至少部分)是由于合资企业比独资企业带来了更好的技术,那么我们就应该预期港澳台合资企业(HMTJV)比非港澳台合资企业(non-HMTJV)对内地或大陆企业的技术扩散效应更弱。

(三)制度质量:金融发展和知识产权保护

合资企业和独资企业对中国企业的不同影响,可能是由于中国企业更容易获得合资企业的技术,从而从合资企业的存在中获益更多,即使合资企业和独资企业带来的技术相同。也就是说,合资企业更好的技术扩散效应,可能是由合资企业更有效的"技术扩散"本身造成的。如果这个机制在起作用,我们将期望合资企业的技术扩散效应比独资企业对影响"技术扩散"的制度更加敏感。

---

① 我们分别对港澳台投资的外商投资企业和外国跨国企业投资的外商投资企业做了这些分析,也发现了类似的结果。这里由于篇幅原因没有报告,但读者可以向作者索取。

我们重点讨论可能促进或抑制技术扩散或泄露的当地制度的作用。许多研究发现，东道国的制度因素，如金融发展，对技术扩散至关重要，因为它们会影响本地企业的学习成本。例如，Alfaro、Chanda、Kalemli-Ozcan and Sayek（2004）发现，当地金融发展的缺乏限制了本地企业利用潜在的 FDI 溢出效应的能力。另一个可能影响技术扩散的重要制度因素是东道国的知识产权（IPR）保护。高度的知识产权保护可能会阻止本地企业模仿，或增加本地企业向外资企业学习的成本（例如通过逆向工程或雇用外资企业的员工来获取技术）。①我们预计这些制度对合资企业的技术扩散的影响会大于对独资企业的影响。

我们从 Fan、Wang and Zhu（2003）开发的中国区域市场化指数中获得各省的金融发展和知识产权保护指数。金融发展指数是两个比率的加权平均数（标准化为 0 和 1 之间）。②一个是各省非国有金融机构吸收的存款份额，反映了银行部门的竞争水平。另一个是银行信贷中分配给各省非国有企业的份额。同样，知识产权保护指数是专利申请数量与科技研究人员数量之比以及专利授予数量与科技研究人员数量之比的加权平均数。这两个指数在不同省份和不同年份都有所不同。

表 6-7 的第（2）列和第（3）列显示了结果。在第（2）列，我们展示了两种类型的 FDI 和金融发展指数之间的相互作用；在第（3）列，我们展示了两种类型的 FDI 和知识产权保护指数之间的相互作用。我们发现，正如交互项的符号所显示的那样，位于金融更发达省份的国内企业从合资企业和独资企业中获益更多，而位于知识产权保护更强省份的国内企业从合资企业和独资企业中获益较少。更重要的是，这两种制度对合资企业的影响比对独资企业的影响更强，这一点从比较系数的 p 值可以看出（$FDIJV_{t-1} \times FinDev$ vs. $FDIWFO_{t-1} \times FinDev$ 是 0.015 3，$FDIJV_{t-1} \times IPR\_Protection$ vs. $FDIWFO_{t-1} \times IPR\_Protection$ 是 0.000 0）。这意味着，与独资企业相比，合资企业的技术扩散效应对影响"技术扩散"的制度更加敏感。

---

① 一些文献研究了知识产权保护在跨国企业向其外国子公司进行技术转让决策中的作用，例如 Branstetter、Fisman and Fritz Foley（2006）和 Kashcheeva（2013）。与这些文献不同的是，我们研究的是知识产权保护在阻止/促进技术从外商投资企业向东道国本地企业扩散中的作用。

② 权重是由主成分分析得来的，详情可见 Fan、Wang and Zhu（2003）。

表 6 - 7　机制检验：FDI 来源、制度与市场定位

	(1) TFPLP 港澳台 vs. 非港澳台	(2) TFPLP 金融发展	(3) TFPLP 知识产权保护	(4) TFPLP 市场定位
$FDIJVNonHMT_{t-1}$	0.527*** (0.172)			
$FDIWFONonHMT_{t-1}$	−0.290*** (0.084)			
$FDIJVHMT_{t-1}$	0.248 (0.156)			
$FDIWFOHMT_{t-1}$	−0.693*** (0.074)			
$FDIJV_{t-1}$		−0.092 (0.202)	0.744*** (0.139)	
$FDIWFO_{t-1}$		−0.522*** (0.086)	−0.046 (0.071)	
$FDIJV_{t-1}\times FinDev$		0.703*** (0.225)		
$FDIWFO_{t-1}\times FinDev$		0.051 (0.069)		
$FDIJV_{t-1}\times IPR\_Protection$			−0.096*** (0.010)	
$FDIWFO_{t-1}\times IPR\_Protection$			−0.019*** (0.002)	
$FDIJV\_EXPoriented_{t-1}$				0.642*** (0.171)
$FDIJV\_DOMoriented_{t-1}$				0.258 (0.158)
$FDIWFO\_EXPoriented_{t-1}$				−0.479*** (0.068)
$FDIWFO\_DOMoriented_{t-1}$				−0.513*** (0.103)
比较		$FDIJV\times FinDev$ vs. $FDIWFO\times FinDev$	$FDIJV\times IPR\_Protection$ vs. $FDIWFO\times IPR\_Protection$	$FDIWFO\_EXPoriented$ vs. $FDIWFO\_DOMoriented$

续表

	(1) *TFPLP* 港澳台 vs. 非港澳台	(2) *TFPLP* 金融发展	(3) *TFPLP* 知识产权保护	(4) *TFPLP* 市场定位
p 值		0.015 3	0.000 0	0.736 2
观测值数量	994 674	994 614	994 614	994 674
R^2	0.084	0.084	0.086	0.084

注：括号内的数值为行业-年份层面的稳健标准误。所有的回归均包含了企业和行业层面的控制变量，并且控制了企业和年份的固定效应。***、** 和 * 分别表示在 1%、5% 和 10% 的水平上显著。

总之，对于合资企业和独资企业对本土企业的影响存在差异的原因，具体而言，合资企业发挥了正向作用，而独资企业则发挥了负向作用。我们发现，合资企业比独资企业给中国企业带来了更好的技术，合资企业比独资企业更有效地向中国企业传播技术。

（四）市场定位

除了技术扩散，来自外商投资企业（无论是合资企业还是独资企业）的竞争将减少国内企业的市场份额，从而由于规模经济的缩小而损害生产率（Aitken and Harrison，1999）。从理论上讲，这种负面竞争效应的机制适用于合资企业和独资企业，但对于不同市场定位的外商投资企业，其影响应该是不同的。我们预计，相对于以国内市场为导向的外商投资企业，以出口为导向的外商投资企业从国内企业手中抢走的市场份额会更少，从而对国内企业的生产率造成更小的损害。我们检查这一机制是否如预期的那样对合资企业和独资企业都有效。

为了进行检验，我们首先根据出口销售比例将外商投资企业分为出口导向型和国内市场导向型：如果一个企业的出口销售比例高于 50%，则被定义为出口导向型企业，反之则为国内市场导向型企业。然后，我们按照方程（6-2）和方程（6-3）的同样方法，计算不同市场定位的合资企业和独资企业的存在。第（4）列展示了回归结果。我们发现，以出口为导向的合资企业的存在对国内企业的生产率产生了明显的积极影响，而以国内市场为导向的合资企业的影响则不明显，这意味着技术扩散效应和竞争效应在这里相互抵消了。对于独资企业，我们发现出口导向型和国内市场导向型都对国内企业产生了负面影响，但出口导向型独资企业的影响程度要比国内市场导向型独资企业的影响程度小（尽管差异在统计上不显著）。这些结果意味着，竞争效应对合资企业和独资企业都有作用。

第四节 结 论

长期以来，FDI 的技术扩散效应被认为对接受国的经济发展非常重要，有大量文献对这种效应进行了实证研究。然而，在这些文献中，FDI 的一个特点几乎被忽略了，那就是外商投资企业的所有权结构。鉴于外商投资企业的所有权结构是发达国家和发展中国家 FDI 监管政策的核心，这种忽略是令人惊讶的。我们研究了中外合资企业和外商独资企业对中国企业潜在的差异性技术扩散影响。中国企业快速崛起的竞争力和中国企业崛起所带来的世界性的深刻影响，以及合资企业在中国 FDI 流入中的大量存在成为本研究的有趣背景。我们发现，合资企业对中国企业产生了积极影响，而独资企业对中国企业产生了消极影响。这些影响在统计上和经济上都是显著的。合资企业和独资企业的不同影响对一系列检验是稳健的，并且对一系列调节因素具有异质性，这与之前文献的发现是一致的。我们的工具变量分析也表明，不同的影响是有因果关系的。这一结果是由合资企业带来的更好技术和合资企业带来的更好技术扩散效应所驱动的。

我们的研究在理解为什么文献把 FDI 区分为合资企业和独资企业，从而对横向 FDI 溢出效应提出不同的证据方面迈出了一步。将合资企业和独资企业混在一起可能会掩盖或抵消彼此的影响。我们的研究结果也有助于理解为什么许多 FDI 接受国对 FDI 的流入实行所有权限制。然而，在解释我们的结果时应该注意以下几点。第一，就跨境技术扩散本身而言，合资企业似乎应该得到一些鼓励政策。然而，这并不意味着政府应该或不应该对 FDI 的流入施加所有权限制。需要更多的研究来评估合资企业和独资企业的一般均衡效应。第二，我们的研究没有对为什么会有合资企业或如何促进合资企业做出任何回答。潜在地，有许多原因是形成合资企业或政府鼓励合资企业的政策论据。如果我们想提出具体的政策建议，我们需要首先仔细识别和分析这些具体的驱动力。这是一个开放的领域，超出了本研究的范围。第三，对于政策制定者来说，我们的研究还意味着，正如我们的异质性分析所表明的那样，合资企业的积极技术扩散效应并不是无条件的。最后但并非不重要的是，鉴于 FDI 在技术扩散中的重要而复杂的作用，以及关于合资企业的非常有限的证据，我们期待看到对不同国家的这一主题的更多研究。

参考文献

Agarwal, N., Milner, C., Riaño, A., 2014. Credit constraints and spillovers from foreign firms in China. Journal of Banking & Finance 48, 261 – 275.

Aghion, P., Jaravel, X., 2015. Knowledge spillovers, innovation and growth. The Economic Journal 125 (583), 533 – 573.

Aitken, B. J., Harrison, A. E., 1999. Do domestic firms benefit from direct foreign investment? Evidence from Venezuela. American Economic Review 89 (3), 605 – 618.

Alfaro, L., Chanda, A., Kalemli-Ozcan, S., Sayek, S., 2004. FDI and economic growth: The role of local financial markets. Journal of International Economics, 64, 89 – 112.

Audretsch, D. B., Feldman, M. P., 2004. Knowledge spillovers and the geography of innovation. Handbook of Regional and Urban Economics 4, 2713 – 2739.

Blalock, G., Gertler, P. J., 2009. How firm capabilities affect who benefits from foreign technology. Journal of Development Economics 90 (2), 192 – 199.

Bloom, N., Draca, M., Van Reenen, J., 2016. Trade induced technical change? The impact of Chinese imports on innovation, IT and productivity. The Review of Economic Studies 83 (1), 87 – 117.

Blomström, M., Sjöholm, F., 1999. Technology transfer and spillovers: Does local participation with multinationals matter? European Economic Review 43 (4), 915 – 923.

Blomström, M., Wang, J.-Y., 1992. Foreign investment and technology transfer: A simple model. European Economic Review 36 (1), 137 – 155.

Brandt, L., Van Biesebroeck, J., Zhang, Y., 2012. Creative accounting or creative destruction? Firm-level productivity growth in Chinese manufacturing. Journal of Development Economics 97 (2), 339 – 351.

Branstetter, L. G., Fisman, R., Fritz, C. F., 2006. Do stronger intellectual property rights increase international technology transfer? Empirical evidence from US firm-level panel data. The Quarterly Journal of Economics 121 (1), 321 – 349.

Buckley, P. J. , Clegg, J. , Wang, C. , 2002. The impact of inward FDI on the performance of Chinese manufacturing firms. Journal of International Business Studies 33 (4), 637 – 655.

Bwalya, S. M. , 2006. Foreign direct investment and technology spillovers: Evidence from panel data analysis of manufacturing firms in Zambia. Journal of Development Economics 81 (2), 514 – 526.

Castellani, D. , Zanfei, A. , 2003. Technology gaps, absorptive capacity and the impact of inward investments on productivity of European firms. Economics of Innovation and New Technology 12 (6), 555 – 576.

Desai, M. A. , Fritz, C. F. , Hines, J. R. , 2009. Domestic effects of the foreign activities of US multinationals. American Economic Journal: Economic Policy 1 (1), 181 – 203.

Djankov, S. , Hoekman, B. , 2000. Foreign investment and productivity growth in Czech enterprises. The World Bank Economic Review 14 (1), 49 – 64.

Fan, G. , Wang, X. , Zhu, H. , 2003. Reports on the relative process of marketization in different regions in China. Economic Science Publishing House.

Görg, H. , Strobl, E. , 2005. Spillovers from foreign firms through worker mobility: An empirical investigation. The Scandinavian Journal of Economics 107 (4), 693 – 709.

Gorodnichenko, Y. , Svejnar, J. , Terrell, K. , 2014. When does FDI have positive spillovers? Evidence from 17 transition market economies. Journal of Comparative Economics 42 (4), 954 – 969.

Greenaway, D. , Guariglia, A. , Zhihong, Y. , 2014. The more the better? Foreign ownership and corporate performance in China. The European Journal of Finance 20 (7 – 9), 681 – 702.

Haddad, M. , Harrison, A. , 1993. Are there positive spillovers from direct foreign investment? Evidence from panel data for Morocco. Journal of Development Economics 42 (1), 51 – 74.

Haskel, J. E. , Pereira, S. C. , Slaughter, M. J. , 2007. Does inward foreign direct investment boost the productivity of domestic firms? The Review of Economics and Statistics 89 (3), 482 – 496.

Holmes, T. J. , McGrattan, E. R. , Prescott, E. C. , 2015. Quid pro quo: Technology capital transfers for market access in China. The Review of Economic Studies 82 (3), 1154 – 1193.

Javorcik, B. S. , 2004. Does foreign direct investment increase the productivity of domestic firms? In search of spillovers through backward linkages. The American Economic Review 94 (3), 605 - 627.

Javorcik, B. S. , Spatareanu, M. , 2008. To share or not to share: Does local participation matter for spillovers from foreign direct investment? Journal of Development Economics 85 (1), 194 - 217.

Karabay, B. , 2010. Foreign direct investment and host country policies: A rationale for using ownership restrictions. Journal of Development Economics 93 (2), 218 - 225.

Kashcheeva, M. , 2013. The role of foreign direct investment in the relation between intellectual property rights and growth. Oxford Economic Papers 65 (3), 699 - 720.

Keller, W. , Yeaple, S. R. , 2009. Multinational enterprises, international trade, and productivity growth: Firm-level evidence from the United States. The Review of Economics and Statistics 91 (4), 821 - 831.

Kokko, A. , 1994. Technology, market characteristics, and spillovers. Journal of Development Economics 43 (2), 279 - 293.

Konings, J. , 2001. The effects of foreign direct investment on domestic firms. Economics of Transition 9 (3), 619 - 633.

Kotabe, M. , Martin, X. , Domoto, H. , 2003. Gaining from vertical partnerships: Knowledge transfer, relationship duration, and supplier performance improvement in the US and Japanese automotive industries. Strategic Management Journal 24 (4), 293 - 316.

Lane, P. J. , Salk, J. E. , Lyles, M. A. , 2001. Absorptive capacity, learning, and performance in international joint ventures. Strategic Management Journal 22 (12), 1139 - 1161.

Levinsohn, J. , Petrin, A. , 2003. Estimating production functions using inputs to control for unobservables. The Review of Economic Studies 70 (2), 317 - 341.

Liu, Q. , Ruosi, L. , Zhang, C. , 2014. Entrepreneurship and spillovers from multinationals: Evidence from Chinese private firms. China Economic Review 29, 95 - 106.

Liu, Q. , Qiu, L. D. , 2016. Intermediate input imports and innovations: Evidence from Chinese firms' patent filings. Journal of International Economics 103, 166 - 183.

Lin, P. , Liu, Z. , Zhang, Y. , 2009. Do Chinese domestic firms benefit from FDI inflow? Evidence of horizontal and vertical spillovers. China Economic Review 20 (4), 677 - 691.

Lu, Y. , Tao, Z. , Zhu, L. , 2017. Identifying FDI spillovers. Journal of International Economics 107, 75 - 90.

Manova, K. , Yu, Z. , 2016. How firms export: Processing vs. ordinary trade with financial frictions. Journal of International Economics 100, 120 - 137.

Olley, G. S., Pakes, A., 1996. The dynamics of productivity in the telecommunications equipment industry. Econometrica 64 (6), 1263 - 1297.

Pavcnik, N., 2002. Trade liberalization, exit, and productivity improvements: Evidence from Chilean plants. The Review of Economic Studies 69 (1), 245 - 276.

Sjöholm, F., 1999. Technology gap, competition and spillovers from direct foreign investment: Evidence from establishment data. The Journal of Development Studies 36 (1), 53 - 73.

Szulanski, G., 1996. Exploring internal stickiness: Impediments to the transfer of best practice within the firm. Strategic Management Journal 17 (S2), 27 - 43.

UNCTAD, 2001. World investment report 2001: Promoting linkages.

Van Reenen, J., Yueh, L., 2012. Why has China grown so fast? The role of International Technology Transfer. CEP Discussion Paper 1121.

Xu, X., Sheng, Y., 2012. Are FDI spillovers regional? Firm-level evidence from China. Journal of Asian Economics 23 (3), 244 - 258.

第七章　外资在华并购如何
影响目标公司的绩效？

内容提要：外资并购是引进外资的重要方式之一，但在我国总体外资引进中占比较低。本章评估外资在华并购如何影响我国被并购企业的绩效。基于中国工业企业数据库（ASIP）和 Thomson Financial SDC Platinum 数据库，利用被外国企业宣布为收购目标但最终没有被收购的中国企业及利用倾向得分匹配（PSM）构建的控制组，本章进行 DID 分析发现，外资并购大大改善了目标公司的绩效。当收购方国家与中国之间存在较大的技术差距时，外资并购会带来更显著的绩效提升效果。目标公司的绩效与外资持有的目标公司股权之间存在着倒 U 形关系。绩效提升效应只存在于横向收购和混合收购中，而不存在于纵向收购中。

第一节　引　言

跨境兼并与收购（M&A）在全球化时代是至关重要的。从经济发展的角度来看，外资并购如何影响目标国特别是发展中国家的经济，以及如何影响目标公司的绩效是备受关注的。本章拟探讨在中国进行的外资并购的影响。

理论表明，外资并购者可以通过向目标公司转让资本、技术、管理知识和其他有形与无形资产来提高收购后的目标公司绩效。大量关于跨国企业和外商直接投资（FDI）的文献佐证了这一观点。Markusen（2002）认为，跨国企业拥有可以转化为海外子公司优势技术和知识的特定资产。Helpman et al.（2004）提出，企业需要克服在国外投资的巨大固定成本，因此进行国际直接投资的跨国企业必须拥有比目标国的出口商和其他国内企业更高的生产率。因此，它们可以把更好的技术带给海外子公司。Yeaple（2003）认为，跨国企业能够在不同国家间安排和转移资源以使海外工厂更具效率。① 尽管所有这些理论都只涉及母公司向子公司的知识转移，但它们同样适用于外资并购情境下的收购方和目标方。这些理论意味着下述命题成立：外资并购能提高目标公司的绩效。

　　然而，以往的实证研究提供了不同的结果。② 存在不确定性结果的一部分原因是大多数研究只关注发达国家的目标公司。一方面，某些研究发现外资并购对不同发达国家的目标公司的生产率有积极的影响，如法国（Bertrand and Zitouna，2008）、美国（Chen，2011）、英国（Griffith，1999；Conyon et al.，2002；Girma and Görg，2007a，2007b）和瑞典（Karpaty，2007）。另一方面，一些研究发现外资并购并没有改善目标公司的绩效，如在意大利（Benfratello and Sembenelli，2006）和葡萄牙（Almeida，2007）。Harris and Robinson（2002）甚至发现外国企业倾向于收购英国最具生产率的工厂，并且发现这些工厂的生产率在收购之后出现下降。

　　只有少数研究考察了非发达国家中外资并购对目标公司的影响。通过对 513 个企业的调查，Djankov and Hoekman（2000）研究了转型经济体捷克的上市公司，发现外资所有权能提高公司绩效。③ Arnold and Javorcik（2009）研究了印度尼西亚的目标公司，发现外资并购会提高这些目标公司的生产率。④

---

　　① Harris and Robinson（2002）也回顾了文献中的相关理论。尽管大多数研究识别出了跨国并购的积极影响，但仍存在一些问题未得到解决。因为跨国企业可能会将目标公司的生产重新分配到海外工厂，所以外资并购可能会降低目标公司的绩效。

　　② Aitken and Harrison（1999）发现，早期的案例研究也产生了不同的结果。

　　③ Salis（2008）关注另一个转型经济体斯洛文尼亚，发现被收购的公司在生产率的提高上并没有优于国内企业。然而，它只使用了一年的数据（1997 年），并提醒人们注意在长期中被收购公司的生产率可能发生不同的变化。

　　④ 尽管 Du and Girma（2009）以及 Girma et al.（2012）在中国的背景下研究了这一问题，但它们主要研究的是外资持股的影响，而不是收购的影响。许多研究探讨了发展中国家的外商直接投资溢出效应。然而，我们的研究关注的是外资并购对目标公司的影响。Blomström and Sjöholm（1999）比较了有外资持股和无外资持股的印度尼西亚公司的生产率。尽管一些由外资持股的公司是收购目标，但 Blomström and Sjöholm（1999）只使用了一年的数据（1991 年），这使得它无法研究目标公司在收购前后的生产率变化。

　　鉴于发展中国家的外资并购持续增加，并且已经占据相当大的份额，现有文献在考察外资并购对发展中国家目标公司的影响方面显然是不够的。我们对现有文献的贡献在于提供了关于外资并购对发展中国家特别是中国企业的影响的进一步经验证据。关注中国问题不仅是重要的，而且是令人感兴趣的。

　　首先，中国是世界上最大的发展中国家。此外，中国是世界上发展中国家中最大的外商直接投资（包括跨国并购）接受国。尽管中国的外资并购在外商直接投资总额中的份额（在 1990—2010 年约为 7.3%）远远低于世界平均水平（同期为 38.9%），但中国的外资并购正在迅速增加。图 7-1 显示 1990—2010 年发生在中国的外资并购的数量和总额。因此，未考虑中国而获得的发展中国家外资并购效果的证据显然是有偏差的。

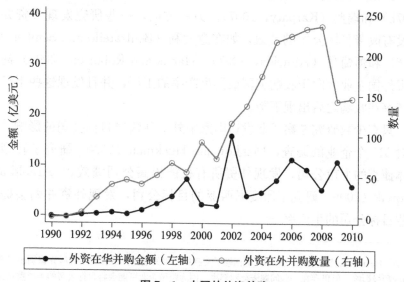

图 7-1　中国的外资并购

资料来源：联合国贸发会议数据库。

　　其次，中国不是一个典型的发展中国家。一方面，像所有发展中国家一样：中国的人均 GDP 仍然较低；经济的平均技术和效率有待提高；仍有许多不发达的地区、区域和部门。另一方面，中国具有发达国家的一些特点：中国庞大的经济规模为国家提供了大规模的研发基础和先进技术；中国在一些技术前沿领域非常先进；一些地区和城市已经实现高人均 GDP。因此，一个有趣的问题是，外资并购在中国的影响是与发达国家还是与发展中国家相似，抑或是独特的。

最后，尽管中国加强了知识产权保护，特别是在 2001 年加入世贸组织后，但外国政府和跨国企业认为中国在知识产权保护方面还有待加强。一些外国企业在中国的收购计划因种种原因未能获得中国政府反垄断部门的批准。[1] 中国的这些特点对外资并购的选择、决策和潜在影响都有很大的作用。这些作用在学术上和政策选择中都是值得研究的。

我们基于中国工业企业数据库（ASIP）和 Thomson Financial SDC Platinum 数据库构建一个独特的数据集来研究外资并购对中国目标公司绩效的影响。普通最小二乘法（OLS）回归结果显示，外资并购分别伴随着目标公司的全要素生产率（TFP）22％的增长、销售额 18％的增长和固定资产投资 24％的增长。

外资并购中的选择偏差对 OLS 回归结果提出了挑战。收购方可能不会随机选择目标，而是可能会"挑剔"。为了确定外资并购与目标公司绩效的因果关系，我们用两种不同的方法构建控制组并进行 DID 分析。数据集中的所有目标公司都包括在处理组中。然后，我们用数据集中所有本有可能被收购的企业来构建第一个控制组，即那些被外国企业宣布为收购目标但最终没有被收购的中国企业。我们还进行倾向得分匹配（PSM），利用匹配样本构建控制组。匹配样本由目标公司（处理组）与情况最类似的非收购目标配对而成。我们对每个控制组进行 DID 分析。两项分析都表明，外资并购大大改善了目标公司的绩效。我们进行了一些检验以确保 DID 估计的有效性。[2]

我们分析了技术差距、外资控股和收购方与收购目标的关系在外资并购提升目标公司绩效中的作用。研究发现，当收购方国家与中国之间

---

① 这方面的例子包括可口可乐对汇源的竞标、凯雷集团对徐工的竞标、雀巢对徐福记的竞标以及施耐德对雷士照明的竞标。

② 大多数实证研究都仔细解决了内生性问题。与我们的研究类似，Chen（2011）使用倾向得分匹配和本有可能成为收购目标的企业来构建控制组。然而，与我们的研究相比，Chen（2011）进行的稳健性检验较少。

存在较大的技术差距时，外资并购会带来更显著的绩效提升效果。[①]

关于外资控股的影响，我们观察到目标公司的绩效与外国企业持有的目标公司股权之间存在着倒 U 形关系。这表明技术和管理知识转让并不是影响目标公司绩效的唯一因素。当收购方持有目标公司很大比例的股权时，它们预期会向目标公司转让高度先进的技术和管理知识。然而，占比非常大的外资股权使当地公司成员降低为公司努力工作的动力，反过来又使目标公司的绩效降低。[②] 在收购方与目标公司的关系方面，我们发现绩效提升效应只存在于横向收购和混合收购中，而不存在于纵向收购中。[③]

Du and Girma（2009）以及 Girma et al.（2012）也关注中国的情况，但这些研究与我们的研究相比表现出几个重要的差异。首先，这些研究仅仅依靠中国的 ASIP 数据集来提供中国企业的信息。相比之下，我们将这一数据集与 Thomson Financial SDC Platinum 数据库合并，后者包含全球企业的并购信息。因此，这些研究以每个中国企业的外资股权作为关键解释变量，而我们则使用对中国企业的外资并购作为关键解释变量。换言之，我们研究的是收购本身的影响，而不是外资参与的影响。其次，我们研究的是收购对目标公司生产率的影响，而 Du and Girma（2009）以及 Girma et al.（2012）关注的是外资参与对目标公司的国内销售增长、出口、新产品开发和研发的影响。

本章的其余部分组织如下：第二节描述数据；第三节描述使用两类

---

① Chen（2011）发现，被不同来源的企业收购，如工业化国家、发展中国家和美国本土的企业，对被收购的美国公司产生不同的影响。工业化国家的企业通常为美国公司提供最高的收益，而来自美国本土和发展中国家的收购方之间的排名则取决于所采用的绩效指标。Benfratello and Sembenelli（2006）发现，外资收购并没有提高目标公司在意大利的生产率，但同时也发现当目标公司被美国企业而不是其他国家企业收购时，目标公司的绩效会得到提高。Bertrand and Zitouna（2008）发现，跨国并购对法国目标公司生产率提升的作用比国内并购更强。

② Aitken and Harrison（1999）发现，在委内瑞拉的小公司中，更大比例的外资股权会导致生产率提高更多。然而，在大公司中并没有发现类似的结果。与此相反，我们发现外资参股和目标公司绩效之间存在倒 U 形关系，且不同公司绩效指标都在外资参股比例达到 55% 时发生转变。这一发现表明虽然外资控制权可能有助于目标公司实现技术的转让和管理的提升，但公司员工是另一个关键因素，因为过高的外资股权可能会降低当地公司成员的积极性。

③ 这一发现与现有研究的结果相矛盾。Bandick（2011）发现，在瑞典公司被外资收购的案例中，纵向收购会提高目标公司的生产率，而横向收购不会产生任何影响。Javorcik and Spatareanu（2008）也发现了纵向收购的溢出效应。

控制组的 OLS 和 DID 分析;第四节描述对外资并购的异质性分析;第五节是结论。

第二节　数　据

我们从两个数据源来构建要使用的数据集,即国家统计局的 1998—2007 年中国工业企业数据库 (ASIP) 以及 Thomson Financial SDC Platinum 数据库。ASIP 数据库包括中国所有年销售额超过 500 万元的国有和非国有制造业企业的详细财务和运营信息。平均而言,该数据集所涵盖的企业约占中国每年工业总产量的 95%。事实上,《中国统计年鉴》中关于工业部门的汇总数据就是由这些数据编制而成的。Thomson Financial SDC Platinum 数据库提供了关于全球跨境并购交易的丰富信息,包括目标公司和收购方的概况 (名称、国家和行业)、交易的宣布或生效日期、交易的状态和交易的其他细节 (收购形式以及被收购和最终持有的股份)。理论上,Thomson Financial SDC Platinum 数据库包括世界上所有的并购交易 (包括私人和公共交易)。我们通过匹配作为被收购方的中国企业名称来合并这两个数据库。我们通过每个企业的地址和行业归属来重新确认匹配结果。

我们发现了在 1998—2007 年 1 245 个中国制造业企业被宣布为并购目标的案例。这些案例中只有 775 个最终被执行。我们的主要回归是基于已执行或已完成的交易,所使用的非平衡面板数据共有 4 114 个观测值。[①] 我们将 470 个未执行并购交易的企业称为"本有可能被收购的企业"。这些企业在我们的 DID 分析中构成一个控制组。

表 7-1 显示中国目标公司在收购前后的特征变化,上半部分是实际被收购的企业,下半部分是本有可能被收购的企业。这些特征包括全要素生产率、销售额、固定资产投资、就业、总资产、资本-劳动比和资产-负债比。尽管其他变量可以直接从数据集中获得,或者可以通过简单的计算获得,但我们使用 Levinsohn-Petrin 方法 (Levinsohn and Petrin,

---

① 有 22 个目标公司在取样期间被收购了不止一次,这些公司被排除在分析之外。剔除后的结果没有发生质的变化。

表7-1 企业特征的描述性统计

	收购前			收购后			二者之差
	观测值数量	平均值	标准误	观测值数量	平均值	标准误	
被收购的企业							
TFP	1 881	3.87	1.49	1 784	4.20	1.53	0.33***
$logSales$	2 072	11.69	1.63	2 015	12.11	1.69	0.42***
$log(Fixed\ asset\ investment)$	2 075	10.77	1.79	2 013	11.04	1.83	0.27***
Age	2 031	1.93	0.97	1 999	2.11	0.79	0.18***
$logEmployment$	2 064	5.95	1.36	2 022	5.99	1.34	0.05
$logAsset$	2 080	12.00	1.58	2 018	12.34	1.57	0.34***
$log(K/L)$	2 057	4.73	1.31	2 008	5.16	1.29	0.43***
$Asset/liability$	2 070	0.23	0.76	2 004	0.30	0.84	0.07***
本有可能被收购的企业							
TFP	1 283	4.26	1.58	1 088	4.32	1.73	0.06
$logSales$	1 433	12.19	1.97	1 252	12.34	2.03	0.15*
$log(Fixed\ asset\ investment)$	1 434	11.30	2.11	1 250	11.30	2.14	0.00
Age	1 400	2.10	1.04	1 238	2.11	0.88	0.01

续表

	收购前			收购后			二者之差
	观测值数量	平均值	标准误	观测值数量	平均值	标准误	
$\log Employment$	1 422	6.47	1.68	1 253	6.14	1.62	−0.33***
$\log Asset$	1 436	12.56	1.88	1 252	12.57	1.89	0.01
$\log(K/L)$	1 416	4.66	1.27	1 245	5.07	1.47	0.41***
$Asset/liability$	1 431	0.17	0.61	1 248	0.15	0.85	−0.02

注:所有连续型变量采用对数形式;固定资产投资代表固定净资产增量与资产折旧之和;K/L 代表资本存量与雇佣人数量之比。*** 代表 1% 的显著性水平,* 代表 10% 的显著性水平。

2003）来估计每个企业的全要素生产率。[1] 根据上半部分的简单平均数进行比较，我们发现所有中国目标公司的绩效在外资并购后都有所提升。除就业外的所有特征指标的提升在统计上都是显著的。然而，本有可能被收购的企业的规律并非如此一目了然。在本有可能被收购的企业中，除了销售额、就业（甚至是负数）和资本-劳动比之外，大多数指标的变化都不显著。这些比较意味着外资并购的潜在影响。但我们是在没有控制影响企业绩效的其他因素的情况下获得这一结论的，而且这一发现并不意味着外资并购的因果效应。接下来我们将对这些问题进行研究。

第三节 实证分析

一、模型设定

我们的研究可以用标准的 OLS 方法来估计外资并购对各种绩效指标的影响，特别是对生产率、销售额和固定资产投资的影响。文献中的基准模型通过控制收购前的企业特征与年份、行业和地区的固定效应以解决遗漏变量问题，一般形式如下所示：

$$Y_{ipt} = a_0 + a_1 ACQ_{it} + \bar{X}'_{i,(t-2,t-1)} A_2 + \zeta_t + \eta_t + \delta_t + \varepsilon_{ipt} \quad (7-1)$$

其中，Y_{ipt} 是第 t 年 p 省 i 公司的绩效变量（全要素生产率、销售额和固定资产投资）。ACQ_{it} 是代表外资并购的关键解释变量。它在收购后的每一年都等于 1，在收购前等于 0。其他变量是控制变量和固定效应变量。[2] $\bar{X}'_{i,(t-2,t-1)}$ 是企业层面的随时间变化的控制变量的向量，包括企业年龄、规模、资本-劳动比、流动资产-流动负债比、是否为国有控股的虚拟变量、是否为外资控股的虚拟变量、是否为出口的虚拟变量。[3] $\bar{X}'_{i,(t-2,t-1)}$ 中的所有

---

① 我们在两位码行业水平上估计每个行业的全要素生产率，包括增加值、就业、固定资产和中间投入。所有的名义变量都采用来自 Brandt et al. (2012) 的平减指数进行平减。

② 以前的研究表明，行业和企业层面的特征，如资产折旧和工厂规模，可能会产生显著的生产率差异，而这些差异不能归因于外资控股本身（Davies and Lyons, 1991；Markusen, 1995；Doms and Jensen, 1998；Tybout, 2000）。我们的 OLS 设定主要基于这些结论。

③ 相应地，这是一个参数向量。

非虚拟变量均取收购前两年的平均值。[①] 对于 $\overline{X}'_{i,\langle t-2,t-1\rangle}$ 中的虚拟变量，如果国有控股比例在收购前两年超过 20％，则等于 1，否则等于 0；如果外资控股比例在收购前两年超过 20％，则等于 1，否则等于 0；如果企业在收购前两年曾出口，则等于 1，否则等于 0。固定效应变量包括 ζ_t、η_t 和 δ_t，分别控制年份、二位码行业和省份。ε_{ipt} 表示稳健的异方差误差项。系数 a_1 衡量的是在其他条件不变的情况下外资并购对绩效变量的影响。

我们用不同的控制变量集进行了几次 OLS 回归。所有的估计结果都显示 a_1 是正的，而且在统计上显著。[②] 然而，众所周知，OLS 估计可能反映了外资并购中潜在的选择或内生性偏差。如果外国企业没有随机选择目标公司，那么外资并购可能不是严格外生的。因此，OLS 的估计值可能意味着相关关系，但不是因果关系。所以我们需要确定目标公司在收购后的反事实表现，也就是探究目标公司如果最终没被收购的事后绩效来识别因果关系。然而，这一信息无法被观察到。

我们采用 DID 方法来解决这个问题。我们使用一个恰当的控制组来代表反事实表现，结合 DID 回归识别因果效应。DID 回归的模型如下：

$$Y_{ipt}=c_0+c_1 TR_i+c_2 TR_i \times ACQ_{it}+\overline{X}'_{i,\langle t-2,t-1\rangle}C_2+\zeta_t \\ +\eta_t+\delta_t+\varepsilon_{ipt} \tag{7-2}$$

其中，$TR_i=1$ 表示来自处理组的企业 i，$TR_i=0$ 表示来自控制组的企业。其他变量的定义与方程（7-1）相同。C_2 衡量外资并购的因果效应，即收购前后处理组企业和控制组企业的绩效变化之差。

我们采用两种方法来构建控制组，估计外资并购的因果效应。

二、以本有可能被收购的企业作为控制组

在我们的数据集中，在宣布的 1 245 项外资并购交易中只有 775 项最终完成。这一现象背后有很多原因，包括随机因素和非随机因素，可

---

① 作为稳健性检验，我们改变收购前年份的选取范围来构建连续型变量的平均值。例如，我们使用收购前第二年和第三年的平均值替换基准模型所采用的收购前两年的平均值。结论的显著性不受该设定变化的影响。

② 为了节省篇幅，我们未呈现 OLS 估计结果，这些结果可向作者索取。

以解释为什么有些交易最终被执行而另一些交易未被执行。^① 如果主要是由随机因素导致的，那么我们可以用本有可能被收购的企业作为控制组来估计外资并购的因果效应。因为这 1 245 个中国企业都是外国企业的潜在目标，所以它们可能有类似的但区别于未被外国企业选中的中国企业的特征。那些最终被收购的中国企业是我们的处理组。注意到，如果由于一些系统性的非随机因素许多拟议的交易没有被执行，那么我们的 DID 估计可能会有偏差。出于这样的考虑，我们接下来也选择了一个替代的控制组进行 DID 分析。

表 7－2 展示的是将本有可能被收购的企业绩效作为反事实时的外资并购的因果效应。与本有可能被收购的企业相比，实际被收购的企业在收购后的全要素生产率、销售额和固定资产投资都有明显的提高。^②这一发现印证了 OLS 估计结果并得到外资并购的确会提高目标公司绩效的最终结论。^③

三、倾向得分匹配

我们使用倾向得分匹配（PSM）来进行 DID 估计，进一步解决因果关系问题。我们使用倾向得分匹配的方法来构建控制组，然后结合方程（7－2）的 DID 回归确定因果效应。

我们使用 Probit 模型来估计外资并购的概率。该模型包括大量可以预测外资并购的事先可观察的企业特征。鉴于 Probit 模型中的所有企业特征都滞后一期，这些特征属于收购前的企业特征。根据相关文献（如 Arnold and Javorcik，2009），我们使用事先的生产率、规模、年龄、资本密集度、平均工资、资金流动性、外资控股和国有控股来预测外资并购。^④ 年份、行业和省份的虚拟变量也被包含在模型当中。根据估计的倾

---

① 例如，国内大型果汁生产商汇源是可口可乐的收购目标，但该交易没有得到我国反垄断机构的批准。

② 这些影响在幅度上比上述 OLS 估计值要小。

③ DID 估计结果只表明处理组相对于控制组的绩效。如果控制组企业在其他企业被收购后绩效下降，我们就不能断言处理组企业在收购后绩效有所提高。为了证明这一点，我们根据模型（7－1）对控制组企业进行 OLS 回归。因此，基于 DID 估计结果可以得出结论，外资并购改善了目标公司的绩效。事实上，OLS 估计结果（未报告）也表明了目标公司绩效的绝对改善。

④ 由于收购发生在不同的年份，我们对在一年内被收购的企业运行一次匹配程序。

表7-2 以本身有可能被收购的企业为控制组的 DID 回归结果

	(1) TFP	(2) TFP	(3) TFP	(4) Sales	(5) Sales	(6) Sales	(7) Fixed Asset Investment	(8) Fixed Asset Investment	(9) Fixed Asset Investment
TR×ACQ	0.250 7*** (0.069 2)	0.195 5*** (0.059 7)	0.195 8*** (0.061 2)	0.267 8** (0.112 8)	0.146 8*** (0.045 5)	0.148 3*** (0.043 9)	0.333 0** (0.136 5)	0.147 1** (0.056 0)	0.142 6** (0.056 9)
TR dummy	−0.350 8*** (0.106 7)	−0.071 8 (0.068 7)	−0.083 9 (0.067 0)	−0.450 4*** (0.098 5)	−0.041 7 (0.056 4)	−0.063 3 (0.055 3)	−0.500 0*** (0.120 4)	0.031 3 (0.038 7)	0.016 (0.037 3)
年份虚拟变量	Yes	Yes	Yes	Yes	Yes	Yes	Yes	Yes	Yes
行业虚拟变量	Yes	Yes	Yes	Yes	Yes	Yes	Yes	Yes	Yes
省份虚拟变量	Yes	Yes	Yes	Yes	Yes	Yes	Yes	Yes	Yes
企业层面控制变量（I）	No	Yes	Yes	No	Yes	Yes	No	Yes	Yes
企业层面控制变量（II）	No	No	Yes	No	No	Yes	No	No	Yes
观测值数量	6 036	4 865	4 865	6 772	5 395	5 395	6 772	5 398	5 398
R^2	0.153 2	0.590 8	0.592 2	0.191 2	0.780 3	0.781 3	0.186 0	0.798 8	0.800 0

注：企业层面控制变量（I）包含企业年龄及其二次项、雇用工人数量、资产、资本存量/雇用工人数量以及资产/负债。企业层面控制变量（II）包含是否为出口商、是否为国有控股、是否为外资控股，是否为国有控股的虚拟变量。括号内为稳健标准误。***、** 和 * 分别代表 1%、5%和 10%的显著性水平。

向得分（p 值），我们采用近邻法来构建控制组。[①]

表 7 - 3 显示了 PSM 的估计结果。[②] 除了国有控股之外的所有变量均显著地具备预测企业被收购可能性的能力。外资并购者更喜欢生存时间较长、生产率较高、资本密集度较高、资金流动性较好和外资控股的企业。这一观察结果证实了在中国的外资并购行为是"挑剔的"而非随机的。我们的匹配样本包括 3 201 个企业，其中 50.6% 为处理组企业，49.4% 为控制组企业。

表 7 - 3　Probit 回归结果：预测是否发生外资并购

TFP_{t-1}	0.059 *** (0.018)
ΔTFP	0.002 (0.004)
$Employment_{t-1}$	0.197 *** (0.019)
Age_{t-1}	0.172 ** (0.080)
Age^2_{t-1}	−0.056 *** (0.018)
$(K/L)_{t-1}$	0.141 *** (0.019)
$Avwage_{t-1}$	0.127 *** (0.039)
$(Asset/Liability)_{t-1}$	0.061 *** (0.021)
$ForeignControl_{t-1}$	0.361 *** (0.131)
$StateControl_{t-1}$	0.194 (0.171)
$(K/L)_{t-1} \times ForeignControl_{t-1}$	−0.016 (0.026)

[①] 近邻法将处理组的每个企业与控制组中 p 值最接近的 n 个企业相匹配。一个较大的 n 反映一个高效但有偏的结果。我们将 n 设定为 1，以提供最小的有偏结果。
[②] 我们通过逐年估计倾向得分来产生每一年的估计结果。我们遵循 Arnold and Javorcik (2009) 的做法，报告基于最终匹配样本的 Probit 模型结果。

续表

$(K/L)_{t-1} \times StateControl_{t-1}$	-0.017 (0.035)
观测值数量	1 204 702
χ^2	1 164.320 6
$Prob. > \chi^2$	0.000
Pseudo R^2	0.180

注：括号内为稳健标准误。为节省空间，此处省略年份、行业和省份虚拟变量的结果。*** 和 ** 分别代表 1% 和 5% 的显著性水平。

　　匹配质量对 DID 估计至关重要。我们进行了一系列检验，包括平衡性检验和共同支撑检验，以确保高质量的匹配。我们检验收购前处理组和控制组之间的协变量是否平衡。我们按照以往研究的建议进行了三种平衡性检验（Dehejia，2005；Smith and Todd，2005），检验结果见表 7-4。平均值的 t 检验结果表明，除国有控股外的所有协变量之间不存在系统差异。回归结果显示，在回归中控制了倾向得分后，处理组和控制组在所有考察的维度上都没有统计上的显著差异。[①] 霍特林 T^2 检验不能拒绝两组之间所有协变量的平均值都相等的原假设。因此，我们的匹配结果很好地满足了平衡性。

表 7-4　平衡性检验

	样本	平均值		t 检验		回归结果	
		处理组	控制组	t 值	p 值	F 统计量	p 值
TFP_{t-1}	匹配	4.005	3.950	0.709	0.479	1.760	0.134
ΔTFP	匹配	0.063	0.021	0.594	0.553	0.000	1.000
$Employment_{t-1}$	匹配	6.147	6.127	0.272	0.786	0.530	0.714
Age_{t-1}	匹配	1.969	1.946	0.536	0.592	0.490	0.742
Age_{t-1}^2	匹配	4.693	4.653	0.214	0.831	0.650	0.625

　　① 我们通过将 Probit 模型中的每个协变量回归到 p 值的二次函数及其与表示处理效应的虚拟变量的交互项上来检验平衡性。如果 F 统计量不能拒绝交互项的联合不显著性，我们就得出结论，在控制了估计的 p 值后，表示处理效应的虚拟变量并没有提供更多的协变量信息。

续表

	样本	平均值		t 检验		回归结果	
		处理组	控制组	t 值	p 值	F 统计量	p 值
$(K/L)_{t-1}$	匹配	4.857	4.788	0.989	0.323	0.340	0.849
$(Asset/Liability)_{t-1}$	匹配	0.274	0.263	0.287	0.774	1.360	0.244
$Avwage_{t-1}$	匹配	2.876	2.840	0.960	0.337	1.910	0.105
$StateControl_{t-1}$	匹配	0.272	0.196	3.415	0.001	2.380	0.050
$ForeignControl_{t-1}$	匹配	0.539	0.501	1.425	0.154	0.130	0.972
企业数量		935	911				
霍特林 T^2 检验		$T^2=$ 12.053	$F=$ 1.201	$p=$ 0.285	企业数量=1 274		

我们进一步检验匹配程序的共同支撑条件，确保在可选择匹配的范围内进行匹配（Dehejia and Wahba，1999）。匹配程序基于倾向得分按照五等分划分匹配样本，并显示被收购的企业和未被收购的企业在多大程度上存在重叠。表 7-5 显示每个五等分的两组之间有很大程度的重叠，证实了样本的可匹配性。

表 7-5 共同支撑检验

p 值百分比区间	处理组	控制组	观测值
第一	213	239	452
第二	243	209	452
第三	245	207	452
第四	237	215	452
第五	221	231	452
企业数量	1 159	1 101	2 260

注：由于我们使用逐年匹配的方式，处理组与控制组中有些被匹配的企业在有些年份缺失匹配评分值。这表明总样本 3 201 个企业中存在 941 个缺失匹配评分值的情况。

四、以 PSM 企业为控制组的因果效应

我们根据 PSM 中匹配的处理组和控制组来研究外资并购的因果效

应。图7－2显示了处理组和控制组在14年内（收购前7年和收购后7年）名义结果变量的平均值比较。收购前两组名义结果变量的平均值几乎都是重合的。相比之下，收购后两组名义结果变量的平均值开始分化。因此，我们用图形的方式表示外资并购的处理效应。

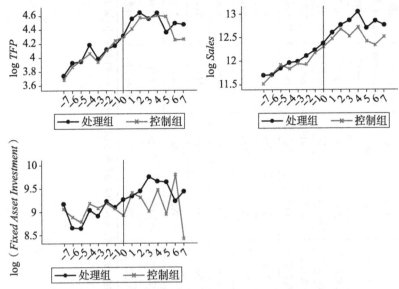

图7－2　处理组与控制组不同指标平均值的比较

我们使用方程（7－2）的DID回归，正式检验处理效应。表7－6报告了DID回归结果。逐步引入企业层面的控制变量，以检验结果对模型设定变化的稳健性（短回归与长回归）。我们在短回归中加入一个企业层面控制变量（国有控股），因为简单平均值在匹配样本中是不平衡的。之后，我们增加所有在OLS回归中使用过的企业层面控制变量。

DID估计证实了这样的结果：外资并购使目标公司的全要素生产率、销售额和固定资产投资产生在统计上显著的改善。第（3）、（6）和（9）列完整模型设定的回归显示，目标公司的全要素生产率、销售额和固定资产投资分别增加12.01％、15.01％和31.23％。[①]

---

① 前面关于本有可能被收购的企业作为控制组的讨论和结果在此也适用于PSM控制组。

表 7-6 以 PSM 企业为控制组的 DID 回归结果

	(1) TFP	(2) TFP	(3) TFP	(4) Sales	(5) Sales	(6) Sales	(7) Fixed Asset Investment	(8) Fixed Asset Investment	(9) Fixed Asset Investment
TR×ACQ	0.318 6** (0.130 5)	0.297 7** (0.129 4)	0.120 7* (0.063 3)	0.426 0** (0.158 9)	0.400 1** (0.161 9)	0.150 5** (0.068 8)	0.318 9*** (0.012 1)	0.318 0*** (0.012 4)	0.312 3*** (0.009 3)
TR dummy	−0.069 6 (0.089 9)	−0.064 1 (0.095 0)	−0.039 3 (0.053 8)	−0.095 1 (0.084 7)	−0.085 7 (0.090 0)	−0.019 3 (0.043 8)	−0.069 6*** (0.007 7)	−0.069 3*** (0.008 0)	−0.064 6*** (0.006 6)
年份虚拟变量	Yes	Yes	Yes	Yes	Yes	Yes	Yes	Yes	Yes
行业虚拟变量	Yes	Yes	Yes	Yes	Yes	Yes	Yes	Yes	Yes
省份虚拟变量	Yes	Yes	Yes	Yes	Yes	Yes	Yes	Yes	Yes
资产负债比<TR	No	Yes	Yes	No	Yes	Yes	No	Yes	Yes
其他企业层面控制变量	No	No	Yes	No	No	No	No	No	Yes
观测值数量	3 089	3 089	3 076	3 198	3 198	3 185	3 108	3 108	3 095
R^2	0.197 2	0.212 0	0.625 8	0.265 2	0.284 6	0.814 7	0.461 8	0.462 6	0.464 8

注：其他企业层面控制变量与表 7-2 中除国有控股股外的企业层面控制变量一致。括号内为稳健标准误。***、** 和 * 分别代表 1%、5% 和 10% 的显著性水平。

第四节　影响外资并购效果的因素

在本节我们将探讨各种可能影响外资并购对目标公司绩效提升效果的因素。

一、技术差距

当收购方拥有更先进的技术或管理知识时，目标公司会从收购中获益。然而，获益的程度取决于收购方和目标公司在收购前的技术差距。其中存在两种相互冲突的效应。一方面，更大的技术差距意味着收购方的技术比目标公司的技术要先进得多，目标公司在收购后改进其技术存在更大的空间。另一方面，更大的技术差距意味着目标公司的知识基础较差，吸收收购方的先进技术的能力较低。因此，外资并购在多大程度上改善目标公司的绩效取决于许多的因素。我们结合发生在中国的外资并购行为实证地探讨这个问题。

由于数据有限（尤其是关于外资并购者的数据），我们无法构建一个变量来衡量外资并购者和中国目标公司之间确切的收购前技术差距。因此，我们使用国家层面的技术差距作为企业层面技术差距的代理变量。这是基于这样一个前提，即来自高度先进国家的企业拥有更先进的技术。我们在每次收购中使用两种衡量标准——技术差距和人均技术差距，分别表示收购方国家的居民专利申请总数和中国的居民专利申请总数之间的差异，以及收购方国家的居民专利申请人均数量和中国的居民专利申请人均数量之间的差异。[①]

我们在方程（7-1）中引入技术差距和 ACQ_{it} 的交互项，以及人均技术差距和 ACQ_{it} 的交互项。表 7-7 展示了回归结果，第（1）~第（3）列是使用专利申请总数衡量的技术差距的回归结果，第（4）~第（6）列是使用专利申请人均数量衡量的人均技术差距的回归结果。所有交互项的系数都是正的，并且在统计上显著。因此，我们得出结论，当收购方和目标公司之间存在更大的技术差距时，外资并购带来的绩效提升效应更强。

---

① 所有的专利数据都可以从世界银行的《世界发展指标》中获得。

表 7 - 7　技术差距与公司绩效

	(1) TFP	(2) Sales	(3) Fixed Asset Investment	(4) TFP	(5) Sales	(6) Fixed Asset Investment
ACQ×Tech-Gap	0.060 0 *** (0.016 8)	0.045 5 *** (0.014 4)	0.047 9 *** (0.014 1)			
ACQ×Tech-Gap per capita				0.082 3 *** (0.028 8)	0.052 7 ** (0.022 3)	0.048 6 ** (0.018 7)
ACQ	0.363 0 *** (0.066 7)	0.273 6 *** (0.071 0)	0.346 2 *** (0.064 7)	0.099 5 (0.075 4)	0.086 3 (0.057 9)	0.143 0 * (0.078 9)
Tech-Gap	−0.019 5 (0.013 8)	−0.019 4 (0.012 4)	0.015 5 * (0.008 9)			
Tech-Gap per capita				−0.005 2 (0.022 5)	−0.006 6 (0.020 7)	0.041 6 *** (0.011 9)
企业层面控制变量	Yes	Yes	Yes	Yes	Yes	Yes
观测值数量	2 660	2 938	2 941	2 660	2 938	2 941
R^2	0.536 1	0.746 0	0.772 6	0.535 7	0.745 3	0.771 5

注：括号内为稳健标准误。*** 和 ** 分别代表 1% 和和 5% 的显著性水平。

二、外资控股

外资并购后目标公司的绩效受到许多因素的影响。从收购方到目标公司的技术转让是一个关键因素。外资并购者在收购知识产权保护薄弱国家的企业时,非常担心它们的技术和管理知识被盗用。在目标公司拥有更多股权的外资并购者对目标公司的知识产权有更好的控制,因此更愿意向目标公司转让更好的技术。这一主张得到实证证据的支持。这些证据声称跨国收购者向它们拥有多数股权的子公司和全资子公司转让的技术比向它们拥有少数股权的子公司转让的技术要多(Mansfield and Romeo,1980;Ramachandran,1993;Desai et al.,2004)。

然而,目标公司的绩效也取决于当地公司成员的努力。这些当地公司成员的激励通常与它们的所有权份额相一致。当技术转让和当地公司成员的努力之间存在协同效应时,我们预计较小的当地公司成员所有权可能会对收购后的目标公司的绩效产生不利影响。研究发现,在外国投资的日本投资者可以从合资企业(相对于独资企业的概念)中获益,因为它们可以由此接触到当地的供应商(Belderbos et al.,2001)。Javorcik and Spatareanu(2008)将外资控股分为两组,即独资(100%的外资控股比例)和部分控股或合资(10%至99%的外资控股比例),发现合资企业存在垂直溢出效应,但独资企业不存在。[①] 相比之下,Aitken and Harrison(1999)使用外资股权作为衡量外资控股的连续型指标,发现这一变量与外资参与的当地工厂的生产率正相关。然而,这种正相关关系只在小公司中观察到。

这些发现意味着外资并购对目标公司绩效的影响可能随着收购方持有股权的变化表现出现非单调的特点。与 Aitken and Harrison(1999)类似,我们使用外资股权的连续型指标,探讨外资参股和目标公司绩效之间可能的非单调关系。为此,我们将方程(7-1)中的收购虚拟变量 ACQ_{it} 替换为外资股权,代表外资并购后在目标公司中外资的持股比

---

① Blomström and Sjöholm(1999)将马来西亚的外资附属企业分为两组,其中一组为低外资控股,另一组为高外资控股。该研究发现这两类企业的生产率与马来西亚国内企业相比都比较高。然而,这两类企业并没有表现出不同的溢出效应。

例。考虑到外资参股和目标公司绩效之间可能存在的非线性关系，我们在回归中加入外资股权的平方项。

表 7-8 给出了 OLS 回归结果。目标公司的绩效（全要素生产率、销售额和固定资产投资）和外资并购者的股权之间呈现倒 U 形关系，转折点都在 55% 左右。倒 U 形关系表明，对于较低的外资股权（低于 55%），外资并购者的更高股权伴随着目标公司绩效更显著的提升。相比之下，对于较高的外资股权（高于 55%），更好的绩效与外资参与程度更低的目标公司有关。

表 7-8 外资股权与公司绩效

	(1) TFP	(2) Sales	(3) Fixed Asset Investment
Foreign share	1.219 1**	1.089 0***	1.192 3***
	(0.462 9)	(0.311 4)	(0.304 3)
Foreign share squared	−1.140 8**	−0.996 4**	−1.082 7***
	(0.521 1)	(0.360 7)	(0.313 3)
企业层面控制变量	Yes	Yes	Yes
观测值数量	2 748	3 021	3 022
R^2	0.548 2	0.746 2	0.783 9

注：括号内为稳健标准误。*** 和 ** 分别代表 1% 和 5% 的显著性水平。

倒 U 形关系也表明，收购后外资股权非常高的目标公司有可能出现绩效下滑。为了探讨这种可能性，我们用一个子样本进行基准回归［模型（7-1）］。这个子样本包括所有收购后目标公司中外资股权超过 75% 的企业。全要素生产率的具有统计意义的估计值为 0.290 5，销售额的具有统计意义的估计值为 0.217 2，固定资产投资的具有统计意义的估计值为 0.110 6。因此，外资并购改善了目标公司的绩效，即使是对于那些外资股权非常高的目标公司而言也如此。

三、外资并购类型

外资并购可以分为三类，即横向收购、纵向收购和混合收购。按照以往文献广泛使用的标准（如 Gugler et al.，2003），我们使用美国的 2002 年投入产出表对数据集中的所有收购交易进行分类。如果收购方和目标公司都来自 SIC 同一四位码行业，则收购交易被归类为横向收购。

如果收购方（目标公司）所属行业的 1 美元产品的生产至少需要目标公司（收购方）所属另一个行业的 10 美分投入，则收购交易被归类为纵向收购。否则，该收购交易被认为是混合收购。在样本中的 775 个已完成收购交易中，221 个（28.52%）被归类为横向收购，21 个（2.71%）被归类为纵向收购，533 个（68.77%）被归类为混合收购。这一分布与 Gugler et al.（2003）发现的全球并购的分布相当。

我们分别对横向收购、纵向收购和混合收购的子样本进行 OLS 回归，结果见表 7-9。三个绩效指标在集团化收购下都得到了改善，全要素生产率和固定资产投资在横向收购下都有所增加，但在纵向收购下没有观察到明显的变化。这是一个令人惊讶的结果，因为一般来说外资并购者会更愿意将先进的技术和管理知识转让给垂直相关的目标公司（Javorcik and Spatareanu，2008；Bandick，2011）。与横向收购相比，我们还预期外资并购者在集团化收购中没有直接相关的技术可以转让给目标公司。

表 7-9　不同类型外资并购的 OLS 回归结果

	(1) TFP	(2) Sales	(3) Fixed Asset Investment
横向收购			
ACQ	0.228 1** (0.096 2)	0.083 5 (0.067 1)	0.225 5** (0.082 4)
观测值数量	952	1 029	1 033
R^2	0.645	0.820 3	0.842 9
纵向收购			
ACQ	0.510 4 (0.391 7)	0.107 9 (0.223 4)	−0.073 4 (0.068 0)
观测值数量	91	108	107
R^2	0.680 8	0.929 8	0.967 9
混合收购			
ACQ	0.196 3** (0.086 5)	0.177 5*** (0.056 0)	0.201 6*** (0.059 5)
观测值数量	1 929	2 131	2 130
R^2	0.551 6	0.741 3	0.769 4

注：括号内为稳健标准误。*** 和 ** 分别代表 1% 和 5% 的显著性水平。

第五节 结 论

我们研究了外资并购对中国目标公司绩效的影响。我们用精心构建的控制组进行 DID 估计。我们发现，中国的外资并购明显提高了目标公司的生产率、销售额和固定资产投资。这些效应在收购方和目标公司之间存在较大的技术差距时更为明显。目标公司的收购后绩效与目标公司中的外资股权之间呈现出倒 U 形关系。

我们为现有的文献提供了关于发展中国家外资并购的积极影响的更多证据。然而，中国是一个特殊的例子。尽管中国是世界上最大的发展中国家，拥有非常大的国内市场和技术基础，但中国的人均收入非常低。这个领域需要进行进一步的研究，以便更全面地了解外资并购是如何影响发达国家和发展中国家的目标公司的。未来的研究应该确定能够影响外资并购对目标公司的绩效提升效应的必要特征、条件和机制。

参考文献

Aitken, B., Harrison, A. E., 1999. Do domestic firms benefit from direct foreign investment? Evidence from Venezuela. American Economic Review 89 (3), 605 - 618.

Almeida, R., 2007. The labor market effects of foreign owned firms. Journal of International Economics 72 (1), 75 - 96.

Arnold, J. M., Javorcik, B. S., 2009. Gifted kids or pushy parents? Foreign direct investment and plant productivity in Indonesia. Journal of International Economics 79 (1), 42 - 53.

Bandick, R., 2011. Foreign acquisition, wages and productivity. The World Economy 34 (6), 931 - 951.

Belderbos, R., Capannelli, G., Fukao, K., 2001. Backward vertical linkages of foreign manufacturing affiliates: Evidence from Japanese multinationals. World Development 29 (1), 189 - 208.

Benfratello, L., Sembenelli, A., 2006. Foreign ownership and productivity: Is the direction of causality so obvious?. International Journal of Industrial Organization 24 (4), 733 - 751.

Bertrand, O., Zitouna, H., 2008. Domestic versus cross-border acquisitions:

Which impact on the target firms' performance?. Applied Economics 40 (17), 2221 - 2238.

Blomström, M. , Sjöholm, F. , 1999. Foreign direct investment, technology transfer and spillovers: Does local participation with multinationals matter?. European Economic Review 43 (4 - 6), 915 - 923.

Brandt, L. , Van Biesebroeck, J. , Zhang, Y. F. , 2012. Creative accounting or creative destruction? Firm-level productivity growth in Chinese manufacturing. Journal of Development Economics 97 (2), 339 - 351.

Chen, W. J. , 2011. The effect of investor origin on firm performance: Domestic and foreign direct investment in the United States. Journal of International Economics 83 (2), 219 - 228.

Conyon, M. J. , Girma, S. , Thompson, S. , Wright, P. W. , 2002. The productivity and wage effects of foreign acquisition in the United Kingdom. Journal of Industrial Economics 50 (1), 85 - 102.

Davies, S. W. , Lyons, B. R. , 1991. Characterizing relative performance: The productivity advantage of foreign owned firms in the UK. Oxford Economic Papers 43 (4), 584 - 595.

Dehejia, R. , 2005. Practical propensity score matching: A reply to Smith and Todd. Journal of Econometrics 125 (1 - 2), 355 - 364.

Dehejia, R. H. , Wahba, S. , 1999. Causal effects in nonexperimental studies: Reevaluating the evaluation of training programs. Journal of the American Statistical Association 94 (448), 1053 - 1062.

Desai, M. A. , Foley, C. F. , Hines, J. R. , 2004. The costs of shared ownership: Evidence from international joint ventures. Journal of Financial Economics 73 (2), 323 - 374.

Djankov, S. , Hoekman, B. , 2000. Foreign investment and productivity growth in Czech enterprises. World Bank Economic Review 14 (1), 49 - 64.

Doms, M. , Jensen, J. , 1998. Comparing wages, skills and productivity between domestically and foreign owned manufacturing establishments in the United States. In: Baldwin, R. E. , Lipsey, R. E. , Richardson, J. D. (Eds.), Geography and ownership as bases for economic accounting, Chicago, IL: University of Chicago Press, 235 - 258.

Du, J. , Girma, S. , 2009. The effects of foreign acquisition on domestic and export markets dynamics in China. The World Economy 32 (1), 164 - 177.

Girma, S. , Görg, H. , 2007a. Evaluating the foreign ownership wage premium using a difference-in-differences matching approach. Journal of International Economics 72 (1), 97 - 112.

Girma, S. , Görg, H. , 2007b. Multinationals' productivity advantage: Scale or technology?. Economic Inquiry 45 (2), 350 - 362.

Girma, S. , Gong, Y. D. , Görg, H. , Lancheros, S. , 2012. Foreign ownership structure, technology upgrading and exports: Evidence from Chinese Firms. Working Paper, Kiel: Kiel Institute for the World Economy.

Griffith, R. , 1999. Using the ARD establishment level data to look at foreign ownership and productivity in the United Kingdom. Economic Journal 109 (456), F416 - F442.

Gugler, K. , Mueller, D. , Yurtoglu, B. , Zulehner, C. , 2003. The effects of mergers: An international comparison. International Journal of Industrial Organization 21 (5), 625 - 653.

Harris, R. , Robinson, C. , 2002. The effect of foreign acquisitions on total factor productivity: Plant-level evidence from UK manufacturing, 1987 - 1992. Review of Economics and Statistics 84 (3), 562 - 568.

Helpman, E. , Melitz, M. , Yeaple, S. , 2004. Export versus FDI with heterogeneous firms. American Economic Review 91 (4), 300 - 316.

Javorcik, B. S. , Spatareanu, M. , 2008. To share or not to share: Does local participation matter for spillovers from foreign direct investment?. Journal of Development Economics 85 (1 - 2), 194 - 217.

Karpaty, P. , 2007. Productivity effects of foreign acquisitions in Swedish manufacturing: The FDI productivity issue revisited. International Journal of the Economics of Business 14 (2), 241 - 260.

Levinsohn, J. , Petrin, A. , 2003. Estimating production functions using inputs to control for unobservables. Review of Economic Studies 70 (2), 317 - 341.

Mansfield, E. , Romeo, A. , 1980. Technology transfer to overseas subsidiaries by United States based firms. Quarterly Journal of Economics 95 (4), 737 - 750.

Markusen, J. R. , 1995. The boundaries of multinational enterprises and the theory of international trade. Journal of Economic Perspectives 9 (2), 169 - 189.

Markusen, J. R. , 2002. Multinational firms and the theory of international trade. Cambridge: MIT Press.

Ramachandran, V. , 1993. Technology-transfer, firm ownership, and investment in human-capital. Review of Economics and Statistics 75 (4), 664 - 670.

Salis, S. , 2008. Foreign acquisition and firm productivity: Evidence from Slovenia. The World Economy 31 (8), 1030 - 1048.

Smith, J. A. , Todd, P. E. , 2005. Does matching overcome LaLonde's critique of nonexperimental estimators?. Journal of Econometrics 125 (1 - 2), 305 - 353.

Tybout, J. R. , 2000. Manufacturing firms in developing countries: How well do they do, and why?. Journal of Economic Literature 38 (1), 11 - 44.

Yeaple, S. , 2003. The complex integration strategies of multinationals and cross country dependencies in the structure of foreign direct investment. Journal of International Economics 60 (2), 293 - 314.

第八章 跨国企业的溢出效应与民营企业创业

内容提要： 本章运用中国民营企业调查数据，实证研究发现在华跨国企业对民营企业创业具有正向溢出效应。在控制了一系列企业家个人特征变量和企业特征变量后，我们的 OLS 估计结果表明，由有跨国企业工作经历的创业者所经营的民营企业业绩要优于由没有跨国企业工作经历的创业者经营的民营企业。由于能力更强的创业者往往在创业之前都会选择进入跨国企业工作，为处理这一潜在的内生性问题，我们使用了一种非参数方法（倾向得分匹配，PSM）来识别跨国企业的处理效应。PSM 估计结果和 OLS 估计结果一致，且在不同的敏感性分析下仍是稳健的。我们进一步发现，由有跨国企业工作经历的创业者经营的民营企业在国际视野和内部经营管理方面都比那些由没有跨国企业工作经历的创业者经营的企业表现得更好，而这两方面正是溢出效应的重要作用渠道。

第一节 引 言

知识的传播被公认为那些促进外商直接投资（FDI）的政策的一个重要动机，尤其是在发展中国家。许多国家都采用各种投资激励措施来吸引潜在的跨国企业。[①] 大量实证文献通过说明跨国企业的增加能促进

---

① 举例来说，中国在过去几十年就 FDI 提供了很多税收优惠（例如五年的税收减免），相当于亚拉巴马州政府向奔驰在该州的工厂支付的每位员工 15 万美元的补贴，或英国政府为了吸引三星进入英国东北部而提供的每位员工 3 万美元的补贴（Head，1998；Görg，2002）。

国内企业生产率提升来使得促进 FDI 的政策合理化（见 Görg and Greenaway，2004)[1]。然而，这些文献很少直接阐明知识溢出发生的明确机制，从而使得溢出效应被视为一个黑箱。

劳动力流动被公认为 FDI 溢出效应的潜在渠道。国内企业能够通过从跨国企业那里招聘员工而受益，主要包括以下两个原因：（1）跨国企业有该企业特有的资本，表现为涉及创新、生产过程、出口或市场营销以及经营管理技术等更先进的知识基础（Caves，1974；Markusen，1995）；（2）发展中国家的跨国企业十分重视员工培训（Edfelt，1975；Lindsey，1986）。因此，跨国企业员工很可能通过工作经历、社会交往和员工培训获得了隐性知识，于是一旦跨国企业的员工跳槽至本土企业，那些被跨国企业视作不可让渡的知识也会随之转移。这一渠道被 Fosfuri、Motta and Ronde（2001），Glass and Saggi（2002），Markusen and Trofimenko（2009），Dasdgupta（2012）从理论上证实了。

然而，可能是因为数据可得性的限制，FDI 溢出效应的劳动力流动渠道后来才得到实证检验。例如，Poole（2012）利用巴西的雇主-雇员匹配数据集研究发现，在有前跨国企业员工时，本土企业的员工工资会上升。Balsvik（2011）使用来自挪威的相似数据集研究发现，有跨国企业工作经历的员工对国内企业生产率的贡献要比没有跨国企业工作经历的员工高出 20%。Görg and Strobl（2005）则聚焦于企业主而不是员工，发现在加纳由有同行业跨国企业工作经历的企业主经营的企业要比其他国内企业有更高的生产率。

我们的贡献在于利用 2000 年、2002 年和 2004 年的中国民营企业全国调查数据研究了中国通过企业主的流动产生的 FDI 溢出效应。具体而言，我们研究了中国民营企业能否从企业主的跨国企业工作经历中受益。我们的基准 OLS 回归结果表明，在控制了一系列企业主个人特征变量和企业特征变量后，由有跨国企业工作经历的企业主经营的企业比由没有跨国企业工作经历的企业主经营的企业的权益资本收益率

---

[1] 使用加总数据集的研究发现 FDI 的出现使得生产率提升（Blomström，1986；Kokko，Tansini，and Zejan，1996；Sjöholm，1999）；然而，企业层面的实证研究表明，FDI 正向溢出效应主要以纵向溢出形式存在，通过影响后向产业链起作用（Javorcik，2004）。在发展中国家，FDI 的出现似乎对同行业的当地企业产生负面影响，不存在横向溢出效应（Aitken and Harrison，1999）。

(ROE) 高 4.28%，资产收益率（ROA）高 3.47%。这一效应在统计上和经济上都是显著的。

　　然而，由于潜在的样本选择问题，上述 OLS 估计结果可能是有偏的。跨国企业显然不会随机招聘员工。有跨国企业工作经历的企业主和没有跨国企业工作经历的企业主之间可能存在系统性差异，企业业绩的差异可能也是由这两类企业主之间的系统性差异造成的，而不是由跨国企业工作经历造成的，对此我们采用了常用的倾向得分匹配（PSM）方法来缓解这一潜在的内生性问题。我们使用了一系列企业主特征来估计倾向得分，也即进入跨国企业工作的概率，这些特征在决定他们是否进入跨国企业工作时有较强的预测能力。在此基础上，我们将有跨国企业工作经历的企业主和没有跨国企业工作经历的企业主进行配对。有了匹配好的平衡样本后，我们计算了跨国企业工作经历对处理组企业主的平均处理效应（ATT），发现跨国企业工作经历的处理效应显著，且平均处理效应的大小和 OLS 估计结果差不多，也即企业主的跨国企业工作经历使得 ROE 提升 3.1%，ROA 提升 3.4%。

　　经过一系列检验后平均处理效应的结果仍然是稳健的。首先，我们尝试了不同的匹配方法和匹配标准，发现处理效应都是显著的，且大小差不多。其次，处理效应估计结果的一个潜在的问题在于该效应可能会受到后续其他冲击的干扰。例如，在我们的研究情境下，企业主在离开跨国企业之后和在自己创业之前可能在其他企业工作过，这会使跨国企业工作经历处理效应的估计变得更加复杂。我们的数据集的一个好处就在于它提供了企业主创业前职业生涯的连续信息，可以帮助我们识别企业主受到的最后一次"处理效应"是否来自跨国企业工作经历。再次，我们将跨国企业工作经历重新定义为企业主离开跨国企业后立即创业的指标。我们发现了显著的处理效应，且这一处理效应更大，表明跨国企业工作经历带来的知识溢出效应会随着时间的推移渐渐衰退。最后，匹配估计值可能仍然存在偏误，因为可能存在同时影响企业主是否进入跨国企业工作和他后来所创立民营企业的业绩的观察不到的特征。对于这一问题，我们分别采用 Dehejia（2005）和 Rosenbaum（2002）的方法来进行敏感性分析。前一个检验匹配估计值对倾向得分方程变动的敏感性。后一个被称作 Rosenbaum's bounding approach，用于检验当存在条件独立假设（CIA）下的偏误时匹配估计值的稳健性，以及加总了不可观测变量在假设的最坏情况发生的概率后被解释变量的反应。我们的估计结果在两项敏感性分析中都是稳健的。

基于上述关于通过企业主流动而造成的正向溢出效应的稳健结果，我们将进一步具体说明跨国企业对企业主的"处理效应"可能会如何改变企业的实际经营并进而提升企业的业绩。我们发现跨国企业工作经历有助于提升企业的国际化活动水平和内部经营管理水平，我们认为这两方面正是重要的潜在溢出效应作用机制。

我们对 FDI 溢出效应方面文献的贡献主要表现在以下几个方面。首先，据我们所知，我们的研究是最先（除了 Görg and Strobl，2005）明确地和系统地将创业作为 FDI 溢出效应的新渠道进行检验的。其次，与主要依赖于简单的 OLS 回归的文献不同，我们的研究在方法上的贡献是使用了非参数的 PSM 方法来计算处理效应，这有助于我们解决这种情况下潜在的样本选择问题。最后，我们研究的是所有发展中国家中最大的 FDI 流入国——中国。中国在过去几十年里发展迅速，FDI 被认为是一个重要的驱动力。然而，在本章写作时还没有人实证研究在中国通过创业产生的 FDI 溢出效应，我们的研究填补了这一空白。

本章的其余部分组织如下：第二节介绍使用的数据并展示我们使用的 OLS 和 PSM 计量模型；第三节论述主要结果；第四节研究跨国企业人力资本溢出的潜在机制；第五节是结论。

第二节 数据和实证方法

我们所使用的企业层面数据来自 2000 年、2002 年和 2004 年对民营企业进行的一个全国范围的调查，这一调查是由中共中央统战部、中华全国工商业联合会和中国社会科学院民营经济研究中心一起进行的。[①]数据样本主要包括大中型民营企业以及一部分家族企业，这些企业来自

---

① 这一调查从 1993 年到 2010 年进行了 9 次，我们收集了自 2000 年起的数据。关于企业经营者以往在跨国企业的工作经历的问题自 2006 年起被从调查问卷中剔除了。这一数据也被用于其他研究课题，例如 Li et al.（2008）关于政治关联的研究。

16 个行业和 31 个省份。[①]

这一调查针对的目标就是民营企业的创立者（所有者），采取向企业所有者集中访谈的方式，这些企业所有者就是我们定义的企业主（entrepreneurs)[②]，访谈的具体内容包括企业主的个人信息以及企业的经营情况和财务状况。我们最关注的问题是企业主在创业前的职业发展轨迹。[③] 我们将核心解释变量命名为"MNEexp"，当企业主在创业前有跨国企业工作经历时取 1，否则取 0。在有跨国企业工作经历的企业主中，63％的人表示在跨国企业工作是他们创业前的最后一段工作经历，于是我们进一步定义一个变量"MNEim"，当企业主在离开跨国企业后就立即创业时取 1，否则取 0。这两个变量很好地匹配了 FDI 溢出效应相关文献中的"劳动力流动"渠道，使得这一数据集非常适用于研究中国 FDI 引致的创业溢出效应。跨国企业工作经历都发生在创业之前，也消除了对反向因果问题的担忧。

然而，还存在另一个潜在的内生性问题，即能力更强的企业主更可能选择进入跨国企业工作，而这些企业主在后来自己创立企业时也可能表现得更好。所以想要识别我们观察到的跨国企业工作经历带来的影响效应有多少是源于观察不到的企业主的个人能力、有多少是源于在跨国企业的工作经历，是有一定挑战性的。为了解决这一潜在的样本选择问题，我们使用匹配的方法来计算跨国企业工作经历对处理组的平均处理效应。但正如 Heckman、Ichimura and Todd（1998）所指出的，匹配的方法看上去很吸引人，但是需要用到大量的数据，因此他们提出了使用匹配方法的三条基本准则：数据要包含相对丰富的协变量；位于同一市场的观测对象要避免地理上的误配；由于数据来源相同，因此对结果变量的测度方法也应该相同。我们的数据集能很好地满足这些标准。

参考 Li、Meng、Wang and Zhou（2008），我们使用资产收益率

---

① 16 个行业包括农业，林业，畜牧业，渔业，采掘业，制造业，电力和煤气供应业，建筑业，地质勘察业、水利管理业，交通运输业，批发和零售贸易、餐饮业，房地产业，社会服务业，金融、保险业，教育和科学研究业，其他行业。

② 根据对数据的分析，作为企业的创立者，企业所有者一般（具体来说，91.7％的企业所有者）称他们在企业经营过程中有绝对的控制权。

③ 问卷中的具体问题是："在开办企业之前，你的主要工作经历是怎样的？"

（ROA）和权益资本收益率（ROE）来作为被解释变量，测度民营企业的经营业绩。[1] ROA 为企业净利润[2]与企业总资产的比率，表示企业运用资产来盈利的能力；ROE 为企业净利润与企业权益资本的比率，衡量企业为股东创造利润的能力。企业净利润和权益资本数据由问卷直接获得，企业总资产由问卷中的权益资本与负债加总得到。

　　问卷还涵盖了其他企业主个人特征和企业特征，这些变量的定义和描述性统计如表 8-1 所示。统计数据显示，5％的企业主曾在跨国企业工作，3％的企业主在离开跨国企业后就立即开始创业，88％的企业主是男性，平均年龄是 43.59 岁，平均受教育年限是 13.09 年，68％的企业主有政治身份[3]，36％的企业主曾在党政机关工作，12％的企业主曾在国内企业工作。就企业特征而言，企业平均经营年限为 6.56 年，平均资产为 1 335.56 万元，平均年工资支出为 71.68 万元，这表明受访企业主要是中型和大型民营企业。另外，受访企业平均注册了 4.3 项专利，26％的企业涉及对外经营（出口、海外直接投资或海外资产购买），23％的企业在面临商业纠纷时会诉诸诉讼或仲裁，在 2004 年出口额占总销售额的 9.4％，69％的企业称内部存在明确的员工激励机制。

　　如表 8-2 所示，由有跨国企业工作经历的企业主经营的企业和由没有跨国企业工作经历的企业主经营的企业在很多方面都存在不同。具有跨国企业工作经历的企业主相对年轻，受教育程度也更高。和没有跨国企业工作经历的企业主相比，他们在创业之前曾在党政机关和国内企业工作过的人数更多，但拥有政治身份的人数更少。同时，他们的企业也有更高的平均 ROA 和 ROE 以及更多的专利，他们也倾向于建立明确的激励机制，在跨境经营方面也更活跃。这一结果表明两个群体之间存在系统性差异。

---

　　① Li et al.（2008）使用了相同的数据来研究政治关联对企业业绩的影响。对企业业绩的一个替代性的（甚至更好的）测度指标是生产力。遗憾的是在现有的数据集中我们没有足够的信息来估计或测度企业生产力。此外，我们的数据集涵盖制造业和服务业，似乎没有准确的方法来衡量服务业的生产力。

　　② 净利润（会计利润）是指扣除利息的税后收益；将其替换为税前利润（EBT）或息税前利润（EBIT）后，结果仍是稳健的。

　　③ 包括中共党员、人大代表或政协委员。

表 8 - 1　变量的描述性统计和定义

	观测值数量	均值	标准差	定义
企业主个人特征				
MNEexp	8 875	0.05	0.22	若曾有跨国企业工作经历则取 "1"
MNEim	8 875	0.03	0.17	若离开跨国企业后创业即立即创业则取 "1"
男性	9 322	0.88	0.33	男性取 "1"
年龄（岁）	9 256	43.59	8.15	
受教育年限（年）	9 343	13.09	2.98	
政治身份	9 343	0.68	0.47	若是中共党员、人大代表或政协委员则取 "1"
公职经历（Civil job）	9 343	0.36	0.48	若曾在党政机关工作则取 "1"
国内企业工作经历（Domestic job）	9 343	0.12	0.33	若曾在国内的国企或私企工作则取 "1"
企业特征				
ROA[①]	3 817	0.11	0.20	资产收益率
ROE	5 867	0.16	0.21	权益资本收益率
企业经营年限（年）	8 799	6.56	4.17	
资产规模[②]	4 631	1 335.56	6 134.70	企业总资产（万元）
员工工资	8 016	71.68	27.86	企业年工资支出（万元）
财务杠杆率	4 602	0.13	2.71	负债-资产比
专利数	5 667	4.30	27.79	

续表

	观测值数量	均值	标准差	定义
出口额占比 (ExpRatio①)	2 024	0.094	25.01	出口额/总销售额
国际视野 (GlobVision)	8 213	0.26	0.44	若涉及对外经营（出口、海外直接投资或海外资产购买）则取"1"
信任法律 (Trust-in-law)	9 343	0.23	0.42	若面对商业纠纷时请诉诸诉讼或仲裁则取"1"
激励机制 (IncentiveMech)	2 923	0.69	0.46	若有明确的员工激励机制则取"1"

资料来源：在 2000 年、2002 年和 2004 年由中共中央统战部、中华全国工商业联合会和中国社会科学院民营经济研究中心一起进行的对全国民营企业的调查数据基础上计算得出。

注：

① 极端值已经 winsorize 处理。

② 由于 2000 年的负债数据缺失，导致企业资产的观测值缺失，并进一步影响了 ROA 的观测值。为了证明资产观测值缺失的随机性，我们检查了关键变量的分布情况，以及包含缺失资产数据的样本之间的倾向得分情况。如附录中的图 A8-1 和图 A8-2 所示，OLS 回归使用的关键变量的分布在两个样本中几乎是重叠的；PSM 使用的倾向得分也是相似的分布（blocked），表明两个样本中大多数匹配的企业对倾向得分都集中在（0，0.3）这一区间。

③ 关于"信任法律"和"激励机制"的问题是在 2004 年的调查中新加入的，所以它们的观测值比较少。

表 8-2 均值检验：有跨国企业工作经历组和没有跨国企业工作经历组

	有跨国企业工作经历		没有跨国企业工作经历		均值离差	离差 t 值
	观测值数量	均值	观测值数量	均值		
企业主个人特征						
男性	430	0.87	8 427	0.88	−0.01	−1.08
年龄（岁）	432	40.74	8 394	43.80	−3.06***	−7.65
受教育年限（年）	433	14.79	8 442	13.00	1.79***	12.25
政治身份	421	0.61	8 178	0.69	−0.08***	−3.37
公职经历	433	0.49	8 442	0.37	0.12***	5.38
国内企业工作经历	433	0.18	8 442	0.13	0.05***	3.33
企业特征						
ROA	161	0.15	3 566	0.11	0.04**	2.55
ROE	246	0.20	5 448	0.16	0.04***	3.22
企业经营年限①（年）	400	5.41	8 003	6.61	−1.20***	−5.69
资产规模	207	2 150.72	4 310	1 304.71	846.01*	1.92
员工工资	361	61.65	7 366	70.80	−9.15	−0.64
财务杠杆率	206	0.05	4 282	0.14	−0.09	−0.45
专利数	266	10.39	5 191	3.88	6.51***	3.83
出口额占比（$ExpRatio$）	119	0.162 8	1 832	0.088 7	0.074 1***	3.16

续表

	有跨国企业工作经历		没有跨国企业工作经历		均值离差	离差 t 值
	观测值数量	均值	观测值数量	均值		
国际视野（GlobVision）	386	0.44	7 484	0.25	0.19***	8.31
信任法律（Trust-in-law）	433	0.26	8 442	0.23	0.03	1.37
激励机制（IncentiveMech）	185	0.77	2 619	0.69	0.08**	2.32

注：资料来源和变量定义如表 8-1 所示；***、**、*分别表示在 1%、5%和 10%的水平上显著。

① "企业规模"和"资产规模"的结果表明，平均而言，由有跨国企业工作经历的企业主经营的企业存活率相对较低，但资产规模相对较大，这与企业存活的可能性随资产规模的增大而增大不一致。究其原因，主要是在中国由有跨国企业工作经历的企业主经营的企业大部分（73.7%）集中在东部，面临激烈的竞争。总样本数据表明中国东部企业平均只存活了 5.56 年，却平均持有 1 620 万元的资产；与之相对，中国中西部企业平均存活 6.57 年，却只平均持有 1 170 万元的资产。

为研究企业主的跨国企业工作经历对企业业绩的影响效应，我们首先使用 OLS 估计方法，将模型设定为企业业绩是企业主人力资本和企业特征变量的函数，如下所示：

$$Y_i = b_1 MNEexp_i + X_i b_2 + \varepsilon_i$$

其中，Y_i 为企业 i 的 ROA 或 ROE，衡量企业的业绩表现。二元变量 $MNEexp_i$ 是指企业 i 的企业主是否曾在跨国企业工作。向量 X_i 包括一系列企业主特征（性别、年龄、受教育年限、政治身份）和企业特征（企业经营年限、资产规模、员工工资和财务杠杆率），同时在回归中还控制了行业、省份和年份固定效应。ε_i 为异方差稳健的误差项。我们采用分步回归引入控制变量来进行稳健性检验。

系数 b_1 衡量的是 FDI 通过企业主创业产生的溢出效应，即企业主的跨国企业工作经历对企业业绩的影响效应。由于跨国企业往往在选择员工时择优，那些有跨国企业工作经历的企业主一般有更强的能力，更可能成功地经营自己的企业；换句话说，有跨国企业工作经历的企业主可能整体上优于没有跨国企业工作经历的企业主，这样会产生正的样本选择性偏误，OLS 估计值 b_1 可能会夸大跨国企业工作经历带来的好处。

我们使用倾向得分匹配（PSM）来解决这一潜在的样本选择问题，并计算企业主跨国企业工作经历对处理组的平均处理效应（ATT）。[①] 具体而言，在我们的研究情境下处理效应可表示如下：

$$ATT = E(Y_{1i} - Y_{0i} \mid MNEexp_i = 1)$$

其中，Y_{1i} 为由有跨国企业工作经历的企业主经营的企业 i 的业绩，Y_{0i} 是一个反事实的值，表示若企业 i 的企业主没有跨国企业工作经历企业 i 的业绩情况。对于那些由有跨国企业工作经历的企业主创立的企业 Y_{0i} 是观测不到的，所以我们的主要任务是构建 $E(Y_{0i} \mid MNEexp_i = 1)$。根据 Rosenbaum and Rubin（1983），如果我们能够找到一组可观测变量，这些变量在决定"企业主是否曾在跨国企业工作"时有较强的预测能

---

① 另一个处理样本选择问题的方法是使用工具变量。遗憾的是在此研究情境下我们未能找到合适的工具变量。

力，那么在条件独立假设（CIA）[①] 的情况下选择性偏误为 0：

$$B(Z)=E(Y_{0i}|Z_i,MNEexp_i=1)-E(Y_{0i}|Z_i,MNEexp_i=0)=0$$

那么，我们就会有：

$$
\begin{aligned}
ATT &= E(Y_{1i}-Y_{0i}|MNEexp_i=1) \\
&= E_{Z_i|MNEexp=1}\{E(Y_{1i}|Z_i,MNEexp_i=1) \\
&\quad -E(Y_{0i}|Z_i,MNEexp_i=0)\}
\end{aligned}
$$

也就是说，在拥有相似特征（向量 Z）的条件下，我们可以利用没有跨国企业工作经历的企业主创立的企业的业绩来近似估计反事实的 Y_{0i}。[②] 但是，要找到两个在向量 Z 的每个特征维度都相似的企业主即便不是不可能也是非常困难的。Rosenbaum and Rubin（1983）提出用倾向得分匹配的方法来解决这一问题，并且证明了在满足一定的平衡性条件下基于 Z 的条件期望与基于 $p(Z_i)$ 的条件期望是一致的，其中 $p(Z_i)=\Pr(MNEexp_i=1|Z_i)$ 是一个企业主进入跨国企业工作的可能性（或者说倾向得分）。所以，我们有：

$$ATT=E(Y_{1i}-Y_{0i}|p(Z_i))$$

值得注意的是，用匹配的方法来估计一个项目的处理效应时通常假设处理后结果（post-treatment outcomes）能在接受处理后立即观察到；换句话说，不存在连续处理（subsequent treatments）来干扰处理结果。但在我们的研究中，37%的企业主在离开跨国企业后都曾接着在党政机关或国内企业（国有企业或民营企业）工作一段时间，之后才自行创业。因此，出于对稳健性的考虑，我们使用 PSM 方法来分别对"MNEim"组和"MNEexp"组进行分析。前一个组不存在上述连续处理的选择性偏误问题；对于后一个组，我们在 PSM 模型中加入"公职经历"

---

①　与作为基准的实证结果进行比较，这一识别假设得到了 Dehejia and Wahba（1999，2002）和 Dehejia（2005）的支持，但由于不同的匹配设定而被 Heckman et al.（1998）和 Smith and Todd（2005）质疑。这些研究普遍认为，在匹配设定导致了不敏感的（稳健的）估计值或未被测度的特征不太可能影响选择过程并因此削弱 CIA 条件的情况下，匹配估计值是最好的选择。敏感性分析证明，我们的数据为该假设的成立提供了相对充足的信息。

②　这体现了传统的匹配估计是如何应用的；这种匹配方法得到的更多是基于局部特征的配对，而 PSM 得到的更多是基于全局特征的配对。

（*Civil job*）和"国内企业工作经历"（*Domestic job*）两个虚拟变量来提高匹配质量，减轻连续处理的问题。

第三节　实证结果与分析

一、OLS 回归结果

表 8-3 报告的结果证明了在中国 FDI 通过创业产生了溢出效应。第（1）列和第（5）列分别给出了 ROE 和 ROA 的单变量回归结果。这一结果表明，企业主的跨国企业工作经历使企业的 ROE 提升了 3.73%，ROA 提升了 3.87%。第（2）列和第（3）列、第（6）列和第（7）列为在控制了一系列企业主个人特征和企业特征时的多变量回归结果，各个系数都有稳定的大小，且都在统计上显著。第（4）列和第（8）列显示，企业主离开跨国企业后就立即创业的效果明显，突出了跨国企业工作经历发挥作用的即时效果。这些结果都表明了 FDI 通过劳动力流动渠道产生的正向溢出效应。

关于其他控制变量的估计结果，大部分都是合乎常理的。企业主的年龄对企业业绩有显著的负向影响；企业主的受教育年限对企业业绩有显著的正向影响。财务杠杆率和企业业绩负相关，这可能表明了财务约束的负向影响。此外，企业经营年限和员工工资水平都对企业业绩有正向影响。

二、处理效应

我们使用 PSM 方法来进一步识别跨国企业工作经历的处理效应。首先，我们用 Logit 模型来估计企业主进入跨国企业工作的可能性。考虑到数据的可得性，参考劳动经济学相关文献，我们采用企业主的年龄、性别、受教育年限、党员身份[①]、海外经历（海外留学或海外进修）、公职经历、国内企业工作经历作为能否进入跨国企业工作的决定因素。前三个变量是在劳动经济学中通常会被控制的变量；党员身份意味着

[①]　在中国的教育体系中，只有优秀的学生能够最先被选为中国共产主义青年团团员，然后在高中或大学进一步被选为中国共产党党员。

表 8-3　OLS 回归结果：检验企业主跨国企业工作经历对企业业绩的影响

	ROE				ROA			
	(1)	(2)	(3)	(4)	(5)	(6)	(7)	(8)
$MNEexp$	0.037 3**	0.036 4**	0.042 8**		0.038 7**	0.036 3*	0.034 7**	
	(0.015 2)	(0.015 5)	(0.019 7)		(0.018 6)	(0.018 9)	(0.016 7)	
$MNEim$				0.050 4**				0.041 9**
				(0.019 9)				(0.017 0)
企业主个人特征								
男性		−0.026 4***	−0.010 9	−0.011 1		−0.022 4*	−0.007 3	−0.007 5
		(0.009 8)	(0.012 6)	(0.012 6)		(0.012 8)	(0.011 5)	(0.011 5)
年龄 (Log)		−0.038 7**	−0.042 9**	−0.042 0**		−0.066 2***	−0.056 5***	−0.055 6***
		(0.016 0)	(0.020 7)	(0.020 7)		(0.019 1)	(0.017 1)	(0.017 1)
受教育年限 (Log)		−0.007 3	0.030 0*	0.029 7*		−0.013 6	0.025 5*	0.025 2*
		(0.012 4)	(0.015 8)	(0.015 8)		(0.014 3)	(0.013 0)	(0.013 0)
政治身份		0.006 7	0.011 1	0.011 2		0.012 3*	0.005 9	0.005 9
		(0.006 6)	(0.007 7)	(0.007 7)		(0.007 4)	(0.006 7)	(0.006 7)
企业特征								
企业经营年限 (Log)			0.004 8	0.004 8			0.008 7*	0.008 7*
			(0.005 2)	(0.005 2)			(0.004 4)	(0.004 4)
资产规模 (Log)			−0.040 7***	−0.040 7***			−0.045 9***	−0.045 9***
			(0.003 7)	(0.003 7)			(0.003 3)	(0.003 3)
员工工资 (Log)			0.032 9***	0.032 9***			0.031 8***	0.031 8***
			(0.003 7)	(0.003 7)			(0.003 2)	(0.003 2)

续表

	(1)	(2)	(3)	(4)	(5)	(6)	(7)	(8)
		ROE					ROA	
财务杠杆率			0.001 4 (0.002 8)	0.001 4 (0.002 8)			−0.040 2*** (0.009 8)	−0.040 0*** (0.009 8)
固定效应								
年份虚拟变量	yes	yes	yes	yes	yes	yes	yes	yes
行业虚拟变量	yes	yes	yes	yes	yes	yes	yes	yes
省份虚拟变量	yes	yes	yes	yes	yes	yes	yes	yes
观测值数量	5 481	5 455	3 269	3 269	3 621	3 603	3 270	3 270
R^2	0.036 9	0.039 5	0.102 9	0.103 6	0.025 0	0.031 4	0.174 8	0.175 4

注：资料来源和变量定义见表 8-1；括号内为稳健标准误；***、**、*分别表示在 1%、5%、10%的水平上显著。

一个求职者的领导能力和社交能力；海外经历意味着受到了更好的教育、外语能力优势和海外的社会关系网；公职经历意味着更丰富的社会关系资源；国内企业工作经历建立起了在职记录。后面这些优点正是跨国企业进行招聘时所看重的。为了提高匹配质量，我们在模型中也加入了行业、年份和省份虚拟变量。表 8-4 中用粗体显示的那几行表示"*MNEexp*"组匹配样本的平衡性特征[1]：匹配后的处理组和控制组并没有系统性差异。换句话说，从我们的匹配中产生了可用于比较的控制组。

表 8-4　"*MNEexp*"组的平衡性检验

变量	样本	均值		t 检验	
		处理组	控制组	t	$p > |t|$
年龄（Log）	未匹配	3.69	3.76	-7.98	0.00
	匹配	**3.70**	**3.68**	**0.39**	**0.70**
男性	未匹配	0.87	0.88	-1.08	0.28
	匹配	**0.91**	**0.88**	**0.80**	**0.43**
受教育年限（Log）	未匹配	2.68	2.54	11.67	0.00
	匹配	**2.67**	**2.67**	**0.14**	**0.89**
党员身份	未匹配	0.37	0.28	1.48	0.15
	匹配	**0.35**	**0.27**	**1.08**	**0.28**
海外经历	未匹配	0.11	0.05	4.48	0.00
	匹配	**0.10**	**0.08**	**0.43**	**0.67**
公职经历	未匹配	0.50	0.37	5.376	0.00
	匹配	**0.50**	**0.45**	**0.62**	**0.54**
国内企业工作经历	未匹配	0.18	0.13	3.33	0.00
	匹配	**0.19**	**0.17**	**0.16**	**0.87**

注：资料来源和变量定义见表 8-1；为节省空间，所控制的年份、行业、省份虚拟变量的检验结果省略。

　　基于"*MNEexp*"组匹配样本，表 8-5 显示了跨国企业工作经历的平均处理效应（ATT）。基于"*MNEim*"组，表 8-6 显示了 ATT 的稳健性。对于这两个有关跨国企业工作经历的衡量指标，我们进行了一

---

[1]　对"*MNEim*"组匹配样本的平衡性检验得到了相似的结果，可见附录。

系列敏感性检验。首先，我们选择了不同的模型设定，即是否在模型中加入衡量企业主其他工作经历的变量。其次，我们使用了不同的匹配标准，即最近邻域匹配和核匹配。

表 8-5 "MNEexp"组的匹配结果

	样本	On support 观测值数量	ATT	标准差	t 值	倾向得分方程
最近邻域匹配						
ROE	匹配	5 068	0.033	0.017	1.941*	Ⅰ
ROA	匹配	3 349	0.041	0.021	1.952*	Ⅰ
ROE	匹配	3 403	0.021	0.019	1.105	Ⅱ
ROA	匹配	3 014	0.035	0.020	1.750*	Ⅱ
核匹配						
ROE	匹配	5 068	0.038	0.016	2.375**	Ⅰ
ROA	匹配	3 348	0.041	0.020	2.050**	Ⅰ
ROE	匹配	3 403	0.031	0.017	1.824*	Ⅱ
ROA	匹配	3 014	0.034	0.019	1.789*	Ⅱ

注：倾向得分方程Ⅰ控制了年龄、性别、受教育年限、党员身份以及年份、行业和省份虚拟变量；倾向得分方程Ⅱ加入了海外经历、公职经历、国内企业工作经历的处理效应；标准误用自助法计算得出；**、*分别表示在5%、10%的水平上显著；资料来源和变量定义见表8-1。

表 8-6 "MNEim"组的匹配结果

	样本	On support 观测值数量	ATT	标准差	t 值	倾向得分方程
最近邻域匹配						
ROE	匹配	5 068	0.040	0.018	2.222**	Ⅰ
ROA	匹配	3 304	0.078	0.020	3.868***	Ⅰ
ROE	匹配	3 403	0.029	0.019	1.526	Ⅱ
ROA	匹配	2 972	0.068	0.020	3.410***	Ⅱ
核匹配						
ROE	匹配	5 067	0.042	0.017	2.471**	Ⅰ
ROA	匹配	3 303	0.066	0.018	3.667***	Ⅰ
ROE	匹配	3 403	0.037	0.018	2.056**	Ⅱ
ROA	匹配	2 972	0.054	0.018	2.990***	Ⅱ

注：倾向得分方程的设定和表8-5中的一致；标准误用自助法计算得出；***、**分别表示在1%、5%的水平上显著；资料来源和变量定义见表8-1。

　　与倾向得分相似（意味着有同等机会被跨国企业招聘，虽然实际上可能并非如此）的企业主相比，有跨国企业工作经历的企业主能使企业的盈利能力显著提高。"MNEim"组的处理效应比"MNEexp"组的处理效应更高，也更显著，这和 OLS 估计结果一致，证实了跨国企业工作经历带来的知识溢出效应会随时间的推移而衰减。对于溢出效应的经济显著性，两个组 ATT 的大小都和 OLS 估计结果相近，进一步证明了处理效应的存在。总之，OLS 和 PSM 的估计结果都证明在中国 FDI 会通过创业产生知识溢出效应。

　　上述 PSM 估计结果可能仍存在一定的偏误，这一偏误是由同时影响企业主能否进入跨国企业工作和他后来创立的企业业绩的不可观测变量造成，导致匹配估计的识别假设条件不能被满足。为了进一步检验 PSM 估计结果的稳健性，我们在敏感性分析的第二部分使用了 Rosenbaum's bounding approach。这一方法的核心思想是当 CIA 条件存在一定偏误时检验 PSM 估计值的稳健性。首先将发生率比率（odds ratio）为 1 的配对样本加入处理组（作为不存在潜在偏误且满足 CIA 条件），然后反复增加一个偏离程度来观察结果变量的"反应"。[1] 这一方法是基于给定的由 Logit 模型或由其他模型估计的倾向得分进行的。

　　表 8-7 显示了关于"MNEexp"组的检验结果[2]，在无偏水平下，即 Gamma=1 时，两个结果变量都不太可能被高估或低估，有力地证实了跨国企业工作经历会对企业业绩产生影响。如果存在正向的（观测不到的）样本选择问题，即那些被跨国企业雇用的人在创业时也有更好的表现，那么我们估计出的处理效应将会高于真实的处理效应。表 8-7 报告的检验统计量 Q_{MH} 太高，需要向下调整，这正是在我们的研究情境中主要关心的。因此，我们会聚焦于表 8-7 中的"Q_mh＋"和"p_mh＋"。对于两个被解释变量来说，Gamma 从"1"偏离到"1.5"的

① 基于用 Logit 模型估计的可能性，odds ratio$=\frac{\exp(\beta x_i+\gamma u_i)}{\exp(\beta x_j+\gamma u_j)}=\exp[\gamma(u_i-u_j)]$，当匹配过程中两个个体有相同的可观测协变量时第二个等号成立。个体"i"和个体"j"接受处理的概率因参数 γ 和不可观测协变量 u 的不同而不同。如果 $\gamma=0$ 或 $u_i=u_j$，则发生率比率为 1，意味着不存在偏误。一旦我们允许处理效应和观察不到的结果变量之间存在有限的相关性，发生率比率将逐渐偏离"1"。

② 关于"MNEim"组的检验结果可见本章附录，在很大程度上也是稳健的。

表 8-7 变量 ROE 和 ROA 的 Mantel-Haenszel 边界[①]（"MNEexp"组）

Gamma	ROE				Gamma	ROA			
	Q_mh+	Q_mh-	p_mh+	p_mh-		Q_mh+	Q_mh-	p_mh+	p_mh-
1	1.850 1	1.850 1	0.032 1	0.032 1	1	2.190 4	2.190 5	0.014 2	0.014 3
1.05	1.756 4	1.948 0	0.039 5	0.025 7	1.05	2.075 7	2.309 9	0.019 0	0.010 5
1.1	1.666 3	2.040 8	0.047 8	0.020 6	1.1	1.965 6	2.423 2	0.024 7	0.007 7
1.15	1.581 1	2.130 3	0.056 9	0.016 6	1.15	1.861 1	2.532 4	0.031 4	0.005 7
1.2	1.500 1	2.216 9	0.066 8	0.013 3	1.2	1.761 9	2.637 8	0.039 0	0.004 2
1.25	1.423 0	2.300 7	0.077 4	0.010 7	1.25	1.667 3	2.739 9	0.047 7	0.003 1
1.3	1.349 5	2.382 1	0.088 6	0.008 6	1.3	1.577 1	2.838 9	0.057 4	0.002 3
1.35	1.279 1	2.461 1	0.100 4	0.006 9	1.35	1.490 7	2.934 9	0.068 0	0.001 7
1.4	1.211 8	2.537 9	0.112 8	0.005 6	1.4	1.407 9	3.028 2	0.079 6	0.001 2
1.45	1.147 1	2.612 7	0.125 7	0.004 5	1.45	1.328 4	3.119	0.092 0	0.000 9
1.5	1.084 9	2.685 6	0.139 0	0.003 6	1.5	1.251 9	3.207 3	0.105 3	0.000 7

注：Gamma：微分赋值的比值，表示由不可观测的因素引起的偏误。

Q_mh+：Mantel-Haenszel 统计量（假设：处理效应被高估）。

Q_mh-：Mantel-Haenszel 统计量（假设：处理效应被低估）。

p_mh+：显著性水平（假设：处理效应被高估）。

p_mh-：显著性水平（假设：处理效应被低估）。

① "mhbounds"是估计结果的对应 Stata 命令，它是为离散型变量而编写的，所以我们借鉴 Becker and Caliendo（2007）的方法，先把敏感解释变量转换为二元变量再使用该命令。我们没有计算出对应连续型变量而编写的 "rbounds" 命令，因为它只能用于一对一的匹配，在我们的研究情境下是无效的。

显著性水平上界都在下降，并且对于 ROE 从"1.35"开始变得不那么显著，对于 ROA 从"1.5"开始变得不那么显著。这可以解释为跨国企业工作经历的处理效应对由观测不到的因素造成的偏误不敏感，这些观测不到的因素会使进入跨国企业的概率提升 35%～50%。换句话说，我们的估计结果是基于匹配模型设定能够在比较大的程度上符合跨国企业的招聘筛选过程。总而言之，上述敏感性分析意味着我们的 PSM 估计结果是稳健的。

第四节　有跨国企业工作经历的企业主经营企业的不同之处：机制分析

我们发现了跨国企业通过劳动力流动产生溢出效应的稳健证据，理解溢出效应如何产生同样是有意义的。具体而言，我们想知道有跨国企业工作经历的企业主在经营企业方面和那些没有跨国企业工作经历的企业主有什么不同，以及这些不同是如何产生的。在这一节我们将探讨跨国企业工作经历处理效应会使得创业的哪几个方面得到加强。有趣的结果包括两方面：企业的国际关联（international involvement）和企业的内部经营管理。

我们使用两个被解释变量来衡量国际关联水平：$GlobVision$ 衡量一个企业是否从事国际业务，如果企业报告称其从事出口、海外直接投资、海外资产购买业务，则取值为 1；$ExpRatio$ 为出口额与总销售额之比，衡量企业在国际市场上的表现。研究发现对中国政府自 2001 年以来推行的"走出去"战略具有政策意义。由于缺乏有国际视野的企业主，中国企业在绿地投资和并购中经历了无数次失败。因此，有跨国企业工作经历的企业主可以填补这一空白。

另一类被解释变量用来衡量内部经营管理水平：注册专利数 $PatentNO.$ 表示一个企业的技术能力和知识产权保护意识；$Trust\text{-}in\text{-}law$ 表示企业主如何处理商业纠纷，若采用诉讼或仲裁的方式，则取值为 1；$IncentiveMech$ 衡量企业是否有激励机制来驱动员工工作，例如向员工分配股权或奖金，如果企业的书面规定中有这样的激励措施则取值为 1。在跨国企业的相关文献和基于市场的公司治理实践中，这些特征被视为企业特有的优势。

　　估计结果如表 8-8 所示。第（1）列和第（2）列表示企业主的跨国企业工作经历能促进企业的国际经营。在控制了相关的变量之后，有跨国企业工作经历的企业主进行出口、海外直接投资和海外资产购买（资源、技术、品牌等）的可能性比其他企业主高出 42.86%。第（3）列和第（4）列证实了有跨国企业工作经历的企业主在国际市场上的表现优于其他企业主，所经营企业的出口额占总销售额的比重比其他企业高5.14%。第（5）列和第（6）列的估计结果显示企业主的跨国企业工作经历显著提升了企业的专利数量，在其他条件相同的情况下，这些企业主经营的企业平均拥有 8.32 项专利。可以推测这些企业主可能对他们的前雇主跨国企业进行模仿，从而导致溢出效应的产生，或者他们可能根据前雇主的技术自行发明产品，又或者他们虽然没有学到前雇主的技术，但是培养了良好的知识产权保护意识和创新意识。Holmes、McGrattan and Prescott（2011）的研究发现前两种可能性是中国 FDI 溢出效应产生的主要渠道。本研究关于专利数量的估计结果也证实了 FDI 的知识转移作用，由于创业者在跨国企业工作过，他创立的企业平均而言会注册更多的专利。第（7）～第（10）列的估计结果表明，市场导向的措施在有跨国企业工作经历的创业者所创立的企业中更常见，具体措施包括面对商业纠纷时诉诸法律而不是当地政府，以及建立良好的激励机制（如发放奖金、分配股权、基于个人表现的平等晋升机会等）。

第五节　结　论

　　劳动力流动是公认的知识从跨国企业向国内企业转移的机制，但目前证明这一渠道存在的直接证据仍较少。我们利用中国的一个全国性的调查数据集率先得出了通过创业这一新渠道产生正向 FDI 溢出效应的直接证据。OLS 和 PSM 的估计结果都表明，由具有跨国企业工作经历的创业者经营的企业的业绩表现要优于由没有跨国企业工作经历的创业者经营的企业。进行一系列检验后这一结果仍是稳健的。此外，我们还证明了企业主在跨国企业积累的人力资本有助于提升所创办民营企业的业绩表现。我们发现跨国企业工作经历的处理效应提升了企业主的国际视野，提高了企业的海外销售额，促使企业申请专利，促进了企业对法律的信任，推动了企业的员工激励措施。

表 8-8 创业者跨国企业工作经历影响效应的潜在机制检验

	国际关联						内部经营管理			
	Probit GlobVision (1)	Probit GlobVision (2)	OLS ExpRatio (3)	OLS ExpRatio (4)	OLS PatentNO. (5)	OLS PatentNO. (6)	Probit Trust-in-law (7)	Probit Trust-in-law (8)	Probit IncentiveMech (9)	Probit IncentiveMech (10)
MNEexp	0.384 2*** (0.071 9)	0.428 6*** (0.108 2)	8.020 3*** (2.251 0)	5.142 1* (2.950 6)	5.025 2** (1.719 7)	8.316 8*** (2.215 1)	0.027 5 (0.072 9)	0.227 6** (0.102 1)	0.337 7*** (0.116 6)	0.270 8 (0.172 2)
男性	0.092 0* (0.054 7)	-0.069 4 (0.081 0)	-0.286 9 (1.682 8)	-0.707 3 (2.276 4)	-0.055 3 (1.147 1)	0.170 6 (1.441 0)	0.102 1** (0.051 4)	-0.016 9 (0.072 5)	0.143 2* (0.078 4)	-0.045 3 (0.118 1)
年龄 (Log)	0.062 1 (0.095 5)	-0.109 0 (0.141 0)	1.459 0 (3.094 0)	-3.955 2 (4.111 4)	1.914 0 (2.078 0)	1.733 6 (2.524 0)	0.287 6*** (0.089 7)	0.153 8 (0.126 6)	-0.351 6** (0.152 7)	-0.505 1** (0.230 1)
受教育年限 (Log)	0.865 6*** (0.078 2)	0.611 8*** (0.116 3)	1.720 0 (2.557 9)	-1.736 8 (3.405 1)	5.099 5*** (1.679 9)	2.235 0 (2.087 9)	0.421 8*** (0.071 8)	0.432 6*** (0.102 4)	0.544 4*** (0.126 3)	0.000 5 (0.193 1)
政治身份	0.169 6*** (0.039 5)	-0.002 2 (0.057 6)	4.387 5*** (1.205 8)	0.155 9 (1.674 1)	1.538 4* (0.799 9)	0.295 8 (1.018 1)	0.119 8*** (0.036 8)	0.007 5 (0.051 0)	0.301 3*** (0.058 5)	0.127 6 (0.092 1)
企业经营年限 (Log)		0.105 5*** (0.036 7)		1.996 0* (1.058 7)		1.635 0** (0.656 6)		0.046 3 (0.032 4)		0.105 0* (0.058 9)
资产规模 (Log)		0.136 2*** (0.019 6)		2.072 7*** (0.443 0)		0.252 9 (0.355 2)		0.103 4*** (0.014 4)		0.018 2 (0.031 0)
员工工资 (Log)		0.094 5*** (0.023 0)		3.355*** (0.758 0)		1.474 3*** (0.424 0)		0.016 7 (0.023 2)		0.150 8*** (0.037 3)
财务杠杆率		-0.021 7 (0.016 8)		-1.244 1* (0.691 5)		0.185 1 (0.323 4)		-0.016 5 (0.010 1)		-0.109 2* (0.058 6)
观测值数量	7 435	3 675	1 869	1 069	5 162	3 379	8 291	3 979	2 617	1 291
R^2/Pseudo R^2	0.124 7	0.171 2	0.185 8	0.220 3	0.031 8	0.053 3	0.072 5	0.055 4	0.049 1	0.068 8

注: 资料来源和变量定义见表 8-1；括号内为稳健标准误；***、**、* 分别表示在 1%、5%、10%的水平上显著；控制了行业、省份和年份固定效应。

参考文献

Aitken, B., Harrison, A., 1999. Do domestic firms benefit from direct foreign investment? Evidence from Venezuela. American Economic Review 89 (3), 605 - 618.

Balsvik, R., 2011. Is labor mobility a channel for spillovers from multinationals? Evidence from Norwegian manufacturing. The Review of Economics and Statistics 93 (1), 285 - 297.

Becker, O. S., Caliendo, M., 2007. Mhbounds-sensitivity analysis for average treatment effects. IZA Discussion Paper No. 2543.

Blomström, M., 1986. Foreign investment and productive efficiency: The case of Mexico. Journal of Industrial Economics 35 (1), 97 - 112.

Caves, R. E., 1974. Multinational firms, competition, and productivity in host-country markets. Economica 41 (162), 176 - 193.

Dasgupta, K., 2012. Learning and knowledge diffusion in a global economy. Journal of International Economics. http://dx.doi.org/10.1016/j.jinteco.2011.11.012.

Dehejia, R., 2005. Practical propensity score matching: A reply to Smith and Todd. Journal of Econometrics, 125 355 - 364.

Dehejia, R., Wahba, S., 1999. Causal effects in nonexperimental studies: Reevaluating the evaluation of training programs. Journal of the American Statistical Association 94, 1053 - 1062.

Dehejia, R., Wahba, S., 2002. Propensity score matching methods for nonexperimental causal studies. The Review of Economics and Statistics 84 (1), 151 - 161.

Edfelt, R. B., 1975. Direct investment in a developing economy: Towards evaluating the human resource development impact in Brazil. Ph. D. dissertation. Los Angeles: University of California.

Fosfuri, A., Motta, M., Ronde, T., 2001. Foreign direct investment and spillovers through workers' mobility. Journal of International Economics 53 (1), 205 - 222.

Glass, A. J., Saggi, K., 2002. Multinational firms and technology transfer. The Scandinavian Journal of Economics 4, 495 - 513.

Görg, H., 2002. Fancy a stay at the "Hotel California"? Foreign direct investment, taxation, and exit costs. GEP Research Paper 02/28. University of Nottingham.

Görg, H., Greenaway, D., 2004. Much ado about nothing? Do domestic firms really benefit from foreign direct investment? World Bank Research Observer 19, 171 - 197.

Görg, H., Strobl, E., 2005. Spillovers from foreign firms through worker mobility: An empirical investigation. Scandinavian Journal of Economics 107 (4), 693 - 709.

Head, K. , 1998. Comment on "Comparing wages, skills and productivity between domestically and foreign-owned manufacturing establishments in the United States". In: Baldwin, R. E. , Lipsey, R. E. , Richardson, J. D. (Eds.), Geography and ownership as bases for economic accounting. Chicago: Chicago University Press.

Heckman, J. , Ichimura, H. , Todd, P. , 1998. Matching as an econometric evaluation estimator. Review of Economic Studies 65, 261 - 294.

Holmes, J. T. , McGrattan, R. E. , Prescott, C. E. , 2011. Technology capital transfer. Working Paper of Federal Reserve Bank of Minneapolis.

Javorcik, B. , 2004. Does foreign direct investment increase the productivity of domestic firms? In search of spillovers through backward linkages. American Economic Review 93 (3), 605 - 627.

Kokko, A. , Tansini, R. , Zejan, M. C. , 1996. Local technology capability and productivity spillovers from FDI in the Uruguayan manufacturing sector. Journal of Development Studies 36, 602 - 611.

Li, H. B. , Meng, L. S. , Wang, Q. , Zhou, L. A. , 2008. Political connections, financing and firm performance: Evidence from Chinese private firms. Journal of Development Economics 87, 283 - 299.

Lindsey, C. W. , 1986. Transfer of technology to the ASEAN region by U. S. transnational corporations. ASEAN Economic Bulletin 3, 225 - 247.

Markusen, J. R. , 1995. The boundaries of multinational enterprises and the theory of international trade. Journal of Economic Perspectives 9 (2), 169 - 189.

Markusen, J. R. , Trofimenko, N. , 2009. Teaching locals new tricks: Foreign experts as a channel of knowledge transfers. Journal of Development Economics 1, 120 - 131.

Poole, J. P. , 2011. Knowledge transfers from multinational to domestic firms: Evidence from worker mobility. The Review of Economics and Statistics. http://dx. doi. org/10. 1162/REST_a_00258.

Rosenbaum, P. R. , 2002. Observational studies, 2nd ed. . New York: Springer.

Rosenbaum, R. P. , Rubin, D. , 1983. The central role of the propensity score in observational studies for causal effects. Biometrika 70 (1), 41 - 55.

Sjöholm, F. , 1999. Technology gap, competition and spillovers from direct foreign investment: Evidence from establishment data. Journal of Development Studies 36, 53 - 73.

Smith, J. , Todd, P. , 2005. Does matching overcome Lalonde's critique of nonexperimental estimators?. Journal of Econometrics 125, 305 - 353.

Sutton, J. , 1997. Gibrat's Legacy. Journal of Economic Literature 35 (1), 40 - 59.

附 录

表 A8-1　"MNEim"组的平衡性检验

样本		均值		t 检验	
		处理组	控制组	t	p > |t|
年龄（Log）	未匹配	3.69	3.76	−5.71	0.00
	匹配	**3.69**	**3.71**	**−0.47**	**0.64**
男性	未匹配	0.90	0.88	1.16	0.24
	匹配	**0.92**	**0.91**	**0.14**	**0.89**
受教育年限（Log）	未匹配	2.67	2.54	8.66	0.00
	匹配	**2.67**	**2.64**	**1.44**	**0.15**
党员身份	未匹配	0.31	0.28	0.99	0.32
	匹配	**0.32**	**0.33**	**−0.11**	**0.91**
海外经历	未匹配	0.12	0.05	3.76	0.00
	匹配	**0.10**	**0.08**	**0.47**	**0.64**
公职经历	未匹配	0.51	0.37	4.66	0.00
	匹配	**0.49**	**0.46**	**0.34**	**0.73**
国内企业工作经历	未匹配	0.16	0.13	1.48	0.14
	匹配	**0.18**	**0.17**	**0.18**	**0.86**

注：资料来源和变量定义见表 8-1；所控制的年份、行业、省份虚拟变量的检验结果省略。

表 A8 - 2　变量 ROE 和 ROA 的 Mantel-Haenszel 边界① ("MNEim" 组)

Gamma	ROE				Gamma	ROA			
	Q_mh+	Q_mh-	p_mh+	p_mh-		Q_mh+	Q_mh-	p_mh+	p_mh-
1	1.888 3	1.888 3	0.029 5	0.029 5	1	2.465 4	2.465 4	0.006 8	0.006 8
1.05	1.793 4	1.986 9	0.036 5	0.023 5	1.05	2.346 8	2.588 9	0.009 5	0.004 8
1.1	1.702 5	2.080 6	0.044 3	0.018 7	1.1	2.233 0	2.706 0	0.012 8	0.003 4
1.15	1.616 5	2.171 1	0.053 0	0.015 0	1.15	2.125 4	2.819 1	0.016 8	0.002 4
1.2	1.534 8	2.258 6	0.062 4	0.012 0	1.2	2.023 1	2.928 4	0.021 5	0.001 7
1.25	1.457 0	2.343 4	0.072 6	0.009 6	1.25	1.925 8	3.034 3	0.027 1	0.001 2
1.3	1.382 8	2.425 6	0.083 4	0.007 6	1.3	1.832 9	3.137 0	0.033 4	0.000 9
1.35	1.311 9	2.505 5	0.094 8	0.006 1	1.35	1.744 1	3.236 7	0.040 6	0.000 6
1.4	1.244 0	2.583 2	0.106 8	0.004 9	1.4	1.659 1	3.333 7	0.048 6	0.000 4
1.45	1.178 8	2.658 9	0.119 3	0.003 9	1.45	1.577 5	3.428 0	0.005 7	0.000 3
1.5	1.116 1	2.732 7	0.132 2	0.003 1	1.5	1.499 1	3.520 0	0.066 9	0.000 2

注: Gamma: 微分赋值的比值。表示由不可观测的因素引起的偏误。

Q_mh+: Mantel-Haenszel 统计量 (假设: 处理效应被高估)。

Q_mh-: Mantel-Haenszel 统计量 (假设: 处理效应被低估)。

p_mh+: 显著性水平 (假设: 处理效应被高估)。

p_mh-: 显著性水平 (假设: 处理效应被低估)。

① "mhbounds" 是估计结果的对应 Stata 命令, 它是为离散型变量而编写的, 所以我们借鉴 Becker and Caliendo (2007) 的方法, 先把被解释变量转换为二元变量再使用该命令。我们没有使用为连续型变量编写的 "rbounds" 命令, 因为它只能用于一对一的匹配, 在我们的研究情境下是无效的。

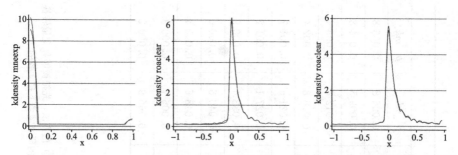

图 A8 - 1　没有资产数据缺失和有资产数据缺失的样本中关键变量的分布

资料来源：作者的计算基于 2000 年、2002 年和 2004 年的中国民营企业全国调查数据。

注：以上三幅图分别对应 *MNEexp*、*ROA* 和 *ROE* 三个关键变量。

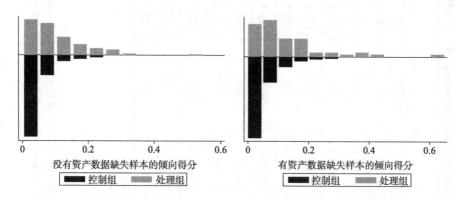

图 A8 - 2　没有资产数据缺失的样本和有资产数据缺失的样本的倾向得分

资料来源：作者的计算基于 2000 年、2002 年和 2004 年的中国民营企业全国调查数据。

第四编

企业投资

第九章 企业固定资产投资与出口：
一驾马车促进了另一驾马车

内容提要： 本章识别了企业固定资产投资对企业出口行为的因果效应，从而对这一研究领域做出了贡献。我们的计量识别策略是基于2004年中国增值税试点改革所带来的区域差异，这一改革给企业固定资产投资带来了正向冲击。工具变量回归结果表明，企业固定资产投资显著地提高了企业的出口倾向，而且这一影响主要是由固定资产投资对企业生产率的正向影响导致的。最后，我们考虑了企业固定资产投资对企业出口行为在具有不同竞争强度和融资约束的行业中的异质性。

第一节 引 言

关于企业层面研究的一个重要发现是，出口企业比非出口企业具有更高的生产率［综述见 Bernard et al.（2012）］。最主流的解释是，具有更优特质（如生产率）的企业自我选择进入出口市场［见关于企业异质性理论的综述，Redding（2011）］。然而，让研究人员非常感兴趣的一个问题是企业如何获得优异的特质，以方便它们成功地进入出口市场。

文献强调了企业对技术升级的投资对其成功出口的重要性（Damijan et al.，2008；Cassiman et al.，2010；Iacovone and Javorcik，2012）。然而，如何建立企业投资和企业出口的因果关系是一直存在的难题，也就是说，企业的投资决策和出口决策是同时被决定的。例如，在 Atkeson and Burstein（2010）、Lileeva and Trefler（2010）、Aw et al.（2011）以及 Bustos（2011）的研究模型中，企业同时选择技术升级投资和出口。此外，在识别中存在的另一个复杂的问题是从出口到投资可能存在反向因果关系。例如，Criscuolo et al.（2010）发现，在 1994—2000 年英国的所有行业中有数千个企业在全球竞争中将更多的资源投入创新。

本章通过使用准自然实验，以确定企业投资对企业出口的因果效应，从而对这一领域做出了贡献。2004 年，中国开始在东北三省六个行业进行增值税改革。① 在新的税收制度下，企业购买固定资产的支出可以从税基中扣除，这大大降低了固定资产成本（降幅为 13%～17%），因此为企业进行固定资产投资带来了巨大的税收激励。已有研究［例如 Chen et al.（2011）］已经表明，增值税改革确实增加了企业的投资。

我们的实证分析使用 2004 年增值税改革后区域层面的变化，作为企业固定资产投资的工具变量，因为改革首先在 31 个省份中的 3 个进行试点。为了进一步完善我们的识别，我们采用由 Conley et al.（2012）开发的近似外生的工具变量方法，放松工具变量的严格外生性要求。我们发现，企业的投资对出口概率有统计意义上的显著正向影响。具体而言，由于改革后企业固定资产投资的增加，东北地区企业的平均出口倾向提升了 2.39%，相对于全样本 32.94% 的平均出口倾向来说这一增幅是较大的。这些发现通过了一系列稳健性检验，包括使用不同的标准误估计，考虑企业跨行业经营的问题，使用存续企业作为样本，使用投资激励的替代度量指标，以及使用不同的子样本。

为了阐述企业固定资产投资提高企业出口概率的基本机制，我们首先表明，企业投资显著提高了企业生产率，这反过来又显著提高了出口概率。我们还发现，在融资约束越高的行业中，企业投资对出口概率的影响越大，这意味着企业面临着信贷约束，而增值税改革在很

---

① Chandra and Long（2013）利用 2004 年增值税改革的另一特点（即中央政府和地方政府在出口退税上的共享机制）来确定出口退税对企业出口绩效的影响。

大程度上通过降低信贷约束增加了企业投资。我们进一步发现，在竞争程度越高的行业，企业投资的效果越大。这表明，在竞争程度较低的行业，企业可能部分地将增值税改革的效果转移给消费者，从而导致影响较小。

本章的其余部分组织如下：第二节阐述了估计框架，包括对中国增值税改革制度背景的描述，并简要讨论了概念框架、数据和变量，以及识别策略；第三节是实证结果，包括主要结果、稳健性检验和机制分析；第四节为结论。

第二节　实证策略

一、中国的增值税改革

增值税是一种广泛使用的税收形式。例如，已经有超过 130 个国家（包括发达国家和发展中国家）采用增值税，增值税收入占税收收入的 20% 以上。由于较低的行政成本和经济扭曲程度，增值税具有简单、高效的优势。[①] 通常增值税都是消费型的，也就是说，增值税是基于企业的商品销售总额与所有购买的投入（包括固定资产）之间的差额征收的。

在 1994 年税制改革中，中国在全国范围内引入了增值税。增值税的基础税率是 17%，对于农产品等部分商品，税率则是 13%。自从引入以来，增值税已经成为中国政府税收的主要来源，例如 2007 年的增值税收入在税收收入中的占比高达 31%。[②]

然而，与其他国家的标准消费型增值税不同的是，在 2004 年改革之前中国企业的固定资产投资并没有从增值税税基中扣除。因此，固定资产被重复征税，一次是在企业购置固定资产时的直接征税，另一次是消费者购买由这些固定资产生产的商品时的间接征税。这种双重征税方

---

① Metcalf（1995）讨论了增值税的基本概念和管理问题。Dougan and Zhang（2010）利用 OECD 成员的数据表明，增值税对私人储蓄是中性的，所得税对私人储蓄则有较大的负面影响。另见 Auerbach（2009）和其中的参考文献。

② 见人民网，2012 年 8 月 21 日获取。

式增加了企业固定资产投资的成本，在一定程度上抑制了企业进行固定资产投资的积极性。这种生产型增值税是中国增值税引入时特殊经济形态的产物。1994 年，中国经济发展过热，中央政府也面临着严格的预算约束，而生产型增值税的采用一方面增加了中央政府的税收收入，另一方面抑制了企业的固定资产投资。

在 1994 年税制改革后的十年里，中国的整体经济环境发生了重大变化。一方面，通过一系列的财政集中政策，中央政府的财政状况有了明显改善：预算收入从 1995 年占 GDP 的 10.8％增长到 2004 年的 20％左右。另一方面，1993 年年中开始实行的宏观经济紧缩政策有效地控制了经济过热和通货膨胀危机。中国改革所面临的新问题是如何深化经济改革，例如通过提供公平的竞争环境以及提高企业的核心竞争力。

为了刺激投资、促进市场公平，中央政府开始考虑进行增值税改革。2004 年，财政部和国家税务总局正式宣布中国将在东北三省（即辽宁、吉林和黑龙江）对 6 个产业（即装备制造、石油化工、冶金、船舶制造、汽车制造和农产品加工）进行增值税改革。[①] 本次增值税改革的关键在于将以往的生产型增值税转变为标准的消费型增值税。在新的增值税体制下，固定资产的购置费用将从增值税税基中扣除，这极大地降低了固定资产成本（即降低 13％～17％）。3 年后，改革扩大到中部六省的其他 26 个城市，并增加了采矿及电力行业。最终，新的增值税政策在 2009 年 1 月开始适用于所有的省份和行业。

表 9－1 列出了适用以及不适用 2004 年增值税试点改革的制造业行业。大多数制造业行业都是符合条件的，分类的包容性使得企业通过转换行业利用税收激励变得特别困难，从而确保同一企业在试点改革前后都是适用或不适用的。同时，如 Chen et al.（2011）所示，适用和不适用增值税试点改革的企业在东北和非东北城市以及在改革试点前后的分布比较平衡，这使得行业选择问题不太严重。

---

① 参见《东北地区扩大增值税抵扣范围若干问题的规定》。

表 9 - 1　在 2004 年增值税试点改革中符合和不符合条件的制造业行业

适用的行业	
代码	名称
13	农副食品加工业
14	食品制造业
15	饮料制造业
17	纺织业
18	纺织服装、鞋、帽制造业
19	皮革、毛皮、羽毛（绒）及其制品业
20	木材加工及木、竹、藤、棕、草制品业
21	家具制造业
22	造纸及纸制品业
251	精炼石油产品的制造
253	核燃料加工
26	化学原料及化学制品制造业
27	医药制造业
28	化学纤维制造业
29	橡胶制品业
30	塑料制品业
32	黑色金属冶炼及压延加工业
33	有色金属冶炼及压延加工业
35	通用设备制造业
36	专用设备制造业
371	铁路运输设备制造
372	汽车制造
375	船舶及浮动装置制造
376	航空航天器制造
379	交通器材及其他交通运输设备制造
39	电气机械及器材制造业
40	通信设备、计算机及其他电子设备制造业
41	仪器仪表及文化、办公用机械制造业
42	工艺品及其他制造业

续表

不适用的行业	
代码	名称
16	烟草制品业
23	印刷业和记录媒介的复制
24	文教体育用品制造业
252	炼焦
31	非金属矿物制品业
34	金属制品业
373	摩托车制造
374	自行车制造
43	废弃资源和废旧材料回收加工业

资料来源:《东北地区扩大增值税抵扣范围若干问题的规定》。

二、概念框架

为了说明增值税改革是如何影响出口行为的（通过技术升级投资），我们简要地讨论了如何将 Melitz（2003）的异质性企业框架扩展为包含两阶段选择的异质性企业框架。具体而言，在第一阶段，企业支付固定成本的资金投入后将从生产率分布中抽取生产率水平，然后决定是立即退出市场还是开始生产。如果企业选择生产，它们需要支付固定的生产成本，同时还面临着两个额外的选择，即出口到国外市场（有固定成本）和进行技术升级投资（有固定成本）。技术升级投资将使企业的生产率提高到给定水平（假定这一水平高于出口临界生产率水平）。[①] 在第二阶段，如果企业在第一阶段进行了技术升级投资，那么在第二阶段将获得一个新的生产率水平，企业将基于新的生产率水平重新考虑生产和出口行为。对于没有进行技术升级投资的企业，它们在第二阶段的生产和出口行为将与第一阶段保持一致。

---

① 例如，见 Lileeva and Trefler（2010）的类似假设。

如前所述，中国的增值税改革改变了进行技术升级投资的成本，而在东北城市的企业中技术升级投资多年都不曾发生。为了适应这一制度背景，我们假定：（1）改革前，增值税高到足以阻碍企业投资于技术升级；（2）改革后，投资方面增值税的取消使得企业可以负担技术升级投资。给定出口和投资的固定成本假设，我们可以证明，在增值税改革后，非出口企业中生产率较低的企业投资于技术升级并开始出口，而生产率较高的企业则保持现状。在增值税改革后，在出口企业中所有企业都继续出口但不投资于技术升级。因此，平均而言，在增值税改革后，出口企业的比例增大了。

这些结果是直观的。当企业可以用合理的固定成本获得先进技术时，它们的投资行为将由从技术升级中所获利益的大小决定。对于高生产率企业来说，它们的收益会很少，因此它们不会投资于技术升级。但对于低生产率企业来说，它们的收益将是巨大的，从而有更大的投资动力。更普遍的是，企业的初始生产率越低，它们的投资收益就越大，因此，企业就越有可能投资和出口。

三、数　据

我们所使用的主要数据来自国家统计局在 1998—2007 年开展的工业企业年度调查（ASIF）。这是中国最全面的企业层面的数据集，它涵盖了所有国有企业和所有年销售额在 500 万元（约 65 万美元）以上的非国有工业企业。企业的数量从 20 世纪 90 年代末的 14 万多个到 2007 年的 33.6 万多个不等。这一数据集还涵盖了全国各省份以及所有的制造业企业，以保证拥有代表性。

该数据集提供了详细的企业信息，包括行业归属、位置以及财务报表中所有关于经营和业绩的项目，如出口、固定资产的账面价值和净值、就业和工资率。我们利用 Brandt et al.（2012）构建的二位码行业的价格平减指数对所有的名义经济变量进行平减。然而，这个数据集的一个缺点是，它没有直接提供固定资产投资信息。为了获得固定资产投资数据，我们参考了 Song and Wu（2012）的做法，使用工业企业数据库报告的固定资产账面价值，并假定 5% 的恒定折旧率。因此，企业 f 在

t 年的投资 $INV_{f,t}$ 可以用下面的方程表示:

$$K_{f,t+1}=(1-\delta)K_{f,t}+INV_{f,t} \tag{9-1}$$

其中,$\delta=5\%$ 是恒定的折旧率;$K_{f,t}=(1-\delta)K_{f,t-1}+(BK_{f,t}-BK_{f,t-1})/P_{rt}$ 是企业 f 在 t 年的资本存量;$BK_{f,t}$ 是企业 f 在 t 年资本存量的账面价值;P_{rt} 是 t 年各省份的固定资产投资价格指数(来自国家统计局编制的各年度《中国统计年鉴》)。对于 1998 年后成立的企业,它们的初始资本存量的账面价值可以直接从工业企业数据库中获得。对于 1998 年前成立的企业,以 1985 年为例,我们假定它们在1985—1998 年的资本增长率与在 1998—2004 年的资本增长率相同,以此来预测企业成立时的初始资本存量的账面价值。具体而言,$BK_{f,t_0}=BK_{f,t_1}/(1+g_f)^{t_1-t_0}$,$BK_{f,t_0}$ 表示的是在 t_0 年成立的企业 f 预计初始资本存量的账面价值;BK_{f,t_1} 表示的是在 t_1 年首次出现在数据库中的企业 f 的资本存量的账面价值;g_f 是企业 f 自 t_1 年以来在数据库中各期资本存量增长率的几何平均。

表 9-2 分别提供了全样本和东北城市(2004 年增值税试点改革城市位置)以及非东北城市两个子样本的描述性统计和关键变量的定义。大多数企业是非出口企业;只有 32.9% 的企业年样本观测值属于出口企业,这与其他文献的概况一致〔例如,Bernard and Jensen (1999)、Mayer and Ottaviano (2008)〕。此外,非东北城市的企业相比东北城市的企业更多地从事国际贸易。也就是说,非东北城市的出口企业比例更高,出口强度更大,出口总额更高,出口市场的覆盖面更广。这种模式的一个可能解释是,20 世纪 70 年代末中国的改革开放是从南方沿海地区开始的,如广东和福建两省。

表 9-3 进一步汇总了东北城市和非东北城市在 24 个符合条件的二位码行业中出口企业比例的比较。在大多数行业,非东北城市比东北城市具有较高的出口倾向,但后者在黑色金属冶炼及压延加工业、精炼石油产品的制造、农副食品加工业等行业的出口企业比例更高。东北城市的企业往往比其他地方的企业投资少,这也恰好反映了中央政府为什么选择东北城市作为试点地区。

表 9 - 2 统计性描述

变量	(1) 全样本	(2) 东北城市	(3) 非东北城市	(3)－(2)	变量定义
Exporting status	0.329 4 (0.000 5)	0.218 9 (0.002 0)	0.336 1 (0.000 6)	0.117 2***	企业出口状态
Export intensity	0.197 9 (0.000 4)	0.122 6 (0.001 4)	0.202 4 (0.000 4)	0.079 8***	出口额/总产出
ln(1＋export value)	3.179 9 (0.005 4)	2.087 6 (0.019 6)	3.246 0 (0.005 6)	1.158 4***	(1＋出口额) 的对数
ln(1＋export markets)	0.423 7 (0.001 1)	0.288 3 (0.003 7)	0.431 8 (0.001 2)	0.143 5***	(1＋出口市场数量) 的对数
ln(1＋fixed investment)	6.494 2 (0.002 7)	6.444 6 (0.012 5)	6.497 2 (0.002 7)	0.052 6***	(1＋固定资产投资) 的对数
ln employment	4.978 7 (0.001 3)	4.958 6 (0.005 9)	4.979 9 (0.001 3)	0.021 3***	总就业人数的对数
ln wage	2.420 3 (0.000 8)	2.267 2 (0.003 6)	2.429 5 (0.000 8)	0.162 3***	工资水平的对数

注：括号内为标准误。*** 表示在 1% 的水平上显著。

表9-3 出口企业比例的行业内比较

行业	东北城市		非东北城市		差值	
	(1)		(2)		(2)-(1)	
	均值	标准误	均值	标准误	均值	标准误
13 农副食品加工业	0.225 9	(0.006 1)	0.187 9	(0.001 7)	-0.038 0***	(0.006 0)
14 食品制造业	0.140 7	(0.008 8)	0.255 9	(0.003 0)	0.115 2***	(0.011 4)
15 饮料制造业	0.043 1	(0.005 3)	0.143 6	(0.002 9)	0.100 5***	(0.009 3)
17 纺织业	0.460 4	(0.011 2)	0.407 0	(0.001 7)	-0.053 4***	(0.011 1)
18 纺织服装、鞋、帽制造业	0.724 6	(0.011 3)	0.655 4	(0.002 2)	-0.069 2***	(0.012 2)
19 皮革、毛皮、羽毛(绒)及其制品业	0.618 6	(0.026 7)	0.634 0	(0.003 3)	0.015 4	(0.026 6)
20 木材加工及木、竹、藤、棕、草制品业	0.225 9	(0.012 5)	0.265 6	(0.004 1)	0.039 7***	(0.013 8)
21 家具制造业	0.480 1	(0.018 9)	0.471 0	(0.005 0)	-0.009 1	(0.019 5)
22 造纸及纸制品业	0.076 2	(0.007 6)	0.124 3	(0.002 0)	0.048 1***	(0.009 6)
25 石油加工、炼焦及核燃料加工业	0.114 0	(0.011 5)	0.080 1	(0.004 8)	-0.033 9***	(0.011 3)
26 化学原料及化学制品制造业	0.163 3	(0.006 1)	0.239 8	(0.001 7)	0.076 5***	(0.007 2)
27 医药制造业	0.116 7	(0.008 3)	0.278 9	(0.003 5)	0.162 2***	(0.011 8)
28 化学纤维制造业	0.179 3	(0.032 0)	0.211 1	(0.005 9)	0.031 8	(0.034 3)

续表

行业	东北城市		非东北城市		差值	
	(1) 均值	标准误	(2) 均值	标准误	(2)－(1) 均值	标准误
29 橡胶制品业	0.316 8	(0.018 0)	0.361 6	(0.004 5)	0.044 8**	(0.019 1)
30 塑料制品业	0.150 6	(0.008 0)	0.338 7	(0.002 3)	0.188 1***	(0.010 8)
32 黑色金属冶炼及压延加工业	0.170 4	(0.008 8)	0.115 6	(0.002 3)	−0.054 8***	(0.007 9)
33 有色金属冶炼及压延加工业	0.172 2	(0.012 4)	0.180 5	(0.003 1)	0.008 3	(0.013 0)
35 通用设备制造业	0.208 0	(0.005 6)	0.285 2	(0.001 8)	0.077 2***	(0.006 4)
36 专用设备制造业	0.147 8	(0.006 8)	0.259 1	(0.002 3)	0.111 3***	(0.008 6)
37 交通运输设备制造业	0.134 9	(0.005 8)	0.228 0	(0.002 3)	0.093 1***	(0.007 4)
39 电气机械及器材制造业	0.147 5	(0.006 6)	0.343 2	(0.002 1)	0.195 7***	(0.009 0)
40 通信设备、计算机及其他电子设备制造业	0.419 0	(0.017 6)	0.548 8	(0.003 1)	0.129 9***	(0.018 0)
41 仪器仪表及文化、办公用机械制造业	0.183 8	(0.014 9)	0.475 8	(0.004 2)	0.292 0***	(0.019 4)
42 工艺品及其他制造业	0.690 7	(0.023 9)	0.717 3	(0.003 3)	0.026 6	(0.023 5)

注: *** 和 ** 分别表示在 1% 和 5% 的水平上显著。

四、实证识别框架

如 Melitz（2003）所阐述的，出口决策取决于净出口收入是否高于出口的固定成本。具体而言，城市 c 的行业 i 中的企业 f 在 t 年的出口决策公式如下：

$$EXP_{f,i,c,t} = \begin{cases} 1 & \text{如果 } \hat{R}_{f,i,c,t} > F \times (1 - EXP_{f,i,c,t-1}) \\ 0 & \text{其他} \end{cases}$$

$$(9-2)$$

其中，$EXP_{f,i,c,t}$ 为出口状态，$\hat{R}_{f,i,c,t}$ 是预期的净出口收入；而对于新的出口企业来说，F 代表固定成本。

在实证上，我们使用 t 年期初的信息来代理 $\hat{R}_{f,i,c,t}$。具体而言，参考 Bernard and Jensen（1999）、Bernard and Jensen（2004）的研究，我们使用企业规模和工资率在 $t-1$ 年的对数。我们还考虑了企业在 $t-1$ 年的投资，因为这反过来又影响企业的生产率和在 t 年的 $\hat{R}_{f,i,c,t}$。我们进一步包含了行业与城市不随时间变化的特征和共同的时间效应，从而有：

$$\hat{R}_{f,i,c,t} = \beta INV_{f,i,c,t-1} + X'_{f,i,c,t-1}\eta + \lambda_i + \lambda_c + \lambda_t$$

其中，$INV_{f,i,c,t-1}$ 表示的是企业投资，是我们感兴趣的回归变量；$X'_{f,i,c,t-1}$ 是一个包括企业规模对数和工资率对数的企业特征向量；λ_i 是二位码水平的行业固定效应，包括所有不随时间变化的行业特征[①]；λ_c 是城市固定效应，包括地理特征等所有不随时间变化的城市特征；λ_t 是时间固定效应，包括同一年中对所有企业的共同冲击，例如宏观经济冲击。

对方程（9-2）进行线性化并将 $EXP_{f,i,c,t}$ 纳入 $X'_{f,i,c,t-1}$，我们有以下的估计方程：

$$EXP_{f,i,c,t} = \beta INV_{f,i,c,t-1} + X'_{f,i,c,t-1}\eta + \lambda_i + \lambda_c + \lambda_t + \varepsilon_{f,i,c,t}$$

$$(9-3)$$

我们用聚类到城市层面的异方差稳健标准误来消除潜在的异方差和

---

① 使用三位码水平和四位码水平的行业固定效应，结果仍是稳健的，见表 A9-1 的第（1）～第（2）列。

序列相关等问题（见 Bertrand et al.，2004）。

识别投资对出口的影响的关键假设是，企业投资与误差项是条件不相关的。然而，我们也有理由怀疑这一假设的准确性。例如，一个有闯劲的首席执行官可能会热衷于投资和将产品销售到国外市场。

为了改进研究的识别策略，我们探究了增值税试点改革所带来的增值税减免的时间和地区差异，这已被证明会对企业投资产生显著的激励作用（例如，Chen et al.，2011）。具体而言，我们重点关注 2004 年增值税试点改革中符合条件的行业样本，并利用政策改革构建了企业投资的一个工具变量。工具变量估计的第一阶段如下所示：

$$INV_{f,i,c,t} = \alpha VAT_{c,t} + X'_{f,i,c,t-1}\lambda + \lambda_i + \lambda_c + \lambda_t + \upsilon_{f,i,c,t}$$

$$(9-4)$$

其中，$VAT_{c,t} = NE_c \times Post04_t$ 代表增值税试点改革；NE_c 是东北城市的指示变量；$Post04_t$ 是改革后的指示变量，1998—2003 年取值为 0，2004 年取值为 0.5，2005—2007 年取值为 1。$\upsilon_{f,i,c,t}$ 是聚类到城市层面的异方差稳健标准误。

工具变量估计的有效性取决于两个条件，即相关性条件（即工具变量与我们感兴趣的回归量显著相关，且这一相关性很强）和排他性限制（即工具变量不会通过除了我们感兴趣的回归变量以外的其他渠道来影响我们的结果变量）。尽管相关性条件可以通过方程（9-4）中 α 的显著性来证实，但排他性限制还需要进一步讨论。

我们的工具变量的排他性限制有两个潜在的威胁：

第一，2004 年增值税改革的试点地区（即东北三省）不是随机选择的，这意味着试点地区和其他地区可能存在本质的差异，而工具变量可能会直接通过这些本质差异影响出口概率。为了解决这个问题，我们参考了关于不完全工具变量的文献，文献放松了工具变量的外生性假设。具体来说，我们采用了由 Conley et al.（2012）开发的近似外生工具变量框架。考虑一个一般化的工具变量方程：

$$EXP_{f,i,c,t} = \beta INV_{f,i,c,t-1} + \gamma VAT_{c,t-1} + X'_{f,i,c,t-1}\eta + \lambda_i + \lambda_c + \lambda_t + \varepsilon_{f,i,c,t}$$

其中，γ 捕获了工具变量 $VAT_{c,t-1}$ 通过我们感兴趣的回归变量 $INV_{f,i,c,t-1}$

以外的其他渠道对结果变量 $EXP_{f,i,c,t}$ 产生的所有影响。给定 γ，我们的工具变量在修正的方程中可以得出 β 的真实值，即：

$$\widehat{EXP}_{f,i,c,t} = \beta INV_{f,i,c,t-1} + X'_{f,i,c,t-1}\eta + \lambda_i$$
$$+ \lambda_c + \lambda_t + \varepsilon_{f,i,c,t} \qquad (9-5)$$

其中，$\widehat{EXP}_{f,i,c,t} \equiv EXP_{f,i,c,t} - \gamma VAT_{c,t-1}$。

　　一个现实的问题是如何估计 γ。参考 Nunn and Wantchekon（2011），我们研究了 2004 年增值税试点改革的制度细节，发现在试点地区和非试点地区都存在几个不符合改革条件的行业。由于增值税试点改革并不影响这些不符合条件的行业（因此我们的工具变量 $VAT_{c,t-1}$ 并不影响我们感兴趣的回归变量 $INV_{f,i,c,t-1}$），因此我们在不符合改革条件的行业样本中控制了相同的控制变量（即 $X_{f,i,c,t-1}$，λ_i，λ_c，λ_t），将 $EXP_{f,i,c,t}$ 回归到 $VAT_{c,t-1}$ 上，即可捕获 $VAT_{c,t-1}$ 通过除 $INV_{f,i,c,t-1}$ 以外的其他渠道对 $EXP_{f,i,c,t}$ 的影响；换句话说，这一回归提供了 γ 的估计值。利用估计值 $\hat{\gamma}$，我们可以计算方程 $\widehat{EXP}_{f,i,c,t} \equiv EXP_{f,i,c,t} - \hat{\gamma} VAT_{c,t-1}$ 中的结果变量并使用 $VAT_{c,t-1}$ 作为有效的工具变量得到 β。

　　第二，如果同期有其他改革发生，工具变量可能会捕获其他改革的效果，这可能反过来会通过企业投资之外的渠道影响我们的结果变量。很明显的一个例子是 2005 年《多种纤维协定》（MFA）的废止，它大幅增加了中国纺织和服装行业的出口［具体可见 Khandelwal et al.（2013）对这一事件的研究］。因为东北城市（2004 年增值税改革的试点地区）主要经营重工业，我们的工具变量可能与直接影响企业出口行为的《多种纤维协定》改革有关联。为了解决这一问题，我们增加了受《多种纤维协定》影响的行业的指示变量（即对于纺织和服装行业 $MFA_i = 1$，否则为 0）和 2005 年后的时间指示变量（即 2005—2007 年 $Post05_t = 1$，否则为 0）的交互项作为控制变量，即 $MFA_i \times Post05_t$。

第三节　实证结果

一、主要结果

　　工具变量回归结果见表 9-4，面板 A 为第二阶段的结果，面板 B

为第一阶段的结果。第一阶段的估计结果表明增值税试点改革对企业投资在统计上有显著的正向影响。这些结果与 Chen et al.（2011）的结论一致，进一步确认了我们工具变量的相关性。

表 9 - 4　主要结果

	(1)	(2)	(3)	(4)
面板 A，第二阶段：第 (1)、(2) 列因变量为 EXP_t，第 (3)、(4) 列因变量为 $\widehat{EXP_t}$				
INV_{t-1}	0.133 2***	0.118 1***	0.173 0***	0.169 0***
	(0.023 6)	(0.020 8)	(0.028 7)	(0.030 5)
企业层面控制变量				
$Exporting\ status_{t-1}$	0.575 2***	0.577 9***	0.569 9***	0.572 8***
	(0.007 7)	(0.007 8)	(0.008 9)	(0.007 5)
$Exporting\ status_{t-2}$	0.231 9***	0.231 1***	0.234 6***	0.235 8***
	(0.007 6)	(0.009 3)	(0.008 2)	(0.007 2)
$\ln employment_{t-1}$	−0.116 5***	−0.101 0***	−0.159 6***	−0.156 1***
	(0.024 4)	(0.021 0)	(0.029 8)	(0.031 7)
$\ln wage_{t-1}$	−0.105 8***	−0.091 9***	−0.141 1***	−0.134 8***
	(0.021 6)	(0.020 3)	(0.026 5)	(0.026 0)
$MFA \times Post05_t$	−0.011 9***	−0.012 8***	−0.012 8***	−0.014 1***
	(0.004 0)	(0.003 2)	(0.003 0)	(0.003 2)
$State\ share_t$			0.072 6***	
			(0.015 9)	
SOE_t				0.082 9***
				(0.017 4)
$Foreign\text{-}invested\ firms_t$				−0.005 0
				(0.009 6)
$HMT\text{-}invested\ firms_t$				−0.014 8
				(0.014 9)
年份固定效应	yes	yes	yes	yes
行业固定效应	yes	yes	yes	yes
城市固定效应	yes	yes	yes	yes
面板 B，第一阶段：因变量是 INV_{t-1}				
VAT_{t-1}	0.179 1**	0.179 1**	0.130 1*	0.134 9*
	(0.088 2)	(0.088 2)	(0.078 2)	(0.081 1)
企业层面控制变量	yes	yes	yes	yes
年份固定效应	yes	yes	yes	yes
行业固定效应	yes	yes	yes	yes

续表

	(1)	(2)	(3)	(4)
城市固定效应	yes	yes	yes	yes
观测值数量	722 015	722 015	718 485	722 015

注：括号内为聚类到城市层面的稳健标准误。***、**、*分别表示在1%、5%和10%的水平上显著。

在第（1）列，我们使用了出口状态的原始数据，发现企业投资对企业出口概率在统计上有显著的正向影响，这一结果与文献的结论相一致（例如，Aw et al.，2011；Bustos，2011）。[①] 同时，我们发现这一效应的规模在经济上也具有显著性。鉴于改革后东北地区企业的固定资产投资平均增长了17.91%，我们的估计结果表明东北地区企业的出口倾向因固定资产投资增长而增长了2.39%，相对于全样本32.94%的平均出口倾向来说，这一量级已经相当大了。也就是说，由于增值税试点改革所导致的出口概率相对于样本均值提升了7.26%。

在第（2）列，我们使用方程（9-5）所提出的近似外生工具变量框架来解决增值税改革试点地区的非随机选择问题，从而解决工具变量的内生性问题。我们的研究始终能够得到企业投资对企业出口概率在统计上显著为正的影响，并且这种影响的幅度几乎没有发生变化。

近似外生工具变量框架要求我们的工具变量在企业不进行投资的情况下，对符合增值税试点改革条件的行业以及不符合增值税试点改革条件的行业的出口概率有相同的影响（即$\gamma^e = \gamma^{ine}$）。换言之，如果存在城市-行业特定冲击，例如，冲击对增值税改革试点地区和增值税改革试点行业的影响不同于对其他地区和其他行业的影响，那么第（2）列的估计就是有偏的。我们通过在所有的回归方程中纳入额外的控制变量$MFA_i \times Post05_t$解决了一个可能的城市-行业特定冲击，即2005年《多种纤维协定》的废止造成的冲击。

[①] 我们还对出口行为的三种替代度量进行了回归，即出口总值、出口强度和出口市场数量。如表A9-1第（3）～第（5）列所示，我们发现企业投资（被工具化后）显著增加了企业出口总值，但没有增加出口强度或出口市场数量。虽然新的出口企业增加了它们的出口强度和出口市场数量，但对出口强度和出口市场数量总体不显著的影响表明了现有出口企业的反作用，以及现有出口企业在总出口中的主导地位。

　　另一个可能的城市-行业特定冲击是东北地区主要承载由国有企业控制经营的重工业。[①] 在样本期，中国经历了一系列的国有企业私有化与重组活动，这可能会产生城市-行业特定冲击。为了控制由此可能产生的估计偏差，我们构建了两个企业层面的替代指标，来控制企业所有权类型的影响。具体而言，在第（3）列，我们首先包含了国有部门拥有的企业股份（由国有股表示），研究发现，在这种附加控制下结果是稳健的。在第（4）列，我们根据数据所反映的企业注册类型将企业分为不同的所有权类型，包括国有企业、港澳台商投资企业（HMT）以及外商投资企业。我们加入了三个企业层面的所有权指标——国有企业、外资企业、港澳台资企业——来进行控制，并得到了稳健的结果，被省略的所有权类型默认为民营企业。这两个实证结果的结合表明，我们的研究结果并不受企业所有权类型的影响。

　　如果政府主动选择哪些行业有资格参与、哪些行业没有资格参与增值税试点改革，那么我们近似外生工具变量框架的识别假设不会成立。具体而言，如果在增值税试点改革中具备资格的行业比不具备资格的行业具有较大（较小）的直接出口效应，我们的估计会产生系统性的上偏（下偏）。[②] 作为进一步的检验，我们进行了安慰剂检验，即在 2000 年与 2006 年之间随机生成一年作为增值税试点改革年份（因为我们需要包含两年的滞后期与至少一年的改革后时期），并从 414 个城市中随机选择 38 个城市作为增值税改革试点城市（因为 2004 年的增值税试点改革在 38 个城市施行）。[③] 基于这些随机抽取的数据，我们构建了一个虚

---

　　① 在增值税试点改革后，政府可能增加对处理组省份符合改革条件的行业的信贷供应，这反过来也可能影响企业的出口行为。尽管城市-行业层面信贷供应数据的缺失导致我们无法直接检验这一可能性，但是我们进行了间接的检验。具体而言，我们使用企业的总债务来部分反映信贷供应程度，然后在回归中对其进行控制。如表 A9-1 第（6）列所示，我们关于企业投资对企业出口的影响的结果在这一额外的控制下仍然是稳健的，这表明增值税试点改革后信贷供应的变化可能不是我们研究结果的主要驱动因素。

　　② 方程（9-5）的估计

$$\widehat{EXP}_{f,i,c,t} = EXP_{f,i,c,t} - \gamma^{ine}VAT_{c,t-1}$$
$$= \beta INV_{f,i,c,t-1} + X'_{f,i,c,t-1}\eta + \lambda_i + \lambda_c + \lambda_t + \tilde{\epsilon}_{f,i,c,t}$$

其中，$\tilde{\epsilon}_{f,i,c,t} = (\gamma^e - \gamma^{ine})VAT_{c,t-1} + \epsilon_{f,i,c,t}$，因此，当 $\gamma^e > \gamma^{ine}$ 时，$\hat{\beta} > \beta$；当 $\gamma^e < \gamma^{ine}$ 时，$\hat{\beta} < \beta$。

　　③ 感谢匿名评审人的建议。

假的增值税试点改革变量 $(\widehat{VAT}_{c,t})$，并进一步用 $\widehat{VAT}_{c,t}$ 作为类似方程 （9-5）的简化形式回归方程的解释变量[①]，如：

$$\widehat{EXP}_{f,i,c,t} = \delta \widehat{VAT}_{c,t} + X'_{f,i,c,t-1}\eta + \lambda_i + \lambda_c + \lambda_t + \varepsilon_{f,i,c,t}$$

我们进行 1 000 次的重复实验。如果方程（9-5）的设定是正确的，我们将会发现这 1 000 次检验的系数估计值（δ）绝大多数趋于零，并且在总体上与零无系统差异。

在图 9-1 中，我们绘制了 1 000 次随机选取增值税试点改革年份与增值税改革试点地区的检验中系数估计值的密度分布。我们发现，这些系数估计值的分布是以零为中心的（即平均值为 0.000 075），我们使用真实增值税试点改革年份和增值税改革试点地区所得到的系数估计值（即平均值 0.022 5）超过了 1 000 次安慰剂检验中 95% 的系数估计值（即 95% 的值是 0.015 6）。这些结果进一步增强了我们的信心，即我们的结果没有受到设定偏误的影响。

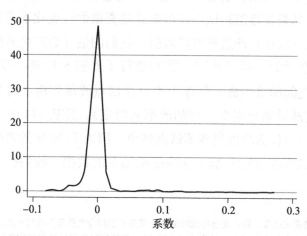

Epanochnikov 核密度曲线，带宽=0.002 0

图 9-1　增值税试点改革中随机年份与地点安慰剂检验的系数估计值的密度分布

在表 A9-2 中，我们进一步检验了增值税试点改革对具有不同生产率水平（即低与高）的非初始出口企业和初始出口企业的企业投资与出口的影响。具体而言，初始出口企业是在 2004 年增值税试点改革之前

---

① 使用方程（9-5）进行工具变量估计是不合理的，因为 $\widehat{VAT}_{c,t}$ 在第一阶段不具有解释力。

出口过的企业，而在增值税试点改革之前没有出口过的企业被定义为非初始出口企业。根据初始出口企业在改革前的生产率水平是否高于每一四位码行业中所有非初始出口企业的平均生产率水平，我们进一步将非初始出口企业分为两组。生产率水平较低的非初始出口企业（不是具有较高生产率水平的非初始出口企业或者初始出口企业）在增值税试点改革后增加了投资。同时，增值税试点改革提高了所有非初始出口企业而不是初始出口企业的出口概率。对于企业间的异质效应，我们已经证实的一种可能解释是企业投资对企业出口影响的城市平均效应。这种平均效应不仅包括企业投资对自身出口的直接效应，而且包括同一城市企业间相互作用的间接效应。例如，企业固定资产投资的增加可能会提高城市的基础设施质量，这会对同一地区的其他企业产生正向的溢出效应，继而又会影响它们的出口行为。此外，还可能存在一般均衡效应，例如新的出口企业可能会抢夺现有出口企业的市场份额。

二、稳健性检验

对于上述估计结果，我们进行了一系列进一步的稳健性检验。为了节省篇幅，我们将重点放在表 9-4 第（3）列的模型设定上，只报告工具变量回归的第二阶段估计结果（可根据要求提供第一阶段估计结果）。

（一）省级聚类标准误

虽然 2004 年的增值税试点改革是在省级层面实施的，但是在前面的回归中我们使用了聚类到城市层面的标准误，这主要是基于以下两个原因：首先，中国省份的地理范围较大，同一省份内的不同城市存在较大的差异。其次，地方政府在实施地方改革的过程中有很大的自由裁量权，进而造成在试点改革的实施中产生了城市之间的差异。尽管如此，作为稳健性检验，我们在表 9-5 第（1）列计算了省级聚类标准误。我们同样发现了企业投资对企业出口概率的显著影响。

（二）单一行业企业与多行业企业

企业可能生产多种产品并进行多个行业的投资，但是我们的数据仅仅记录了每个企业的单一行业归属。由于没有按行业划分的企业投资的详细信息，行业间的溢出效应或测量误差可能会导致估计偏差，尤其是当企业在改革适用与不适用的行业都进行生产时。为了检验我们的估计

表 9 - 5 稳健性检验

	(1) S. E. at the province-level $\widetilde{EXP}_t$	(2) Single-industry firms $\widetilde{EXP}_t$	(3) Multi-industry firms $\widetilde{EXP}_t$	(4) Surviving firms $\widetilde{EXP}_t$	(5) Use K/L to measure investment $\widetilde{EXP}_t$	(6) SOEs $\widetilde{EXP}_t$	(7) Non-SOEs $\widetilde{EXP}_t$
INV_{t-1}	0.173 0* (0.097 2)	0.209 8*** (0.036 6)	0.127 0 (0.094 5)	0.209 6*** (0.055 1)		0.015 9 (0.051 0)	0.309 6*** (0.047 8)
$Capital\text{-}labor\ ratio_{t-1}$					0.137 5*** (0.024 4)		
企业层面控制变量	yes	yes	yes	yes	yes	yes	yes
年份固定效应	yes	yes	yes	yes	yes	yes	yes
行业固定效应	yes	yes	yes	yes	yes	yes	yes
城市固定效应	yes	yes	yes	yes	yes	yes	yes
观测值数量	718 485	645 769	72 716	386 292	717 313	82 769	635 716

注：括号内为聚类到城市层面的稳健标准误。*** 和 * 分别表示在 1%和 10%的水平上显著。

是否以及如何因多行业问题产生了偏差，我们从国家统计局获得了2000—2005年产品层面的数据，其涵盖了企业生产的每一类产品（以五位码定义）的信息。由于产品层面数据和工业企业年度调查数据使用了相同的企业标识，我们可以很容易地进行数据匹配，然后确定企业是否在一个或多个三位码行业中生产。

有了这些信息，我们能够将我们的基准样本划分为两组，即只在改革适用行业生产的企业以及在改革适用与不适用行业都生产的企业，并进一步检验在两个子样本回归中系数是否存在差异。[1] 然而，很少有企业（即不足1%）在改革适用与不适用的行业均从事生产，因此无法实施这一稳健性检验。[2]

相反，我们根据企业是否在单一或者多个三位码行业从事生产将其分为两组。表9-5第（2）列与第（3）列分别报告了两个子样本的回归结果。与基准回归结果相同，两个子样本的回归结果均是显著为正的。然而，单一行业企业样本的系数估计值（0.209 8）大于全样本的平均效应（0.173 0），并且二者都大于多行业企业样本的系数估计值（0.127 0）。对于这些结果，一种可能的解释是存在负向的行业间投资溢出效应。另一种可能的解释是，对增值税试点改革的资格存在潜在的测量误差，尤其是对多行业企业受增值税试点改革影响的产品份额的识别是较为困难的。这一测量误差可能会进一步造成多行业企业子样本回归系数的向下偏移。

（三）持续存续企业

由于我们是在城市层面构建改革冲击，我们实际上估算的是投资对出口概率的影响的城市平均效应，也就是说，企业是否会因为增值税试点改革的实行而比没有进行增值税试点改革的城市的企业具有更高的出口倾向。然而，随着时间的推移，城市的企业构成可能会发生改变。例如，一些企业会从我们的样本中移出（退出者），一些企业会进入我们的样本（新进入者），一些企业在改革中存活下来（存续者）。如果新加入者与/或存续者在改革城市与其他城市之间具有不同的投资与出口概率关系测度值，我们在前面所得到的回归结果可能仅仅反映了改革的选

---

[1]　请注意，第三组企业，即只在不符合改革条件的行业生产的企业，不在我们的基准回归样本中。

[2]　如表A9-1第（7）列所示，我们的结果对排除同时在符合和不符合改革条件的行业生产的企业仍然是稳健的。

择效应，而不是投资对出口概率的真正影响。在研究贸易自由化对企业生产率的影响时，Pavcnik（2002）首先将企业的退出纳入生产函数的估计，以更准确地计算企业的生产率，进一步发现了退出企业的生产率水平低于存续企业的生产率水平。

为了检验我们的估计是否受到企业进入和退出的影响，我们重点关注存续企业（即那些在 2004 年增值税试点改革前后都存在的企业）。表 9-5 第（4）列展示了回归结果，我们同样发现了投资的显著效应，这意味着企业进入和退出的选择并不影响我们的研究结论，只是使我们的估计结果向下偏移。

（四）资本-劳动比

鉴于我们的数据并没有记录企业的投资信息，因此在资本增长率的基础假定上我们利用方程（9-1）计算了投资变量。由于增值税试点改革降低了资本对劳动的边际成本，企业可能在它们的生产函数中更多地投入资本，继而导致资本-劳动比的提升。鉴于资本和劳动信息在数据中有很好的记录，我们利用资本-劳动比作为增值税试点改革后投资增加的额外证据，并考察分析企业投资对企业出口的影响。在没有报告的工具变量第一阶段回归中，我们发现 2004 年的增值税试点改革显著地提高了企业的资本-劳动比，即系数为 0.163 1，在 1% 的水平上显著。如表 9-5 第（5）列所示，经过工具变量估计后，我们发现资本-劳动比对出口概率具有统计上显著的正效应，与我们使用企业投资进行测度得到的结论相一致。

（五）国有企业与非国有企业

Cai and Harrison（2011）的研究表明增值税试点改革对国有企业和非国有企业的投资有不同的影响。为了检验我们关于企业投资对企业出口影响的结论是否会由于国有企业与非国有企业的不同而有所差异，我们对两组数据分别进行了回归。在未报告的工具变量第一阶段回归中，我们发现在增值税试点改革中国有企业（系数为 0.187 3，标准误为 0.083 3）的投资效应高于非国有企业（系数为 0.084 8，标准误为 0.083 3），这与 Cai and Harrison（2011）的研究结论相一致。表 9-5 第（6）列和第（7）列的结果表明，非国有企业投资对自身出口概率的影响在统计上是显著为正的，但投资对国有企业出口概率的影响是不显著的，在数值上也比较小。

国有企业和非国有企业的结果是令人费解的，即增值税试点改革的效果对非国有企业成立但对国有企业不成立，尽管改革并没有使得非国有企业的投资增加。然而，我们进行该子样本回归分析主要是为了同 Cai and Harrison（2011）的研究结论相对比，并且得出了类似的结论。同时，表 9－4 第（3）和第（4）列的结果证明，我们关于企业投资对企业出口影响的主要结论无论是对国有还是非国有控股的企业都是稳健的。

三、机制分析

在前面，我们已经确定固定资产投资对出口概率有显著正向的影响。在这里，我们提供了一些进一步的证据，以阐明企业投资影响企业出口概率的基本机制。

（一）生产率的提高

一个潜在的机制是，增值税试点改革为企业进行技术升级提供实质性的税收优惠，从而提高企业的生产率，也提高了企业的出口倾向（Atkeson and Burstein，2010；Lileeva and Trefler，2010；Aw et al.，2011；Bustos，2011）。

为了检验这一生产率提高的渠道，我们进行了 2 次回归。首先，我们将增值税试点改革作为投资的工具变量，检验企业投资对企业生产率的影响。对企业生产率的测量，我们侧重于全要素生产率（TFP），使用 Levinsohn and Petrin（2003）的方法进行估计。[①] 我们使用产出-劳动比和增加值-劳动比作为企业生产率的替代度量进行回归，发现所得结果类似。表 9－6 第（1）列展示了工具变量的第二阶段回归结果，我们发现，利用工具变量进行估计后，企业投资对企业生产率有统计上显著的正向影响。

其次，我们将增值税试点改革作为企业生产率的工具变量，检验企业生产率对企业出口的影响。我们在第一阶段回归中发现增值税试点改革显著提高了企业的生产率，即系数估计值为 0.228 2。第二阶段的回归结果如表 9－6 第（2）列所示，利用工具变量进行估计后，企业生产率对企业出口概率有统计上显著的正向影响。

---

① 我们使用增加值、就业、固定资产和中间投入，在二位码行业水平上逐个估计每个企业的全要素生产率。这一方法允许每一行业有不同的生产函数。

表 9 - 6 生产率的提高

	(1) Full sample TFP_t	(2) Full sample EXP_t	(3) SOEs TFP_t	(4) SOEs EXP_t	(5) Non-SOEs TFP_t	(6) Non-SOEs EXP_t
INV_{t-1}	1.627 8*** (0.423 6)		0.628 1* (0.339 3)		2.569 0*** (0.802 8)	
TFP_t		0.094 1*** (0.015 8)		0.008 3 (0.053 9)		0.113 8*** (0.015 4)
企业层面控制变量	yes	yes	yes	yes	yes	yes
年份固定效应	yes	yes	yes	yes	yes	yes
行业固定效应	yes	yes	yes	yes	yes	yes
城市固定效应	yes	yes	yes	yes	yes	yes
观测值数量	707 242	707 930	79 132	79 453	628 110	628 477

注：括号内为聚类到城市层面的稳健标准误。*** 和 * 分别表示在 1% 和 10% 的水平上显著。

为了就企业投资影响企业出口的生产率提高渠道提供进一步的支持，我们进行以下粗略的计算。[①] 具体而言，如果企业投资仅通过生产率提高渠道对企业出口产生影响，那么利用表 9-6 第（1）列和第（2）列的系数估计值，我们可以计算出企业投资对企业出口的影响为 $1.627\ 8 \times 0.094\ 1 = 0.153\ 2$。然后，我们将这一数字与表 9-4 第（3）列所报告的企业投资对企业出口的总体影响进行比较（即 0.173 0），我们发现差异幅度很小（即 $0.173\ 0 - 0.153\ 2 = 0.019\ 8$）并且高度不显著（即聚类到城市层面的标准误为 2.804）。这些结果表明，生产率的提高是企业投资影响企业出口概率的重要渠道。

为了进一步理解表 9-5 第（6）列和第（7）列所报告的国有企业和非国有企业的不同效果，我们分别对国有企业和非国有企业进行了生产率提高渠道的检验。如表 9-6 第（3）列和第（5）列所示，相较于国有企业，在非国有企业中企业投资对企业生产率有更大、更显著的影响。第（4）列和第（6）列的结果进一步表明，相较于国有企业，在非国有企业中企业生产率对企业出口有着更大、更显著的影响。这些结果表明，虽然国有企业在增值税试点改革后显著增加了企业投资，但是相对于非国有企业，它们的生产率是投资不敏感的，它们的出口行为是生产率不敏感的。

（二）融资约束

企业做出投资决策时需要考虑需求和供给条件，例如投资机会和信贷供应。增值税试点改革在很大程度上放宽了信贷供应的限制，增加了内部的现金流，这意味着对面临较高融资约束的企业有更大的影响，因此，要确立企业投资对企业出口的影响机制，我们认为应该考虑企业面临的供给方面的限制。具体而言，我们研究了跨行业的外部资金依存度的变化。参考 Manova（2013）和 Manova and Yu（2014），我们利用改革前的数据构建了外部资金依存度的测度指标，即四位码行业层面非内部经营现金流融资的总资本支出份额。[②] 我们将样本分为两个子样本，即行业外部资金依存度高于中位数和低于中位数的行业。

表 9-7 第（1）列和第（2）列分别报告了使用这两个子样本进行工

---

① 感谢匿名评审人的建议。

② 使用其他衡量标准的结果，如研发与销售之比和流动资产与流动负债之差（按总资产比例计算），也是类似的，可根据要求提供。

具变量估计的第二阶段结果。研究发现，外部资金依存度较高的行业的系数估计值（即 0.241 7）大于外部资金依存度较低的行业的系数估计值（即 0.113 3）。[①] 这一结果表明，增值税试点改革对外部资金依存度较高的行业具有较大的影响，并验证了企业投资会受到信贷供应约束的观点，以及增值税试点改革通过减少这一约束来增加企业投资，进而使企业出口概率提高。

表 9 - 7　金融约束与税收负担转移

	(1) High financial dependence industries $\widehat{EXP}_t$	(2) Low financial dependence industries $\widehat{EXP}_t$	(3) High HHI industries $\widehat{EXP}_t$	(4) Low HHI industries $\widehat{EXP}_t$
INV_{t-1}	0.241 7*** (0.041 1)	0.113 3*** (0.023 0)	0.139 1** (0.055 4)	0.184 4*** (0.035 6)
企业层面控制变量	yes	yes	yes	yes
年份固定效应	yes	yes	yes	yes
行业固定效应	yes	yes	yes	yes
城市固定效应	yes	yes	yes	yes
观测值数量	414 730	303 755	107 105	611 380

注：括号内为聚类到城市层面的稳健标准误。*** 和 ** 分别表示在 1% 和 5% 的水平上显著。

（三）税收负担转移

增值税试点改革对企业行为，包括投资和出口决策的影响，取决于生产者和消费者之间的相互作用。如果企业有市场控制力，它就能将更多的增值税转嫁给消费者，从而导致增值税试点改革对其市场行为的影响较小。因此，我们预期增值税试点改革对企业投资和出口的影响在竞争程度高的行业会更大。为了衡量行业的竞争程度，我们计算了改革前每一四位码行业的 HHI；HHI 的值越高表示越缺乏竞争。[②] 然后我们将样本分为两个子样本，即 HHI 的值较高行业的企业以及 HHI 的值较低行业的企业。

---

① 为了确定这些结果是否与国有企业和非国有企业的不同结果相一致，我们需要检验国有企业份额是否在外部资金依存度较高的行业中更高。事实上，我们从图 A9-1 中发现，在外部资金依存度较高的行业，国有企业份额更大（就企业数量、就业、销售和产出而言）。
② 使用企业数量所得结果与此相似，可根据要求提供。

表 9-7 的第（3）列和第（4）列展示了两个子样本的工具变量估计的第二阶段结果。我们发现，竞争较强的行业（即 0.184 4）比竞争较弱的行业（即 0.139 1）有更大的系数估计值。[①]这些结果支持了增值税试点改革在竞争较弱的行业对出口的影响较小的观点。同时，这些研究结果与 De Loecker et al.（2014）的发现一致，即从投入关税的降低到消费者价格的成本节约的不完全转嫁效应。

第四节　结　论

企业固定资产投资对成功出口的重要性在文献中受到了广泛的关注。我们通过确立企业固定资产投资对企业出口行为影响的因果效应，对这类文献做出了贡献。具体来说，我们利用了由 2004 年中国增值税试点改革提供的一个准自然实验来解决固定资产投资的潜在内生性问题。由于 2004 年的试点改革只覆盖中国东北三省，这一改革对企业投资的激励在地区和年份维度上都存在差异。我们以此改革作为企业投资的工具变量，通过由改革所产生的时间和区域变化来检验固定资产投资的因果效应。为了解决改革的潜在内生性问题，我们使用了 Conley et al.（2012）开发的近似外生工具变量方法。在研究中我们也考虑到同期其他政策的变化（例如 2005 年 MFA 的废止）可能对我们的估计结果造成的影响。

我们发现企业投资对企业出口概率有显著正向（统计学和经济学角度）的影响。具体而言，因为改革后投资的增加，东北地区企业的平均出口倾向增加了 2.39%，这与全样本 32.94% 的平均出口倾向相比，在量级上具有重要性。

沿袭最近的贸易文献，我们进一步研究了企业固定资产投资可能影响企业出口概率的潜在机制。具体而言，我们认为企业生产率、市场竞争程度、信贷约束这几个方面与我们的研究背景最具有相关性。我们发现固定资产投资具有显著的生产率提高效应，这反过来又促进了出口。

---

① 为了确定这些结果是否与国有企业和非国有企业的不同结果相一致，我们需要检验国有企业份额是否在竞争较弱的行业中更高。事实上，我们在图 A9-2 中发现，国有企业在竞争较弱的行业中更为普遍（就企业数量、就业、销售和产出而言）。

我们还发现，企业投资对企业出口的影响在越依赖外部融资以及具有越高竞争程度的行业中越大，这意味着在企业投资决策中存在信贷约束并且企业具有将税收负担转嫁给消费者的市场控制力。

参考文献

Atkeson, A., Burstein, A., 2010. Innovation, firm dynamics, and international trade. Journal of Political Economy 118, 433 – 484

Auerbach, A. J., 2009. The Choice between consumption and income taxes: A primer. In: Auerbach, A. J., Shaviro, D. N. (Eds.), Institutional foundations of public finance: Economic and legal perspectives. Cambridge: Harvard University Press.

Aw, B. Y., Roberts, M. J., Xu, D. Y., 2011. R&D investment, exporting, and productivity dynamics. Unpublished paper.

Bernard, A. B., Jensen, J. B., 1999. Exceptional exporter performance: Cause, effect, or both?. Journal of International Economics 47 (1), 1 – 25.

Bernard, A. B., Jensen, J. B., 2004. Why some firms export?. Review of Economics and Statistics 86, 561 – 569.

Bernard, A. B., Jensen, J. B., Redding, S. J., Schott, P. K., 2012. The empirics of firm heterogeneity and international trade. Annual Review of Economics 4, 283 – 313

Bertrand, M., Duflo, E., Mullainathan, S., 2004. How much should we trust differences-in-differences estimates?. Quarterly Journal of Economics 119 (1), 249-275.

Brandt, L., Van Biesebroeck, J., Zhang, Y., 2012. Creative accounting or creative destruction? Firm-level productivity growth in Chinese manufacturing. Journal of Development Economics 97 (2), 339 – 351.

Bustos, P., 2011. Trade liberalization, exports, and technology upgrading: Evidence on the impact of MERCOSUR on Argentinian firms. American Economic Review 101, 304 – 340.

Cai, J., Harrison, A., 2011. The value-added tax reform puzzle. NBER Working Paper 17532.

Cassiman, B., Golovko, E., Martínez-Ros, E., 2010. Innovation, exports and productivity. International Journal of Industrial Organization 28, 372 – 376.

Chandra, P., Long, C., 2013. VAT rebates and export performance in China: Firm-level evidence. Journal of Public Economics 103, 13 – 22.

Conley, T., Hansen, C., Rossi, P., 2012. Plausibly exogenous. Review of Economics and Statistics 94 (1), 260 – 272.

Criscuolo, C. , Haskel, J. E. , Slaughter, M. J. , 2010. Global engagement and the innovation activities of firms. International Journal of Industrial Organization 28，191 - 202.

Damijan, J. P. , Kostevc,Č. , Polanec, S. , 2008. From innovation to exporting or vice versa?. LICOS Discussion Paper 20408.

De Loecker, J. , Goldberg, P. K. , Khandelwal, A. K. , Pavcnik, N. , 2016. Prices, markups and trade reform. Econometrica, 84 (2), 445 - 510.

Iacovone, L. , Javorcik, B. S. , 2012. Getting ready: Preparation for exporting. mimeo, University of Oxford.

Khandelwal, A. K. , Schott , P. , Wei, S. J. , 2013. Trade liberalization and embedded institutional reform: Evidence from Chinese exporters. The American Economic Review 103 (6), 2169 - 2195.

Levinsohn, J. , Petrin, A. , 2003. Estimating production functions using inputs to control for unobservables. Review of Economic Studies 70 (2), 317 - 341.

Lileeva, A. , Trefler, D. , 2010. Improved access to foreign markets raises plant-level productivity... for some plants. Quarterly Journal of Economics 125 (3), 1051 - 1099.

Manova, K. B. , 2013. Credit constraints, heterogeneous firms, and international trade. Review of Economic Studies 80, 711 - 744.

Manova, K. B. , Yu, Z. , 2014. Firms and credit constraints along the global value Chain: Processing trade in China. NBER Working Paper 18561.

Mayer, T. , Ottaviano, G. , 2008. The happy few: The internationalisation of European firms. Intereconomics: Review of European Economic Policy 43 (3), 135 - 148.

Melitz, M. , 2003. The impact of trade on intra-industry reallocations and aggregate industry productivity. Econometrica 71 (6), 1695 - 1725.

Metcalf, G. E. , 1995. The value-added tax: A tax whose time has come?. Journal of Economic Perspectives 9 (1), 121 - 140.

Nunn, N. , Wantchekon, L. , 2011. The slave trade and the origins of mistrust in Africa. American Economic Review 101 (7), 3221 - 3252.

Pavcnik, N. , 2002. Trade liberalization, exit, and productivity improvements: Evidence from Chilean plants. Review of Economic Studies 69, 245 - 276.

Redding, S. J. , 2011. Theories of heterogeneous firms and trade. Annual Review of Economics 3, 77 - 105.

Song, Z. , Wu, G. , 2012. A structural estimation on capital market distortions in Chinese manufacturing. mimeo, University of Chicago.

Zhang, L. , Chen, Y. , He, Z. , 2017. The effect of investment tax incentives:

Evidence from China's value-added tax reform. International Tax and Public Finance 25, 913 - 945.

附 录

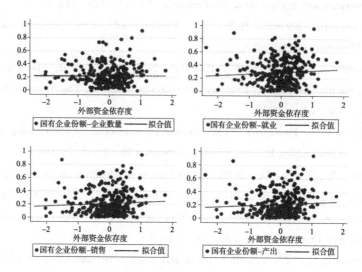

图A9 - 1 四位码行业中外部资金依存度和国有企业份额的相关性

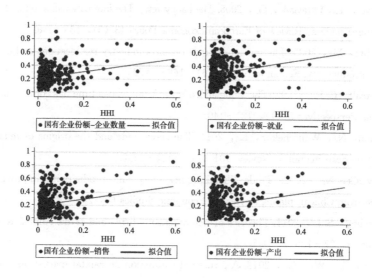

图A9 - 2 四位码行业中HHI和国有企业份额的相关性

表 A9－1 进一步检验结果

	(1) 3-Digit industry FE $\widetilde{EXP}_t$	(2) 4-Digit industry FE $\widetilde{EXP}_t$	(3) $\widetilde{Exporters}_t$	(4) $\widetilde{Export\ intensity}_t$	(5) $\widetilde{Export\ markets}_t$	(6) Control for debt $\widetilde{EXP}_t$	(7) Excluding firms in both eligible and ineligible industries $\widetilde{EXP}_t$
INV_{t-1}	0.183 0***	0.188 8***	1.847 8***	0.010 9	0.123 9	0.154 9***	0.173 7***
	(0.032 2)	(0.037 1)	(0.428 5)	(0.044 6)	(0.087 7)	(0.025 9)	(0.028 8)
$\ln(total\ debt)_t$						-0.039 7***	
						(0.007 1)	
企业层面控制变量	yes	yes	yes	yes	yes	yes	yes
年份固定效应	yes	yes	yes	yes	yes	yes	yes
行业固定效应	yes	yes	yes	yes	yes	yes	yes
城市固定效应	yes	yes	yes	yes	yes	yes	yes
观测值数量	718 485	718 485	718 485	718 485	564 376	717 531	713 876

注：括号内为聚类到城市层面的稳健标准误，*** 表示在 1% 的水平上显著。

表 A9－2　增值税试点改革的异质性效应

	(1) INV_t	(2) EXP_t
VAT_{t-1}	0.183 6*** (0.060 8)	0.028 9*** (0.004 6)
$VAT_{t-1} \times Indicator\ of\ initial\ non\text{-}exporters\ with\ high\ TFP$	−0.146 5** (0.057 0)	−0.001 8 (0.005 1)
$VAT_{t-1} \times Indicator\ of\ initial\ exporters$	−0.118 4 (0.136 1)	−0.085 6*** (0.017 2)
企业层面控制变量	yes	yes
年份固定效应	yes	yes
行业固定效应	yes	yes
城市固定效应	yes	yes
异质性效应		
$Initial\ non\text{-}exporters\ with\ Low\ TFP$	0.183 6***	0.028 9***
$Initial\ non\text{-}exporters\ with\ High\ TFP$	0.037 1	0.027 1***
$Initial\ exporters$	0.065 2	−0.056 7***
观测值数量	517 729	517 729
R^2	0.404 5	0.768 5

注：括号内为聚类到城市层面的稳健标准误，*** 和 ** 分别表示在 1% 和 5% 的水平上显著。

第十章 贸易自由化与企业的垂直一体化整合

内容提要： 本章研究了贸易自由化对国内后向垂直一体化的影响，后向垂直一体化即国内上游企业（目标企业）被国内下游企业收购。首先，我们构建了资产专用性投资模型以引领我们的实证工作。其次，我们以中国加入 WTO 作为贸易自由化的准自然实验来检验理论预测。与模型一致，我们发现目标行业的最终产品关税降低会减少垂直一体化，而目标行业的中间产品关税降低却会增加垂直一体化。本章的研究结论非常稳健，不因模型设定的改变和核心变量测量方法的改变而变化。进一步地，我们还发现投资不足问题是解释关税削减对企业组织形式选择影响的重要机制。

第一节 引 言

企业如何组织生产，通过市场交易（生产外包）还是在企业内部交易（垂直一体化）？这是经济学中的经典问题。一直以来，国际贸易和外商直接投资（FDI）领域也非常关注这个重要问题。企业如何在不同的国家或地区组织生产，是通过市场交易还是在企业内部交易？一方面，信息和通信技术的发展改变了企业进行垂直一体化的动机。另一方面，运输成本的下降和贸易壁垒的减少改变了企业组织跨国生产的行为决策，企业边界理论被用于解决这一问题。国际贸易和外商直接投资相关研究大都集中在全球化对跨国企业的离岸外包和全球垂直一体化决策的影响上。① 与之相反，我们探讨了全球化如何影响一国边界之内的生产外包和垂直一体化，即国内企业之间实现垂直一体化。我们的实证分析有助于解决 Acemoglu et al.（2010）所提及的担忧，即"尽管关于垂直一体化影响因素的理论文献已经众多，但经济学界的实证研究在垂直一体化的影响因素上却还没有达成共识"。

根据定义，垂直一体化需要同时包含一个上游企业和一个下游企业。通过收购进行的垂直一体化都有一个目标企业和一个收购企业。我们研究了上游行业的贸易自由化对国内后向垂直一体化的影响，即一个国内上游企业被一个国内下游企业收购。② 我们考虑了两种类型的关税削减。一种是对目标企业在生产过程中所使用的投入所征收的关税，我们称之为中间产品关税。另一种是对目标企业的产出所征收的关税，我们称之为最终产品关税。我们分别研究了中间产品关税下降和最终产品关税下降对后向垂直一体化动机的影响。

我们首先提出了一个理论模型来指导我们的实证研究，并为我们的实证研究提供一些见解。在模型中，一个上游行业的国内企业会进行资产专用性投资来增加最终产品的价值。在这种情况下，投资不足是一个常见问题，而后向垂直一体化有助于解决投资不足的问题，但垂直一体化的收益大小会受到上游产品进口这一外部选择的影响。理论分析表明，当上游行业的最终产品关税下降时，下游企业会从进口中间产品这一替代中获得更大的收益，这使得垂直一体化的吸引力相对较小。相比之下，上游行业的中间产品关税削减则会放大垂直一体化带来的好处。

我们以中国加入 WTO 作为贸易自由化的准自然实验，考察贸易自由化对垂直一体化的影响。这种方法有两个优点。其一，中国在2001 年加入 WTO 后实施了前所未有的贸易自由化举措，这一事件通

---

① 详见 Antràs（2016）的文献综述。

② 如果是一个上游企业收购一个下游企业的话，那就是所谓的前向垂直一体化。本研究着眼于国内后向垂直一体化有两个原因。首先，正如 Acemoglu et al.（2010）所指出的那样，后向垂直一体化是最重要的生产外包替代方案。后向垂直一体化也是包括 Acemoglu et al.（2010）和 Antràs（2003）在内的其他文献研究重点。其次，就中国而言，后向垂直一体化要比前向垂直一体化更为普遍。在 1998—2007 年，后向垂直一体化的并购额为 193 亿美元，占所有已完成并购总额的41.2%，前向垂直一体化的并购额仅占 22.1%。

常被视为一种随机冲击。其二，自 20 世纪末以来，中国企业的重组活动十分活跃。图 10 - 1 描绘了中国三种并购活动的变化趋势。在 1998—2014 年共有 18 220 起涉及中国企业的并购交易成功进行。其中，67.9％或 12 371 起是纯粹的国内并购。并购交易所披露的金额为 7 412 亿美元，其中国内并购交易总额为 4 114 亿美元，占比为 55.5％。[①] 2001 年后，国内并购交易经历了大幅增长，而跨境并购交易的增长幅度相对较小。

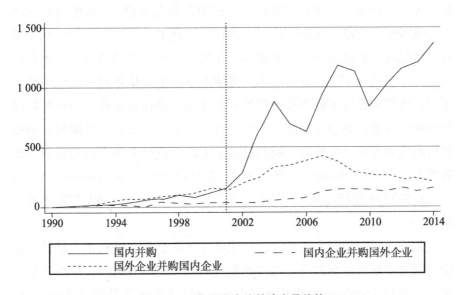

图 10 - 1　中国国内外并购交易趋势

资料来源：汤森路透的 SDC 数据库。

注：图中为每种并购类型的交易数量。

我们使用 1998—2007 年的数据进行实证分析，中国加入 WTO 的时间大致处于这一时间段的中间。我们观察到加入 WTO 之后各行业的关税削减存在很大的差异，这使得我们可以在分析中采用双重差分（DID）方法。我们的实证结果与模型预期一致：最终产品关税下降减少了（国内后向）垂直一体化的并购数量，而中间产品关税下降则增加了（国内后向）垂直一体化的并购数量。这样的研究发现是基于我们的基准

①　并非所有的并购交易都披露了交易金额，因此我们报告的并购金额只是真实值的一部分。

回归模型得到的，我们在回归方程中控制了一系列行业特征，包括企业平均年龄、规模、市场竞争程度和随时间变化的国际冲击。此外，无论是改变模型设定还是改变变量的测量方法，我们的研究结论都是稳健的。

尽管存在大量关于垂直一体化影响因素的实证文献，但鲜有研究关注关税变动对垂直一体化的影响。正如 Ornelas and Turner（2012）所言："鲜有文献对关税与产业结构之间的关系进行实证研究。"就我们所知，Alfaro et al.（2016）可能是唯一已有的相关文献[①]，因此我们对这支文献做出了贡献。Alfaro et al.（2016）构建了一个简约模型，其中垂直一体化可以提高生产力，但成本也很高昂。他们的模型预测，更高的最终产品价格（下游企业的产出）将使上下游企业从垂直一体化中获益更多。他们把关税下降当作价格的外生冲击，并在实证分析中使用跨国数据来检验他们的理论预期。不同于 Alfaro et al.（2016）的研究，抑或是对他们研究的一个补充，我们检验了上游行业投入和产出关税的变化对垂直一体化的影响。此外，我们基于 Ornelas and Turner（2008，2012）构建的资产专用性投资和贸易模型可以解释我们的实证研究结果。[②]

此外，我们的研究还涉及自由化条件下的企业调整和企业绩效。企业层面的调整有很多方面，包括就业（Autor et al.，2013）、全要素生产率（TFP）（Topalova and Khandelwal，2011）、质量升级（Amiti and Khandelwal，2013）、增长（Baldwin and Gu，2009）、创新和研发（Bloom et al.，2016；Liu and Qiu，2016）、产品范围（Qiu and Zhou，2013）和产品组合（Mayer et al.，2014）。这些类型的调整属于固定调整。我们的研究是关于企业间调整（生产外包或垂直一体化），因此也与 Antràs（2016）所述及的文献相关。

一些研究强调了贸易自由化对中间产品关税而非最终产品关税的重要影响。这些研究的关注点在于中间产品关税下降对企业生产率

[①] Breinlich（2008）的实证研究表明，加拿大和美国之间的贸易自由化提升了加拿大的国内并购。然而，该研究并不涉及垂直一体化。

[②] Alfaro et al.（2016）的模型如果在关税变动上加以延伸，那么也可以得到我们的理论预期。然而，我们有新颖的证据来支持我们的推论。

(Amiti and Konings，2007)、产品范围 (Goldberg et al.，2010)、产品质量 (Fernandes and Paunov，2013) 和创新 (Liu and Qiu，2016) 的影响。本章增加了一个新的维度：中间产品关税削减影响了国内企业的组织安排。

本章的其余部分组织如下：第二节介绍了我国的相关制度背景；第三节提出了一个理论框架；第四节介绍了基准回归的模型设定和数据的描述性统计；第五节汇报了基准回归结果，并检验了模型设定的有效性和结论的稳健性；第六节是结论。

第二节　制度背景

一、入世与贸易自由化

自 20 世纪 80 年代起，中国便开始申请"复关"，经过多轮谈判，终于在 2001 年 12 月加入 WTO，并承诺将大幅削减关税。图 10-2 显示了 1998—2007 年的关税变化。我们采用国际标准产业分类 (ISIC) 四位码的行业分类标准，并计算每个行业的中间产品和最终产品关税。最终产品关税是一个经济体真正执行的关税 (AHS 关税)，中间产品关税则通过中国的 2002 年投入产出表计算得到。图 10-2 的左侧为最终产品关税的均值和标准差，右侧为中间产品关税的均值和标准差。显然，在入世之前的 1998—2001 年这一期间关税变化不大，维持在高水平，最终产品关税均值大约为 20%，中间产品关税均值大约为 9%。到了 2002 年，即入世后的第一年，最终产品关税均值从 18.67% 大幅下降至 14.10%，中间产品关税均值则从 8.88% 下降至 6.36%。随后，最终产品和中间产品关税持续下降，在 2005 年后保持稳定，最终产品关税均值为 10.42%，中间产品关税均值为 4.86%。我们还可以观察到不同行业的关税水平和降幅存在显著的差异。最终产品关税的标准差为均值的 60% 左右，而中间产品关税的标准差则为均值的 30% 左右。

图 10-3 描绘了入世后 (2002—2007 年) 所有行业的关税减让与 2001 年相应行业的初始关税的相关性。我们可以看到，在中间产品和最终产品中初始关税较高的行业在入世后经历了关税的大幅削减。

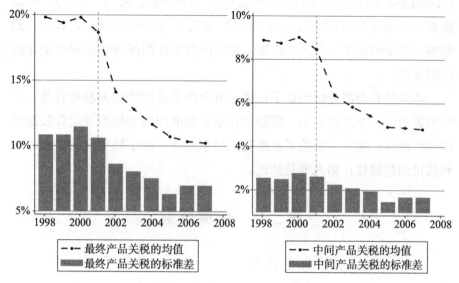

图 10‑2　中国的最终产品关税和中间产品关税：1998—2007 年

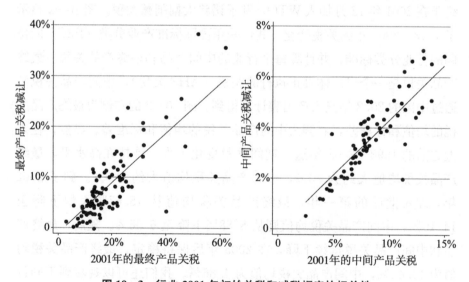

图 10‑3　行业 2001 年初始关税和减税幅度的相关性

　　总之，图 10‑2 和图 10‑3 呈现了 1998—2007 年中国关税变化的四个特征。第一，2002 年关税开始大幅降低。第二，各行业的关税降幅存在明显差异。第三，在所有行业中，初始关税与随后的关税削减之间存在着强烈的正相关关系。第四，入世之前的行业关税基本保持不变。关税变化的这些特征使我们能够利用 2001 年各行业的关税水平来代表关税减让程度。我们的识别策略的有效性依赖于核心解释变量的外生性，即 2001 年的关税水平。Bloom et al.（2016）与 Liu and Qiu（2016）认为，中国加入 WTO 这一冲击为我们的识别提供了一次准自然实验。2002 年关税骤降，反映了中国入世后单纯的政策变化，不太可能受到与垂直一体化相关的其他混杂因素的推动。

二、并购交易及相关法律法规

直到 20 世纪 90 年代后期，并购活动才在中国活跃起来。根据汤森路透的并购数据库，中国在 1987 年完成了第一笔国内并购交易。在最初的几年中，并购交易屈指可数，1990 年只有 1 笔，1991 年有 2 笔，1992 年有 5 笔。自那以后，并购交易开始不断增加，到 20 世纪 90 年代后期已经变得非常活跃。1998 年，完成的国内并购交易一年内首次达到 100 笔。入世之后，这一数字急剧增大，2007 年一年高达 969 笔。

中国颁布的第一部涉及并购的法律法规是《关于企业兼并的暂行办法》（1989 年）。这为中国企业进行并购提供了指导和依据。随后，政府出台了一系列法律法规，其中一些对一般类型的并购进行规范，另一些则针对某些具体类型的并购。

对于一般类型的并购，《中华人民共和国反垄断法》（2008 年）是最全面的。该反垄断法于 1994 年开始制定，但直到 2008 年 8 月 1 日才生效。尽管并购（包括垂直一体化并购）受该法的直接监管，但我们研究的并购并不会受到影响，因为我们的样本期截止到 2007 年。

此外，中国还出台了一些针对特定并购类型的法律法规。第一类涉及国有企业并购。中国的国企改革主要发生在 20 世纪 90 年代末和 21 世纪初。改革包括私有化、并购和破产。具体有《关于试行国有企业兼并破产中若干问题的通知》（1996 年）、《关于出售国有小型企业中若干问题意见的通知》（1999 年）以及其他与外商收购国有企业有关的政策。这些规定可能会影响涉及国有企业并购的动机和结果。为了控制这些规定的影响，我们在稳健性检验中控制了与国有企业相关的因素。

《上市公司收购管理办法》（2002 年）则是专门针对上市公司的并购。虽然它的引入可能会对上市公司的并购与其他类型的并购产生不同的影响，但只要它对各行业的影响与贸易自由化的影响没有系统性关联，那么我们的识别策略就仍然有效。尽管如此，我们将在稳健性检验中仅使用非上市公司的子样本进行再检验，以控制该法的可能影响。

另一类与外商投资企业有关，例如《关于外商投资企业合并与分立的规定》（1999 年）和《外国投资者并购境内企业暂行规定》（2003年）。然而，这些规定并没有直接影响国内并购交易，而这恰恰是本研究的重点。

第三节　理论模型

我们基于 Ornelas and Turner（2008，2012）的研究建立了资产专用性投资模型，以阐释上游行业的贸易自由化如何影响后向垂直一体化。

假设有两个国内代理人，分别为（下游）买方和（上游）供应商。供应商向买方提供了完全专业化生产的零部件。为更好地向买方提供符合其要求的定制化零部件，供应商可以进行事前资产专用性投资 $e \in [0, i]$，但这一投资在买方和供应商之间是非合约式的。定制化零部件对买方的价值是 $V(e)$，并随着资产专用性投资的增加而增加，其中 $V'(e)>0$ 和 $V''(e)<0$。投资成本为 $I(e)$，其中 $I'(e)>0$。我们将投资成本函数进行标准化处理以不失一般性：$I(e)=e$。为了生产这一零部件，供应商需要进口一种中间产品。令 τ 为进口中间产品的关税。生产成本函数为 $C(\tau)$，且 $C'(\tau)>0$。我们假设生产成本并不是很高，$C(\bar{\tau})<V(0)$，其中 $\bar{\tau}$ 是中间产品关税的上限。

买方可以使用供应商生产的定制化的零部件，也可以从国外进口标准化的零部件（离岸外包）。[①] 这一零部件在国外市场上竞争激烈。如果买方从国外进口，则必须支付价格 p 和进口关税 t，其中 t 是零部件的关税，称为最终产品关税。假设 p 是一个服从 F 分布、取值范围为 $[0, \infty]$ 的

[①] 我们在此假设一种生产外包选择。我们将模型扩展至双重外包选择，并证明我们的基准模型的机制不会发生变化。

随机变量。p 的随机性可归因于信息不对称或国外市场冲击。标准化的零部件可以提供 V_0 的价值给买方。我们假设最终产品关税 t 并不是特别高昂，$t < V_0 - [V(\bar{i}) - C(\tau)]$。推导出这一条件的适用情况：当标准化零部件的价格为零时，进口始终是买方的最佳选择，因为 $V_0 - t > V(\bar{i}) - C(\tau)$。

如果买方从供应商（生产外包）那里购买，那么双方会签订市场交易合同，并通过纳什博弈的方式来讨价还价。我们假定供应商和买家的讨价还价能力分别为 α 和 $1 - \alpha$，且 $\alpha \in (0, 1)$。

买方也可以对供应商进行垂直一体化，而不是将生产外包给供应商。[①] 在垂直一体化的情况下，存在固定重组成本 $K > 0$。

博弈的时间线如下：在时间 1，买方和供应商决定是否进行垂直一体化。在时间 2，如果没有发生垂直一体化，那么供应商选择投资水平；如果发生垂直一体化，则由一体化后的企业选择投资水平。零部件的外国价格 p 在时间 3 出现。在时间 4，如果没有发生垂直一体化，独立买方需要决定是向独立供应商购买定制化的零部件还是直接从国外进口标准化的零部件；如果发生垂直一体化，则由一体化后的企业决定是在企业内部生产还是直接从国外进口。在时间 5 时，企业在内部生产和外部贸易（如果有）之间进行博弈。需要注意的是，买方不能事前（即在价格 p 给定之前）决定购买国内定制化的零部件或进口国外标准化的零部件。相反，它可以在事后做出理性的购买决策。

一、没有垂直一体化的情形

假设在时间 1 时，买家和供应商决定不进行垂直一体化。然后，在时间 4，如果买方将生产外包给供应商，则他们通过纳什博弈的方式讨价还价，以确定零部件的交易价格。买方的收益为 $u_b^1 = V(e) - \tilde{p}$，供应

---

① 在不同的模型设定情形下，外国供应商也可以进行资产专用性投资（Ornelas and Turner, 2008），我们还应该考虑买方对外国供应商实施垂直一体化的可能性。我们有意忽略这种可能性，以将关注点放在现有模型设定上。首先，Ornelas and Turner（2008）研究了国外垂直一体化的情形。其次，我们对国内垂直一体化的关注与中国的现实更加吻合。在我们的样本期（1998—2007年），中国企业收购外国企业的情况相对较少。在此期间，中国企业对外国企业实施的垂直一体化并购总数仅为 121 起，而对国内企业实施的垂直一体化并购总数为 1 540 起。

商的收益为 $u_s^1 = \tilde{p} - C(\tau)$。如果合同关系破裂，供应商将一无所获。由于沉没了投资成本，因此供应商的收益为 $u_s^0 = 0$，这是他的外部选择权。买方可以进口标准化的零部件，也可以干脆停止生产相应的最终产品，以较高的利润为权衡标准。显然，当且仅当 $p + t < V_0$ 时，买家将进口标准化的零部件。因此，买方的外部选择权为 $u_b^0 = \max\{V_0 - p - t, \, 0\}$。

价格 $\tilde{p}$ 为买方和供应商的纳什均衡解，$\tilde{p}(t) = \arg\max(u_b^1 - u_b^0)^{1-\alpha}(u_s^1 - u_s^0)^{\alpha}$，$u_b^1 > u_b^0$，$u_s^1 > u_s^0$。因此，我们可以得到：

$$\tilde{p}(t) = \begin{cases} \alpha[V(e) - (V_0 - p - t)] + (1-\alpha)C(\tau) & \text{如果 } \phi(e, t, \tau) \leqslant p < V_0 - t \\ \alpha V(e) + (1-\alpha)C(\tau) & \text{如果 } p \geqslant V_0 - t \end{cases}$$

其中，$\phi(e, t, \tau) \equiv (V_0 - t) - [V(e) - C(\tau)] > 0$。

在时间 2，在给定预期博弈结果的情况下，供应商选择投资水平 e 以实现预期利润最大化。假定二阶最优条件成立，然后从一阶最优条件我们可以得出不进行垂直一体化时的最优投资水平 e^n，其中 $\alpha V'(e^n)[1 - F(\phi(e^n))] = 1$。因此，供应商的预期收益为 $u_s(e^n(t, \tau), t, \tau)$，买方的预期收益为 $u_b(e^n(t, \tau), t, \tau)$，买方和供应商预期收益的总和为 $U^n(t, \tau) = u_b(e^n(t, \tau), t, \tau) + u_s(e^n(t, \tau), t, \tau)$。

二、有垂直一体化的情形

假设在时间 1，买方和供应商决定进行垂直一体化。如此一来，在时间 4，一体化后的企业会在自我生产定制化零部件和进口标准化零部件之间做出选择。一体化后的企业生产零部件的营业利润为 $V(e) - C(\tau)$，而进口零部件的营业利润为 $V_0 - p - t$。当且仅当 $V(e) - C(\tau) > V_0 - p - t$ 时，企业才会选择自我生产，这意味着 $p > \phi(e, t, \tau)$。因此，事前投资的预期利润取决于 $u_v(e, t, \tau) = \int_0^{\phi(e)} (V_0 - p - t)\mathrm{d}F(p) + \int_{\phi(e)}^{\infty} (V(e) - C(\tau))\mathrm{d}F(p) - e$

在时间 2，一体化后的企业选择投资水平以实现上述预期利润。假定一阶最优条件成立，那么从一阶最优条件可以得出最优投资水平 e^v，这取决于 $V'(e^v)[1 - F(\phi(e^v))] = 1$。一体化后的企业的预期利润为 $U^v(t, \tau) = u_v(e^v(t, \tau), t, \tau)$。

引理 10.1　垂直一体化情形下的最优投资水平要高于非垂直一体化情形，即 $e^v > e^n$。

三、组织形式的选择

假设不存在财富约束，所有代理人都是风险中性的。然后，根据科斯定理，当且仅当垂直一体化情形下的预期利润与非垂直一体化情形下的预期利润之间的差异足以覆盖重组成本 K 时，垂直一体化才会发生。我们尝试探究关税变化如何影响两种组织形式的比较选择。

我们定义 $\Delta U(t, \tau) = U^v(t, \tau) - U^n(t, \tau)$ 以刻画垂直一体化动机。我们可以证明

$$\frac{\partial \Delta U(t, \tau)}{\partial t} = [F(\phi(e^n)) - F(\phi(e^v))] - \frac{1-\alpha}{\alpha} \frac{\partial e^n}{\partial t} \qquad (10-1)$$

和

$$\frac{\partial \Delta U(t, \tau)}{\partial \tau} = -C'(\tau)[F(\phi(e^n)) - F(\phi(e^v))] - \frac{1-\alpha}{\alpha} \frac{\partial e^n}{\partial \tau}$$

$$(10-2)$$

命题 10.1　假设值函数 $V(e)$ 足够凹（即 $V''(e) < 0$ 且 $|V''|$ 很大）。这样一来，上游行业最终产品关税的下降将导致更少的垂直一体化 $\left(\frac{\partial \Delta U(t, \tau)}{\partial t} > 0\right)$，而上游行业中间产品关税的下降将导致更多的垂直一体化 $\left(\frac{\partial \Delta U(t, \tau)}{\partial t} < 0\right)$。

这一命题是符合直觉的。我们关注关税如何影响企业在垂直一体化与非垂直一体化之间的选择。首先，我们先讨论最终产品关税的下降，其间有两种力量在起作用。一方面，在任何给定的关税水平下，由于非垂直一体化情形下的投资不足问题，买方在非垂直一体化情形下使用进口零部件的意愿要强于垂直一体化情形（引理 10.1）。也就是说，在非垂直一体化情形下，买方对进口零部件的依赖程度要高于垂直一体化情形，而在非垂直一体化情形下，降低最终产品关税给买方带来的收益要大于垂直一体化情形。因此，最终产品关税的下降会增加非垂直一体化的吸引力，这一点可以从等式（10-1）的右边第一项 $[F(\phi(e^n)) -$

$F(\phi(e^v))]>0)$ 看出。另一方面，当最终产品关税下降时，未选择进行垂直一体化的国内供应商预计买方购买产品的可能性相对较小，因此将减少自身的资产专用性投资，这一点可以从等式（10-1）的右边第二项 $\left(\dfrac{1-\alpha}{\alpha}\dfrac{\partial e^n}{\partial t}<0\right)$ 看出。然而，如果 $V(e)$ 足够凹，那么关税 t 对投资 e^n 的影响并不会很大。相对于第二种效应，第一种效应将会起主导作用，这会使得 $\dfrac{\partial \Delta U(t,\tau)}{\partial t}>0$。

就中间产品关税而言，一方面，中间产品关税的下降将降低国内供应商生产这一零部件的成本。因此，这会增加买方使用国产零部件的可能性，从而增强供应商进行资产专用性投资的动机。因此，垂直一体化变得更具吸引力，这一点可以从等式（10-2）的右边第一项 $(-C'(\tau)[F(\phi(e^n))-F(\phi(e^v))]<0)$ 看出。另一方面，中间产品关税的降低也导致了非垂直一体化情形下更多的资产专用性投资，因为买方使用国产中间产品的可能性增大了，正如等式（10-2）的右边第二项 $\left(\dfrac{1-\alpha}{\alpha}\dfrac{\partial e^n}{\partial \tau}<0\right)$ 所示。当 $V(e)$ 足够凹时，右边第二项的取值将会很小，因此上游行业中间产品关税的下降会导致更多的垂直一体化。

为了从相关文献的角度来阐释我们的模型，我们将其与一些现有模型进行比较。Ornelas and Turner（2008）恰恰分析了一个相反的问题：买方决定与外国供应商进行垂直一体化或进行离岸外包，国内供应商则是替代选择。Ornelas and Turner（2008）发现关税的削减（即我们模型中的最终产品关税 t）会增加跨国垂直一体化。他们的模型并未包括中间产品关税 τ 的削减。Ornelas and Turner（2012）则是在企业内生选择组织形式的情况下对最优贸易政策的理论分析。此外，他们的模型也并未考虑国内供应商面临的中间产品关税。Alfaro et al.（2016）研究了最终产品价格（下游行业的最终产品关税）对企业垂直一体化的影响。[①] 与之相反，我们研究了上游行业最终产品和中间产品价格对垂直一体化

---

① Alfaro et al.（2016）也提及了中间投入价格对组织形式选择的影响。他们认为这一效应的大小取决于公司是中间投入的净买方还是净卖方。我们采用不同的方法来检验组织形式选择的影响因素，即与套牢问题（hold-up problem）相关的两个反向作用的影响因素。

的影响，是对他们的研究的有益补充。

接下来我们将使用中国微观企业数据对命题 10.1 的预测，即最终产品关税的下降将阻止垂直一体化而中间产品关税的下降却会促进垂直一体化，进行检验。在我们的检验中将出现两个核心问题。第一个关于充分条件（函数 V 足够凹），第二个关于关税和垂直一体化之间的因果关系。尽管凹度是此类文献的常见假设，但我们无法找到一种很好的方法和数据来对其进行验证。因此，我们的研究重点是因果关系，我们将利用中国加入 WTO 导致中间产品和最终产品关税外生变化这一事实来解决这一问题。

第四节　模型设定与数据描述

一、模型设定

为了验证贸易自由化和垂直一体化的因果关系，我们利用中国在 2001 年加入 WTO 的准自然实验来进行 DID 分析。我们的样本期为 1998—2007 年，包括加入 WTO 之前（1998—2001 年）和加入 WTO 之后（2002—2007 年）。入世之后，各行业都大幅度削减了关税，但行业间的减税幅度却表现出明显差异。这一现实使我们能够进行 DID 估计，以检验关税削减幅度较大的行业（处理组）和关税削减幅度较小的行业（控制组）在垂直一体化行为上的差异。

我们的基准回归模型设定如下：

$$VI_{it} = \beta_1 \times WTO_t \times OutT01_i + \beta_2 \times WTO_t \times InT01_i + X'_{it}\Gamma + \lambda_t + \lambda_i + \varepsilon_{it} \tag{10-3}$$

其中，VI_{it} 表示在 t 年目标企业处于行业 i（ISIC 四位码）且并购企业处于行业 i 的下游行业的并购数量，它是针对上游行业的垂直一体化的计数变量。WTO_t 是一个虚拟变量，2002 年之前的所有年份都为 0，而 2002 年及以后的所有年份都为 1。$OutT01_i$ 为 2001 年的最终产品关税水平，而 $InT01_i$ 为 2001 年的中间产品关税水平。我们使用 2001 年的关税水平来区分处理组和控制组的原因在于 2001 年的关税水平与入世后的关税削减幅度正相关。$OutT01_i$ 和 $InT01_i$ 衡量了最终产品关税和中间产品关税的削减幅度。我们使用年份固定效应 λ_t 来控制时间趋势和所有其他可能的时变冲击。我们使用行业固定效应 λ_i 来控制不随时间变化的行业特征对行业层面的垂直一体化的影响。我们还包括了一些可能会影响垂直一体化的随时间变化的行业特征。这组变量以 X_{it}' 表示，包括同一行业的企业平均年龄、行业规模、市场竞争程度以及行业层面的随时间变化的国际冲击。公式（10-3）的最后一项为随机误差项 ϵ_{it}，我们对标准误在 ISIC 四位码行业上进行聚类。由于因变量是一个计数变量，我们使用固定效应下的泊松模型来进行方程估计。

估计结果的可靠性取决于我们的模型设定的有效性，也就是说，我们的核心解释变量是否独立于控制变量的条件误差。中国入世谈判是一个漫长的过程，具体入世时间有很强的政治特征并且难以预测，这意味着我们的核心变量 WTO_t 很可能是外生的（Bloom et al.，2016）。但是，不同行业的关税削减幅度和步骤可能是谈判的结果，因此并非完全外生。为解决这一问题，我们有意使用入世前的初始关税（$OutT01_i$ 和 $InT01_i$）而不是实际关税削减来衡量处理强度。[①] 此措施有助于减轻潜在的内生性问题，因为初始关税在入世前基本不变，因此这一关税水平在我们的样本期之前便已确定。此外，我们参考 Goldberg et al.(2010) 和 Liu and Qiu（2016）的方法，检查了 2001 年的最终产品和中间产品关税水平和入世后的实际关税削减是否与入世前的行业绩效相关。我们发现，入世前垂直一体化并购交易和其他行业绩效与 2001 年的最终产品和中间产品关税水平无关，这为我们的模型设定的有效性提供了进一步的支持。

如果我们的理论是正确的，那么 β_1 是负的，而 β_2 是正的。因为我们的模型着重于定性分析（而不是定量分析）关税变化对垂直一体化的影响，所以 DID 方法是适用的，β_1 和 β_2 将可以刻画这一影响。

二、核心变量的构造

我们的实证分析有两个核心变量：垂直一体化和关税。在主体分析

---

① 我们也使用实际关税削减进行了检验，结果发现系数和我们的基准回归结果一致，但未通过统计的显著性检验。一个非常重要的原因便在于税收变化的内生性问题，这也是为什么我们以及以往研究普遍选用 2001 年的关税水平来进行 DID 分析。

中，我们使用下游企业对处于行业 i 的上游企业的并购数量（VI_{it}）来衡量垂直一体化。我们还使用并购金额来检验结果的稳健性。[①] 在每一起并购中，我们都需要首先定义和识别上游企业和下游企业。对于任何给定的行业，从理论上定义上游行业和下游行业都是简单明了的，但实际上却并非如此。我们遵循 Antràs et al.（2012）的方法，基于上游度指数（U_i）来识别上游和下游。一个行业的上游度指数越大，那么这一行业在价值链中所处的位置越偏向上游。

我们使用中国的 2002 年投入产出表[②]来计算上游度指数并将其与 ISIC 行业进行匹配。对于每一起并购，如果目标企业的上游度指数比并购企业的上游度指数更高，那么我们便将此次并购定义为后向垂直一体化。在稳健性检验中，我们还使用了垂直一体化的其他测度指标。

每个行业的贸易自由化包括中间产品和最终产品的关税削减。我们的最终产品关税 $OutT_{it}$ 是 ISIC 四位码行业的 AHS 简单平均关税，取自 WITS 数据库。我们参考 Liu and Qiu（2016）的方法构造中间产品关税。具体来说，根据投入产出表中的定义，t 年行业 i 的中间产品关税为行业 i 的中间产品关税的加权平均值，即 $InT_{it} = \sum_j CostShare_{ij} \times OutT_{jt}$，其中 InT_{it} 是 t 年行业 i 的中间产品关税，$OutT_{jt}$ 是 t 年行业 j 的最终产品关税，$CostShare_{ij}$ 是指为生产行业 i 的一单位产出需要投入的行业 j 的产品份额。$CostShare_{ij}$ 由中国的 2002 年投入产出表计算得到。因此，公式（10-3）中 2001 年的中间产品关税是从 $InT01_i = InT01_{i2001}$ 得到的。[③]

三、数　据

我们的实证分析主要用到了三个重要的数据集。第一个是汤森路透

---

① 正如 Breinlich（2008）所言，使用并购数量而不是并购金额有两个优点。一是并购数量可得性更强，并购金额有时并不在交易中披露；二是并购金额的分布十分分散。

② 我们使用 2002 年投入产出表的原因在于，中国的投入产出表每 5 年才更新一次，而 2002 年恰好位于样本期的中间。

③ 由于中间产品关税是由最终产品关税计算得到，多重共线性问题可能是我们的回归模型的一个潜在问题。但正如 Wooldridge（2016）所述，多重共线性问题并没有确切的定义。这一问题的存在主要会导致较大的标准误，从而导致系数的不显著和不稳健。我们在后面进行的稳健性检验表明，多重共线性对我们来说并不是一个严重的问题，因为我们的结果非常显著且稳健。我们两个关键变量的方差膨胀因子（VIF）分别为 3.99 和 3.85，小于常用的临界值 10，这也表明并不存在严重的多重共线性。

的 SDC 并购数据库。该数据库统计了全球范围内的并购交易数据，其中每笔交易的所有权转让比例至少为 5%，交易金额至少为 100 万美元，或交易金额并未公开披露。该数据库提供了并购交易中目标企业和收购企业的企业信息，比如企业名称、国家/地区、行业、母公司信息、主营业务以及众多财务变量。它还提供了有关并购交易的基本信息，例如宣布并购的时间、交易状态、完成时间、交易金额和股权收购比例。

我们主要使用 SDC 数据库并购交易信息中的行业信息来测度垂直一体化。我们根据企业的主营业务来定义其所属行业，即 SDC 数据中的主要行业。[①] 由于我们需要用到的是国内后向垂直一体化的并购数量，因此我们从 SDC 数据库中提取并购交易时将并购企业和目标企业所在国均限定为中国（不包括香港、澳门以及台湾地区），目标企业的行业为制造业，并购企业则处于目标企业的下游行业。VI_{it} 的主要测度指标为 t 年行业 i 的国内后向垂直一体化的并购数量。

第二个是 WITS 数据库，它提供了包括中国在内的许多国家的进口关税数据。如前所述，我们使用 ISIC 四位码行业的 AHS 简单平均关税[②]，该数据可直接从 WITS 数据库中获得。

第三个为中国工业企业数据库（ASIP），时间段为 1998—2007 年。该数据库由国家统计局提供，涵盖了中国采矿业、制造业和公用事业的年销售额超过 500 万元的所有国有企业和非国有企业。该数据库中的企业数量从 20 世纪 90 年代后期的 14 万多个增加到 2007 年的 33.6 万多

---

① SDC 数据库还提供了企业次要业务的信息。对于多行业企业，我们可以计算其平均上游度指数，进而确定并购交易中的垂直关系。这一结果与我们单纯使用企业的主营业务来计算其上游度指数所得到的结果没有实质性差异。因此，我们选择参考以往文献根据企业的主营业务来定义企业所属的行业。但是，我们意识到这样一个问题，即我们不知道目标企业的哪条业务线被收购了，因此我们对垂直一体化的测度并不能做到精确无误。

② 我们使用关税数据而不是非关税壁垒数据，原因在于后者的可比性不足，并且获取后者更为困难。相比之下，关税数据是基于价格来确定的，跨行业和跨时间的可比性更高。此外，与其他间接措施（例如进口渗透率）相比，关税削减是一个直接的政策工具，受内生性问题的影响相对更小（Breinlich，2008）。

个。企业来自中国的 31 个省份。我们将企业限制为制造业企业。[①] 工业企业数据包含每个企业的详细信息，包括企业名称、行业、地址和所有权。它还包含每个企业的财务信息，例如年龄、员工人数、固定资本、中间投入费用和新产品销售额。我们根据公认会计原则的基本规则来清理这一数据集。我们剔除了员工人数少于 8 个人的企业，因为这些企业要遵守不同的法律制度（Brandt et al.，2012），以及成立年份明显错误的企业（如 1900 年及之前）。通过上述清理步骤，我们获得了行业控制变量随时间变化的数据集。

我们将以上三个数据库进行匹配，构建了 ISIC 四位码行业层面的数据集。[②] 我们的样本期的起始年份为 1998 年，这是工业企业数据库最早可得年份。样本期的结束年份为 2007 年，一是取决于数据的可用性，二是该时间的选取可以规避由 2008 年全球金融危机导致的潜在偏误。在我们匹配后的数据集中，我们拥有 1998—2007 年 102 个 ISIC 四位码行业的数据。我们还对 ISIC 二位码行业的垂直一体化并购交易进行了检验，结果显示垂直一体化在不同行业之间存在显著差异。

第五节 实证部分

一、基本回归结果

表 10-1 报告了我们的基本回归结果。在所有回归中，因变量是行业 i 的垂直一体化的并购数量。与理论预期一致，我们的实证结果表明，某个行业的最终产品关税下降显著减少了该行业垂直一体化的并购数量，中间产品关税下降则显著增加了垂直一体化的并购数量。

---

① 我们包括了除烟草业以外的所有制造业行业，烟草业是由国有企业中国烟草总公司（CNTC）垄断的。该公司运营着整个烟草业的供应链，涵盖种植、分配、制造、分销以及进出口。因此，该行业不存在垂直结构变化的问题。但是，将烟草业纳入分析并不会影响我们的结果。

② SDC 数据库中的所有并购交易都是根据目标企业的主营业务将其划分到对应的 SIC 四位码行业。我们使用 UNSTAT 提供的对照表将 SIC 四位码行业转换为 ISIC 四位码行业。中国工业企业数据库中的行业分类是参照国民经济行业分类进行划分的，而该分类根据 ISIC 进行了调整。因此，我们还需要将企业所属的行业重新转换为 ISIC 四位码行业。

表 10-1 基准回归结果

	(1)	(2)	(3)	(4)	(5)
$WTO \times OutT01$	−2.053 0***	−2.008 3***	−1.940 8**	−1.921 4**	−1.900 5**
	(0.776 8)	(0.744 1)	(0.759 3)	(0.753 1)	(0.744 7)
$WTO \times InT01$	2.731 2***	2.568 7***	2.567 5***	2.532 4***	2.508 5***
	(0.937 0)	(0.955 9)	(0.956 4)	(0.949 7)	(0.932 6)
$logAge$		−1.453 1***	−1.221 2	−1.238 8	−1.244 7
		(0.557 5)	(0.762 8)	(0.770 1)	(0.765 7)
$logN$			0.213 3	0.241 8	0.213 2
			(0.448 7)	(0.472 2)	(0.458 6)
HHI				1.890 5	1.082 4
				(5.008 6)	(4.862 7)
$India\&Brazil$					0.031 9**
					(0.016 1)
行业固定效应	Yes	Yes	Yes	Yes	Yes
年份固定效应	Yes	Yes	Yes	Yes	Yes
观测值数量	580	580	580	580	580

注：括号内为聚类到 ISIC 四位码行业层面的稳健标准误。*** 、** 、* 分别表示在 1%、5% 和 10% 的水平上显著。

具体而言，第（1）列为我们的基准，仅控制了行业和年份固定效应。我们发现交互项 $WTO_t \times OutT01_i$ 的系数显著为负，而交互项 $WTO_t \times InT01_i$ 的系数则显著为正。这些发现表明，在中国加入 WTO 之后，最终产品关税削减幅度较大的行业中的上游企业被下游企业整合的可能性较小，但是中间产品关税削减幅度较大的行业中的上游企业被下游企业整合的可能性较大。为了检验我们的结果是否受到遗漏变量的影响，我们进一步控制了可能与垂直一体化决策有关的随时间变化的行业特征。①

首先，每个行业所处的生命周期阶段可能与垂直一体化息息相关。因此我们在第（2）列加入行业平均企业年龄的对数进行回归，结果发现交互项的系数并未发生显著变化。企业年龄对数的系数是负显著的。我们在第（3）～第（5）列依次加入其他控制变量，企业年龄对数的系

———————
① 固定效应下的泊松估计会自动剔除从未发生过垂直一体化并购交易的行业，因此我们的主体回归中只有 580 个观测值。在稳健性检验中，我们的结果表明即使包括那些没有发生垂直一体化并购交易的行业观测值，我们的结果也不会发生实质性变化。

数仍然为负，但不再具有统计上的显著性。由此可见，年轻的企业可能更有活力，增长也更快，因此吸引了更多的下游企业对其进行垂直一体化。

其次，每个行业中潜在目标企业的数量可能与并购数量有关。如果一个行业中的企业数量众多，那么可能被垂直一体化的潜在目标企业也就很多。这是极有可能的，因为我们的因变量就是垂直一体化的并购数量，且没有通过行业规模进行调整。一个行业中的企业数量也可以反映出该行业的竞争激烈程度，从而会影响企业进行垂直一体化的动机。为了控制这些影响，我们将新变量 $logN_{it}$ 添加到第（3）列的回归中，该变量是每年每个行业中企业数量的对数。我们发现，与预期一致，行业规模的系数为正，但在统计上并不显著。更重要的是，我们的核心交互项的显著性保持不变。

再次，尽管一个行业中的企业数量与竞争程度有关，但赫芬达尔-赫希曼指数（HHI）是一个更好的竞争程度衡量指标。更激烈的市场竞争可能会诱发企业的并购活动。因此，我们将 HHI 添加到回归中以控制行业竞争程度的影响。这一控制变量还有助于解决以下问题：中国贸易自由化对垂直一体化的影响是由竞争水平的变化引起的。第（4）列的回归结果表明，HHI 的影响是正向的，但并不具有统计上的显著性，而且核心交互项的回归系数并没有发生显著变化。因此，竞争并不是解释中国垂直一体化的重要因素。

最后，尽管我们在模型中包括了行业和年份固定效应，以控制不随时间变化的行业特征和垂直一体化的时间趋势，但中国的垂直一体化也可能会受到随时间变化的全球行业技术冲击的影响。因此，为了控制这些冲击的影响，我们遵循 Breinlich（2008）的方法，将其他国家每个行业已完成的垂直一体化的并购数量包括在内。具体而言，我们选择了印度和巴西，这是因为它们作为大型发展中国家在许多方面与中国相似。[①]我们这样做的原因在于，如果存在对世界上大型发展中国家的垂直一

---

① 我们对这三个国家进行了诸多方面的比较，包括人口、经济增长、经济结构、贸易以及后向垂直一体化的数量和分布。和巴西相比，印度和中国更为相像。仅以印度来代表全球趋势也可以得到类似的结果。

体化活动的国际影响因素，那么这一冲击对中国、印度和巴西的影响是相似的。此外，在中国入世前后，印度和巴西没有发生任何重大的贸易自由化改革，这使得这两个国家的垂直一体化并购数量可以更好地替代国际行业冲击。因此，我们在回归模型中添加了印度和巴西的行业 i 在 t 年发生的垂直一体化并购数量，回归结果见第（5）列。结果表明，印度和巴西的垂直一体化并购数量这一变量的系数为正且显著，这表明国际行业冲击的确在发挥作用。然而，核心交互项的显著性保持不变。

我们的结果表明，贸易自由化对垂直一体化的影响同样具有经济上的显著性。以第（5）列的结果为例，最终产品关税和中间产品关税每变动一个百分点，将分别导致垂直一体化并购数量减少 2.053 个百分点和增加 2.731 2 个百分点。因此，当一个最终产品关税水平处于 25 分位数的行业落到 75 分位数时，垂直一体化并购交易的发生率将下降 62.03%；当一个中间产品关税水平处于 25 分位数的行业落到 75 分位数时，垂直一体化并购交易的发生率将增加 97.61%。对于一个特定的行业而言，贸易自由化的净影响是这两个作用相反的交互项的总和，因为贸易自由化通常会同时降低中间产品和最终产品的关税。

二、有效性和稳健性检验

前述回归结果的可靠性取决于 DID 模型设定的有效性。接下来，我们对 DID 模型的有效性进行了一系列检验，并对回归结果的稳健性进行了检验。

（一）DID 的有效性

（1）组别的可比性。在前面，我们对最终产品关税削减和中间产品关税削减的平均处理效应进行了估计。处理效应是处理组和控制组在入世之前和入世之后在垂直一体化并购数量上的平均差异。现在，我们使用更灵活的模型设定来检验这一差异。这项检验有助于回答两个问题：一是入世之前这两组的时间趋势是否可比；二是入世之后这两组的时间趋势是否出现了差异。为了解决这两个问题，我们将入世这一虚拟变量替换为年份虚拟变量，年份虚拟变量表示 1998—2007 年的年份，其中 2001 年为略去的基准年份。这种模型设定对模型的时序结构没有严格的要求。因此，我们只是在研究关税削减幅度不同的行业间垂直一体化差异如何随时间变化。

图 10 - 4 描绘了这一回归结果，展示了交互项 $y_t \times OutT01_i$ 和 $y_t \times InT01_i$ 的系数，以及系数的均值。图 10 - 4 清晰地展现了两种不同的模式。首先，入世之前，交互项的系数非常不稳定，且系数的均值非常接近零。其次，入世之后，交互项的系数是稳定一致的，并且显著为负（正），这与入世之前的系数相比存在显著差异。这些结果表明了我们的模型设定的有效性。

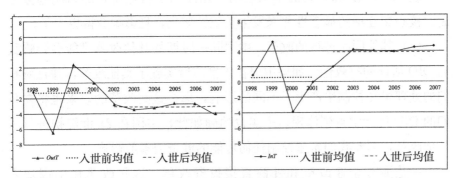

图 10 - 4　动态处理效应结果

（2）入世预期。尽管中国加入 WTO 的过程和时机是高度政治化的，并且被普遍认为是出乎意料的，但我们仍然尝试检验中国企业是否可以预见到加入 WTO 的时间。如果它们预料到了入世时间，它们便会在 2001 年做出和 2001 年以后一致的反应。为解决这个问题，我们将交互项 $y_{2001} \times OutT01_i$ 和 $y_{2001} \times InT01_i$ 加入到方程（10 - 3）中，回归结果见表 10 - 2 的第（1）列。结果显示，上述两个交互项的系数并不显著，这意味着不存在预期效应，并且处理组和控制组未显示出显著的预期差异。此外，核心交互项的系数分别保持显著为正和显著为负。

（3）行业趋势。在使用 DID 这一模型设定时，我们隐含地假设了在控制 $(X_{it}, \lambda_t, \lambda_i)$ 后，我们的处理组和控制组在入世前后有着共同的趋势。这种假设使我们能够用控制组的垂直一体化作为处理组的反事实。剔除控制组的趋势可以使我们获悉关税削减对垂直一体化的影响。

但是，如果存在行业特定时间趋势的混杂因素对行业产生不同的影响，那么在入世前后两组观测值可能会有不同的趋势。解决此问题的一种方法是，通过引入行业虚拟变量和入世虚拟变量的交互项，来控制两组在入世前后的时间趋势。然而，此方法不适用于我们的模型，因为我们的关键变量是在完全相同的 ISIC 四位码行业层面定义的。作为替代，我们通过添加一组虚拟变量 $\sum_i ISIC2_i \times WTO_t$，来从相对粗糙的行业层面（ISIC 两位码行业）控制行业的不同趋势。

表 10-2 第（2）列的结果表明，在控制了行业特定的时间趋势之后，核心交互项的显著性并未发生实质性变化，且影响变得更大了。

（4）其他同时进行的改革。中国同一时期的其他改革可能会影响我们 DID 估计的有效性。如果中国在入世前后实施了其他改革，并且对我们的处理组和控制组产生了不同的影响，那么这些改革的效果也将在我们的 DID 估计中得到体现。事实也的确如此，中国在 21 世纪初进行了几项改革，因此我们希望控制任何可能的混杂因素的影响。

一是国有企业改革和外商直接投资改革。这些改革在中国加入 WTO 之前便已经开始，但后来加速了。新的国有企业改革导致大规模的私有化、小型国有企业的关闭以及幸存的（大型）国有企业的效率得到提高。此外，新的外商直接投资条例放宽了对外资的准入要求，并缩小了外资的行业进入限制范围。这两项改革可能会影响市场结构和竞争程度，从而可能会影响企业进行垂直一体化的动机。我们没有完美的测度指标来衡量这些改革。然而，这些改革的一个重要结果是每个行业中国有企业和外商投资企业的数量变化。因此，我们在 DID 估计中包括两个额外的控制变量，以控制这两项改革的潜在影响：$SOEShare_{it}$（以国有企业数量与国内企业总数之比来衡量）和 $FIEShare_{it}$（以外商投资企业数量与国内企业总数之比来衡量）。回归结果见表 10-2 的第（3）列。该结果表明，国有企业改革和外商直接投资改革不会影响我们的核心解释变量的估计结果。因此，我们可以排除结果是由同时进行的国有企业改革和外商直接投资改革引起的这一可能性。

表10-2 DID 的有效性检验

	(1) 入世预期	(2) 行业趋势	(3) SOE&FDI改革	(4) 市场准入监管	(5) 非上市公司	(6) 全部同时进行的改革	(7) 两期样本
$WTO \times OutT01$	−1.643 3** (0.740 3)	−2.878 7*** (0.820 3)	−1.736 4** (0.726 1)	−1.900 8** (0.748 8)	−2.289 5*** (0.868 1)	−2.033 5** (0.847 6)	−1.870 5** (0.749 6)
$WTO \times InT01$	2.416 1** (1.069 1)	4.156 6** (1.749 4)	2.363 7** (0.933 6)	2.473 5*** (0.956 4)	2.558 5** (1.189 3)	2.265 7* (1.191 6)	2.629 1*** (1.018 4)
$y_{2001} \times OutT01$	0.611 7 (1.254 3)						
$y_{2001} \times InT01$	−0.186 4 (1.996 7)						
$SOEShare$			6.247 8** (3.071 8)			9.718 9*** (3.552 1)	
$FIEShare$			−2.401 4 (3.399 5)			−3.865 2 (4.232 4)	
$NonSOE\_Entry$				−0.154 0 (0.302 9)		−0.369 3 (0.496 6)	
控制变量	Yes	Yes	Yes	Yes	Yes	Yes	Yes
行业固定效应	Yes	Yes	Yes	Yes	Yes	Yes	Yes
年份固定效应	Yes	Yes	Yes	Yes	Yes	Yes	Yes
观测值数量	580	580	580	580	490	490	116

注：括号内为聚类到 ISIC 四位码行业层面的稳健标准误。***、**、* 分别表示在 1%、5% 和 10% 的水平上显著。控制变量包括行业平均企业年龄、行业企业数量、HHI 和 $India\&Brazil$。

二是市场准入监管。尽管中国对某些行业的市场准入进行了监管，特别是在我们样本的早期，但政府已经在一定程度上降低了市场准入门槛。党的十六大报告明确指出，推进垄断行业改革，积极引入竞争机制……放宽国内民间资本的市场准入领域，在投融资、税收、土地使用和对外贸易等方面采取措施，实现公平竞争。这项改革可能会影响行业的并购活动，尤其是那些政府施加了进入管制的行业。我们计算了每个行业中的民营企业进入总数 $NonSOE\_Entry_{it}$，以衡量不同行业的进入监管程度。第（4）列的结果表明，$NonSOE\_Entry_{it}$ 的系数为负但不显著。由此可见，关税对垂直一体化的影响不受此变量的影响。

三是并购监管。我国于 2002 年颁布了《上市公司收购管理办法》，这与并购直接相关。这是对所有行业的上市公司进行收购的一般规定，因此不太可能与贸易自由化对所有企业的垂直一体化决策的不同影响相混淆。但是，为了排除这一可能性，我们对非上市公司样本进行回归。具体来说，我们将样本中所有目标企业为上市公司的样本剔除后再次进行回归，结果见第（5）列。可以发现，在剔除所有对上市公司的收购之后，最终产品关税和中间产品关税对垂直一体化的影响保持不变。

在表 10-2 的第（6）列，我们在回归中包括了上述所有同时进行的改革，结果表明我们的结论是可靠的。

（5）两期样本。误差项的序列相关性是 DID 估计的一个值得关注的问题。为了缓解这一问题，我们在所有回归中都将误差项聚类到行业层面，这允许同一行业在不同年份间存在序列相关和异方差。我们按照 Bertrand et al.（2004）的方法将数据分解为两个阶段，即处理前和处理后两个时期，这有助于缓解序列相关问题。此方法还有助于平滑数据，从而减轻零观测值的影响。具体来说，我们将入世之前和入世之后两个时期每个行业的垂直一体化并购数量作为我们的因变量，并把入世之前和入世之后两个时期所有解释变量和控制变量的均值作为我们的自变量。基于这个新的两期面板数据，我们再次进行回归，结果见表 10-2 的第（7）列。可以发现，我们的核心解释变量的估计结果仍然稳健。

（二）稳健性检验

现在我们转向其他可能影响贸易自由化和垂直一体化之间关系的因素。我们将逐一讨论，并将结果报告在表 10－3 中。我们发现在考虑这些因素之后，我们的结果依然稳健。

（1）政府补贴。我国一直通过政府补贴等产业政策来推动工业化（Aghion et al.，2015）。接受政府补贴的企业范围随年份而变化。例如，基于工业企业数据，Aghion et al.（2015）发现 1998 年有 9.4% 的企业获得了政府补贴。这一比例在 2004 年达到最高的 15.1%，随后在 2007 年又下降到 12.4%。政府补贴可能会影响企业的并购决策。为了排除政府补贴的潜在混杂影响，我们在回归方程中控制了每个行业的补贴总额，结果报告在第（1）列。

（2）出口扩张。由于中国入世后大幅削减关税，其他一些国家也可能进一步扩大对中国出口的市场开放，这意味着中国企业的市场规模有所扩大。反过来，这也可能影响中国企业进行国内垂直一体化的动机。我们通过两种方式来控制出口扩张及其影响。首先，我们将行业总出口 $Export_{it}$ 添加到方程（10－3）中。任何可能影响中国出口需求的变化都将最终反映在出口增长中，回归结果见第（2）列。其次，我们将中国出口企业面临的所有外国加权平均关税 $ForeignTariff_{it}$ 作为控制变量加入进来，以控制市场规模扩张的影响，回归结果见第（3）列。

（3）比较优势。不同行业在许多方面都存在差异，例如比较优势。具有比较优势的中国企业可能不太会受到进口关税削减的影响，但却会从外国的进口关税削减中受益良多。为了控制这一因素的影响，我们尝试将行业的显示比较优势指数 RCA_{it} 添加到模型中。与以往文献一致，我们的行业 RCA 指数为该行业每年在中国总出口中所占份额与该行业在世界总出口中所占份额的比率。我们在第（4）列展示了这一回归结果。

（4）企业生产率。贸易自由化对企业生产率的影响在近年来的贸易文献中得到了充分的证明。在产业组织文献中，研究者发现生产率溢出所带来的效率提升是垂直一体化的主要动机。[①] 贸易自由化对垂直一体

———————————

① 详见 Alfaro et al.（2016）的文献综述。

表 10-3 稳健性检验

	(1) 政府补贴	(2) 出口扩张	(3) 外国关税	(4) 比较优势	(5) 企业生产率	(6) 上游行业流动性	(7) 全部
$WTO \times OutT01$	-1.899 1** (0.763 3)	-1.888 1** (0.745 2)	-1.922 4*** (0.751 8)	-1.728 0*** (0.766 7)	-1.808 2** (0.760 5)	-1.909 9*** (0.723 6)	-1.740 3** (0.774 5)
$WTO \times InT01$	2.464 4*** (0.944 2)	2.479 3*** (0.944 8)	2.527 0*** (0.939 0)	2.183 9** (1.063 1)	2.366 7** (0.961 3)	2.434 8*** (0.873 9)	2.083 3** (1.029 1)
$Subsidy$	0.188 5 (0.128 1)						0.173 5 (0.134 7)
$Export$		0.058 7 (0.168 3)					-0.059 2 (0.153 5)
$Foreign Tariff$			0.096 9 (0.616 9)				0.196 2 (0.614 9)
RCA				0.629 5 (0.582 0)			0.584 2 (0.636 6)
TFP					0.588 7 (0.601 3)		0.418 1 (0.661 4)
$Liquidity$						1.970 7 (2.300 9)	1.375 0 (2.291 5)
控制变量	Yes	Yes	Yes	Yes	Yes	Yes	Yes
行业固定效应	Yes	Yes	Yes	Yes	Yes	Yes	Yes
年份固定效应	Yes	Yes	Yes	Yes	Yes	Yes	Yes
观测值数量	580	580	580	580	580	580	580

注:括号内为聚类到 ISIC 四位码行业层面的稳健标准误。***、**、*分别表示在 1%、5% 和 10% 的水平上显著。控制变量包括行业平均企业年龄、行业企业数量、HHI 和 India&Brazil。

化的影响是否源于生产率的变化？我们通过控制行业平均生产率来验证这一问题。[①] 我们首先使用 Olley-Pakes 方法估算每个企业的全要素生产率（TFP），然后再计算每个 ISIC 四位码行业的 TFP 均值来测度行业生产率。第（5）列的结果表明，行业 TFP 与每个行业的垂直一体化并购数量正相关，但并不显著。

(5) 上游企业的融资约束。融资约束是影响企业投资决策的因素之一。企业的并购意愿和议价能力都可能受到融资约束的影响，因此我们控制了上游企业的融资状况这一因素。根据 Manova and Yu（2016），我们使用流动性水平来测度上游行业的融资约束平均水平。具体来说，行业流动性的定义为 $Liquidity_{it}=$（总流动资产－总流动负债）/总资产[②]，回归结果见第（6）列。

在第（7）列，我们在回归中纳入了上述所有的控制变量，结果表明我们的核心变量的估计结果十分稳健。

（三）对其他因素的考量

(1) 对下游行业因素的控制。到目前为止，我们主要控制了上游行业相关因素。但是，下游行业因素也可能影响进行垂直一体化的动机，因此需要加以考虑。由于每个上游行业（i）都有许多下游行业（j），因此我们将行业 i 的下游度 $DownX_{it}$ 定义为所有下游行业 X_{jt} 的加权平均值：$DownX_{it}=\sum_{j}SupplyShare_{ij}\times X_{jt}$，其中 $SupplyShare_{ij}=X_{ij}/Y_{i}$，$X_{ij}$ 是行业 i 用于行业 j 的中间投入，Y_{i} 是行业 i 的产出。因此，权重 $SupplyShare_{ij}$ 衡量的是行业 j 作为行业 i 的下游买家的重要程度。我们逐步考虑一系列下游行业相关因素，包括下游行业的关税、规模、竞争水平和流动性。结果分别报告在表 10-4 的第（1）至第（5）列，可见这些下游行业控制因素不会对核心变量的估计产生实质性影响。

---

①　生产率与企业盈利能力相关。因此，控制生产率这一因素还有助于减轻另一个担忧，即贸易自由化通过改变企业的盈利能力来影响垂直一体化。

②　财务杠杆（总流动负债/总流动资产）也是一个衡量融资约束的常见指标。我们的结论对这一测度方式同样稳健。

表 10 - 4　考虑下游行业因素的回归结果

	(1) 关税	(2) 规模	(3) 竞争水平	(4) 流动性	(5) 全部
$WTO \times OutT01$	−2.054 5 ***	−1.902 6 ***	−1.972 2 ***	−1.909 4 ***	−2.083 9 ***
	(0.701 1)	(0.736 0)	(0.738 2)	(0.727 8)	(0.713 0)
$WTO \times InT01$	2.631 4 ***	2.381 5 ***	2.516 8 ***	2.433 7 ***	2.633 9 ***
	(0.846 2)	(0.866 0)	(0.914 7)	(0.883 6)	(0.840 5)
$Liquidity$	2.233 9	1.729 0	2.184 0	2.044 0	1.643 5
	(2.278 9)	(2.266 2)	(2.275 1)	(2.347 5)	(2.420 1)
$WTO \times DownT01$	−0.460 2				−0.000 3
	(0.282 7)				(0.000 5)
$DownlogN$		−0.000 4			7.347 8
		(0.000 4)			(19.917 6)
$DownHHI$			14.518 7		5.071 6
			(18.314 8)		(5.779 9)
$DownLiquidity$				−0.802 1	−0.000 3
				(4.557 6)	(0.000 5)
控制变量	Yes	Yes	Yes	Yes	Yes
行业固定效应	Yes	Yes	Yes	Yes	Yes
年份固定效应	Yes	Yes	Yes	Yes	Yes
观测值数量	580	580	580	580	580

注：括号内为聚类到 ISIC 四位码行业层面的稳健标准误。***、**、*分别表示在 1%、5% 和 10% 的水平上显著。控制变量包括行业平均企业年龄、行业企业数量、HHI、$India\&Brazil$ 和上游行业流动性。

（2）更换测度方式和估计方法。我们主要通过三种测度方式的变换来检验回归结果的稳健性。一是通过并购金额来测度垂直一体化的行业差异，二是根据投入产出表来定义垂直一体化，三是参考 Alfaro et al.（2019）的做法来构建垂直一体化。此外，我们还使用其他估计方法（如泊松伪最大似然模型、随机效应泊松模型、固定效应负二项模型和 Tobit 模型）来检验结果的稳健性。我们的主要结果在上述检验中保持稳健。

三、机制检验

我们的理论框架强调了资产专用性投资对解释中间产品关税和最终产品关税变化如何影响企业组织形式选择的重要性。接下来，我们将进行深入的实证分析，以确定理论分析的机制是否与观测数据一致。为此，我们需要做出两个假设。

资产专用性投资在生产差异化产品的行业中有着更为明显的重要性。差异化产品的生产需要差异化的中间投入。与之相反，如果从供应商那里购买的产品和从国外进口的产品是同质的，那么买方只需要向价格更低的一方购买。在后一种情况下，组织形式选择的决策非常简单，并且关税变化在影响组织形式选择的均衡中将不会发挥重要作用。根据Nunn（2007）的观点，如果产品在有组织的交易所出售，或者以指导价出售，那么市场供需充盈、企业套牢问题和投资不足问题将不再重要。因此，我们提出以下假设：

假设 10.1　相对于生产同质性产品的行业，生产异质性产品的行业的关税变动对企业组织形式选择的影响更为明显。

供应商和买方无法签订完全契约来约定投资水平和支付价格，因此常常出现投资不足问题。当出现不完全契约时，双方需要进行事后谈判。关税变化会影响谈判的外部选择权。因此，在完全契约签订更为困难时，投资不足问题会更加严重。因此，我们提出以下假设：

假设 10.2　在可契约化水平（contractibility）较低的行业中，关税变化对企业组织形式选择的影响更大。

我们将通过进一步的实证分析来检验上述两个假设。

（1）同质性行业和异质性行业。Rauch（1999）将 SITC 四位码产品分为三类：在交易所交易的产品、以参考价格交易的产品和差异化产品。我们依据 Rauch（1999）的产品分类将行业归为两类：一类是生产 Rauch（1999）前两种产品的同质性行业；另一类是生产差异化产品的异质性行业。根据 UNSTAT 提供的行业对照表，我们将 SITC 四位码产品与 ISIC 四位码行业进行匹配。

我们分别使用异质性行业和同质性行业的子样本来进行方程（10-3）的回归，结果见表 10-5 的第（1）~第（2）列。在异质性行业的子样本中，最终产品关税的影响显著为负，中间产品关税的影响则显著为正。相对而言，系数的大小和显著性比使用全样本所得到的平均处理效应要强得多。在同质性行业的子样本中，核心交互项的系数都在 10% 的水平上显著，但数值要小得多。总之，这一回归结果支持了假设 10.1。

（2）可契约化水平。可契约化水平受市场不确定性的影响。不完全契约理论的一般结论是，契约无法明确双方可能面临的所有意外情况。我们使用供应商销售额的波动性来代理不确定性，而不确定性则代表可契约化水平。较高的不确定性意味着较低的可契约化水平。

我们使用入世之前 1998—2001 年供应商年销售额的平均变化（标准偏差与均值的比率）来衡量销售额的波动性。我们将样本分为两个子样本：高销售波动性行业，其销售额的波动性大于行业中位数；低销售波动性行业，其销售额的波动性小于行业中位数。我们分别用这两个子样本进行回归，结果见表 10 - 5 的第（3）～第（4）列。可以发现，关税削减对高销售波动性行业的垂直一体化的影响更为明显，这支持了假设 10.2。[①]

表 10 - 5 机制检验

	（1） 异质性行业	（2） 同质性行业	（3） 高销售波动性行业	（4） 低销售波动性行业
$WTO \times OutT01$	−3.270 5** (1.498 0)	−1.816 4* (0.953 7)	−3.180 4** (1.238 0)	−1.870 2** (0.823 5)
$WTO \times InT01$	6.596 7* (3.517 1)	1.726 7* (0.990 4)	5.282 4*** (1.545 0)	1.048 2 (1.722 9)
控制变量	Yes	Yes	Yes	Yes
行业固定效应	Yes	Yes	Yes	Yes
年份固定效应	Yes	Yes	Yes	Yes
观测值数量	270	290	290	290

注：括号内为聚类到 ISIC 四位码行业层面的稳健标准误。*** 、** 、* 分别表示在 1%、5% 和 10% 的水平上显著。控制变量包括行业平均企业年龄、行业企业数量、HHI 和 $India\&Brazil$。

第六节 结 论

国际贸易和产业重组是相互关联的。我们提出了一个理论模型，即实施垂直一体化的企业会进行资产专用性投资，而贸易自由化会影响企业的垂直一体化动机。我们通过实证研究的方式验证了关税变化会对国内上下游行业间的组织结构产生影响。我们将中国加入 WTO 所引起的关税变化作为外生冲击，并使用 DID 方法确定了贸易自由化和垂直一体

---

① 进口渗透率也会影响关税的效应大小，因此会对不同行业产生异质性影响。事实也的确如此。

化之间的因果关系。我们发现，上游行业中间产品关税削减使垂直一体化的可能性变得更高，而上游行业最终产品关税削减则减少了垂直一体化。这些实证结果与模型预测是一致的。

现有实证研究深入研究了贸易自由化对企业绩效的影响，如企业生产率、产品质量、创新水平以及国内外市场的进入和退出。我们探讨了一个不同的侧面，即贸易自由化对国内产业组织结构的影响，这和Ornelas and Turner（2008，2012）和 Alfaro et al.（2016）的研究相似。尚待研究并且十分重要的问题是，产业组织结构的一般变化以及垂直一体化这一特定变化是如何影响企业生产率、产业效率和社会福利的。尽管现有研究已对这些问题做出了回答，但它们却假定产业组织结构保持不变。我们的研究表明，贸易自由化对市场结构的均衡有一定的影响。

参考文献

Acemoglu, D., Grith, R., Aghion, P., Zilibotti, F., 2010. Vertical integration and technology: Theory and evidence. J. Eur. Econ. Assoc. 8 (5), 989 – 1033.

Aghion, P., Cai, J., Dewatripont, M., Du, L., Harrison A., Legros P., 2015. Industrial policy and competition. Am. Econ. J. Macroecon. 7 (4), 1 – 32.

Alfaro, L., Antràs, P., Chor, D., Conconi, P., 2019. Internalizing global value chains: A firm-level analysis. J. Polit. Econ. 127 (2), 508 – 559.

Alfaro, L., Conconi, P., Fadinger, H., Newman, A. F., 2016. Do prices determine vertical integration? Rev. Econ. Stud. 83 (3), 855 – 888.

Amiti, M., Khandelwal, A. K., 2013. Import competition and quality upgrading. Rev. Econ. Stat. 95 (2), 476 – 490.

Amiti, M., Konings, J., 2007. Trade liberalization, intermediate inputs, and productivity: Evidence from Indonesia. Am. Econ. Rev. 97 (5), 1611 – 1638.

Antràs, P., 2003. Firms, contracts, and trade structure. Q. J. Econ. 118 (4), 1375 – 1418.

Antràs, P., 2016. Global production: Firms, contracts, and trade structure. Princeton: Princeton University Press.

Antràs, P., Chor, D., Fally, T., Hillberry, R., 2012. Measuring the upstreamness of production and trade flows. Am. Econ. Rev. 102 (3), 412 – 416.

Autor, D. H., Dorn, D., Hanson, G. H., 2013. The China syndrome: Local labor market effects of import competition in the United States. Am. Econ. Rev. 103 (6), 2121 – 2168.

Baldwin, J. , Gu, W. , 2009. The impact of trade on plant scale, production-run length and diversification. In: Timothy, D. , Jensen, J. B. , Roberts, M. J. (Eds), Producer dynamics: New evidence from micro data. Chicago: University of Chicago Press.

Bertrand, M. , Duflo, E. , Mullainathan, S. , 2004. How much should we trust differences-in-differences estimates? Q. J. Econ. 119 (1), 249 – 275.

Bloom, N. , Draca, M. , Van Reenen, J. , 2016. Trade induced technical change? The impact of Chinese imports on innovation and productivity. Rev. Econ. Stud. 83 (1), 87 – 117.

Brandt, L. , Van Biesebroeck, J. , Zhang, Y. , 2012. Creative accounting or creative destruction? Firm-level productivity growth in Chinese manufacturing. J. Dev. Econ. 97 (2), 339 – 351.

Breinlich, H. , 2008. Trade liberalization and industrial restructuring through mergers and acquisitions. J. Int. Econ. 76 (2), 254 – 266.

Fernandes, A. M. , Paunov, C. , 2013. Does trade stimulate product quality upgrading?. Can. J. Econ. 46 (4), 1232 – 1264.

Goldberg, P. K. , Khandelwal, A. K. , Pavcnik, N. , Topalova P. , 2010. Imported intermediate inputs and domestic product growth: Evidence from India. Q. J. Econ. 125 (4), 1727 – 1767.

Liu, Q. , Qiu, L. D. , 2016. Intermediate input imports and innovations: Evidence from Chinese firms' patent filings. J. Int. Econ. 103, 166 – 183.

Manova, K. , Yu, Z. , 2016. How firms export: Processing vs ordinary trade with financial frictions. J. Int. Econ. 100, 120 – 137.

Mayer, T. , Melitz, M. J. , Ottaviano, G. I. P. , 2014. Market size, competition, and the product mix of exporters. Am. Econ. Rev. 104 (2), 495 – 536.

Nunn, N. , 2007. Relationship-specificity, incomplete contracts, and the pattern of trade. Q. J. Econ. 122 (2), 569 – 600.

Ornelas, E. , Turner, J. L. , 2008. Trade liberalization, outsourcing, and the hold-up problem. J. Int. Econ. 74 (1), 225 – 241.

Ornelas, E. , Turner, J. L. , 2012. Protection and international sourcing. Econ. J. 122 (559), 26 – 63.

Qiu, L. D. , Zhou, W. , 2013. Multiproduct firms and scope adjustment in globalization. J.

Int. Econ. 91 (1)，142 – 153.

Rauch，J. E. ，1999. Networks versus markets in international trade. J. Int. Econ. 48 (1)，7 – 35.

Topalova，P. ，Khandelwal，A. K. ，2011. Trade liberalization and firm productivity: The case of India. Rev. Econ. Stat. 93 (3)，995 – 1009.

Wooldridge，J. M. ，2016. Introductory econometrics: A modern approach. Boston: Nelson Education.

图书在版编目（CIP）数据

技术进步型开放/刘青著. -- 北京：中国人民大
学出版社，2025.5. --（中国经济高质量发展丛书）.
ISBN 978-7-300-33872-9

Ⅰ. F125

中国国家版本馆 CIP 数据核字第 2025U4J015 号

中国经济高质量发展丛书

技术进步型开放

刘　青　著

Jishu Jinbuxing Kaifang

出版发行	中国人民大学出版社			
社　　址	北京中关村大街 31 号		**邮政编码**	100080
电　　话	010 - 62511242（总编室）		010 - 62511770（质管部）	
	010 - 82501766（邮购部）		010 - 62514148（门市部）	
	010 - 62511173（发行公司）		010 - 62515275（盗版举报）	
网　　址	http://www.crup.com.cn			
经　　销	新华书店			
印　　刷	天津鑫丰华印务有限公司			
开　　本	720 mm×1000 mm　1/16		**版　　次**	2025 年 5 月第 1 版
印　　张	21.75 插页 1		**印　　次**	2025 年 5 月第 1 次印刷
字　　数	325 000		**定　　价**	89.00 元